数字普惠金融
评价指标体系及实证

葛和平 毛毅翀 著

中国社会科学出版社

图书在版编目（CIP）数据

数字普惠金融评价指标体系及实证/葛和平，毛毅翀著.
—北京：中国社会科学出版社，2022.8
ISBN 978 - 7 - 5203 - 9798 - 8

Ⅰ.①数…　Ⅱ.①葛…②毛…　Ⅲ.①数字技术—应用—
金融体系—研究—中国　Ⅳ.①F832.1 - 39

中国版本图书馆 CIP 数据核字（2022）第 031175 号

出 版 人	赵剑英
责任编辑	孙　萍
责任校对	杨　林
责任印制	王　超

出　　版	中国社会科学出版社
社　　址	北京鼓楼西大街甲 158 号
邮　　编	100720
网　　址	http://www.csspw.cn
发 行 部	010 - 84083685
门 市 部	010 - 84029450
经　　销	新华书店及其他书店

印　　刷	北京君升印刷有限公司
装　　订	廊坊市广阳区广增装订厂
版　　次	2022 年 8 月第 1 版
印　　次	2022 年 8 月第 1 次印刷

开　　本	710×1000　1/16
印　　张	18
插　　页	2
字　　数	294 千字
定　　价	98.00 元

凡购买中国社会科学出版社图书，如有质量问题请与本社营销中心联系调换
电话:010 - 84083683

目　　录

前　言

　　短缺的物质经济往往对应着金融发展的不平衡不充分，而人类社会长时间的"短缺经济"阶段则意味着"融资难"和"融资贵"已成为纠缠人类千百年的难题。而解决这一难题的过程，实际上就是历尽艰辛的普惠金融探索史。

　　结合理论与实际而言，普惠金融是经济手段和社会思想的高度结合。2005年联合国对普惠金融进行了科学界定，其宗旨在于消除金融歧视以及金融排斥，从而更加公平、全面和包容地配置金融资源，致力于为社会各阶层及群体更均衡地提供金融服务，帮助全球经济落后国家或地区以及弱势企业或群体获得公平参与经济发展的机会，以达到缩小贫富差距、实现经济均衡增长的目标。而近十几年，我国实现了普惠金融从"口号计划"到"行动现实"。特别是在刚过去的2020年，疫情的冲击使普惠金融对于中小微企业的重要性进一步凸显，也在逆境之中，我国银行业金融机构表现出了极强的金融创新与金融服务能力。

　　随着数字技术的广泛应用，数字普惠金融应运而生，凭借其可复制性和边际成本递减，使互联网与传统金融相结合，进一步强化普惠金融的"普惠性"。具体而言，数字普惠金融是借助于数字技术，促进我国实体经济复苏并落实普惠功能，但也产生了如用户信息安全受到威胁等诸多方面的风险。同时，我国数字普惠金融的优劣势、机遇及挑战均有待进一步探究的空间。

　　关于数字普惠金融的国内研究成果逐年增加。但是研究数字普惠金融评价指标体系方面成果不多，有待添砖加瓦。尤其是在考虑中国普惠金融发展实情的基础上兼顾相关数据的真实可得。除此之外，有关数字普惠金融的社会问题和制度安排仍有待进一步探讨。

　　本书有两个目的：一是系统梳理数字普惠金融的基本内涵、发展沿革以及现状，有针对性地构建我国数字普惠金融评价指标体系，为研究数字普惠金融提供基础性条件；二是灵活运用金融理论模型，实证分析数字普惠金融在实现共同富裕、升级产业结构以及服务乡村振兴等社会问题和制度安排中的关键作用，从而探讨我国数字普惠金融的发展路径以及未来发展方向。

全书分 11 章。第一章首先界定了数字普惠金融，包括数字普惠金融的基本特征和所属类别；其次整理了我国数字普惠金融发展的历史沿革、基本体系和发展模式；再次系统梳理了数字普惠金融的相关文献；最后正式引入数字普惠金融的相关理论，包括现代金融理论、长尾理论、金融排斥理论以及农村金融理论等四个方面，为后续研究提供理论支撑。

第二章首先描述了我国数字普惠金融发展的现状以及现存问题及其成因分析，其次梳理了我国数字普惠金融发展的挑战和机遇，从而为我国数字普惠金融发展提供突破的切入点。

第三章充分借鉴世界数字普惠金融评价指标体系，结合我国实情，从一级指标（包括深度、广度、使用度、规模度、涉入度及成熟度）、分项指标、运用步骤及积极作用等四个维度，分东部、中部、西部三个地域，且重点放在城市、乡镇、农村三个层面构建我国数字普惠金融评价指标体系，以便于进行因地制宜的动态化研究。

第四章聚焦现实中的网络借贷风险问题，通过构建一个金融监管部门、资金供给方与资金需求方的网络借贷市场三方博弈演化模型，利用复制动态方程以资金供需双方收益最大化为出发点，分析博弈双方动态化的决策，在此基础上，基于数字普惠金融视角为网贷平台的合规化发展提出建议，以求促进数字普惠金融健康持续发展。

第五章着眼于我国东中西部普惠金融发展呈梯级分布的现实情况，综合我国各地经济发展现实状况，绘制出普惠金融发展的整体框架，并进一步阐释我国数字普惠金融发展的省域差异，深化对我国数字普惠金融的发展现实的认识。

第六章关注我国实现共同富裕的发展愿景，通过模型构建并实证检验，剖析我国数字普惠金融发展对贫富差距的影响效应，为数字普惠金融促进共同富裕发挥作用提供政策建议。

第一章

数字普惠金融概述

2021年中央一号文件提出发展数字普惠金融的战略。在国家政策的强力支持下，全国范围内掀起了数字普惠金融的发展热潮。"普惠"不等于施舍和救济，把资金直接交给低收入者，而是将金融服务普及社会各阶层群体。普惠金融服务是为被传统金融服务排斥在外的群体提供金融服务，且以其能够承受的成本，否则难以达到普惠金融的可持续性发展要求。随着数字技术的出现以及其与金融领域的不断融合，数字普惠金融应运而生。

第一节　数字普惠金融的内涵阐释

一　数字普惠金融的基本概念

（一）普惠金融的由来与内涵

普惠金融（Inclusive Finance）的概念是联合国前任秘书长安南首提，他指出发展普惠金融可以改善世界上大多数穷人的生活。2005年联合国将小额信贷在全球倡导推动，这是专门为贫困低收入群体和城市微型企业提供的一种金融服务。同年，联合国呼吁建立"普惠经济部门"（Inclusive Economic Sector），旨在更加公平、全面和包容地配置金融资源，致力于为社会各阶层及群体更均衡地提供金融服务，帮助全球经济落后国家或地区以及弱势企业或群体获得公平参与经济发展的机会，以达到缩小贫富差距、实现经济均衡增长的目标。

我国普惠金融行业起步较晚，虽然民间小额信贷较为活跃，但一直都未成气候，也长期没有得到政府的发展重视。杜晓山最早引入"普惠金融"这一理念，结合多个发展中国家的小额信贷的特征和趋势，进一步深入分析了普惠金融在微观、中观和宏观不同层面上的内涵。① 关于普惠金融的含义，普惠金融基于财务可持续性提供金融服务，以合适的价格公平对待所有客户的需求。②

随着我国经济发展、科技进步，我国居民对金融服务的需求层次和质量都越来越高，国家也越来越重视普惠金融的相关服务，党的十八届三中全会通过《关于全面深化改革若干重大问题的决议》，从国家层面对普惠金融的发展进行了整体规划；2015 年的《政府工作报告》明确指出"要大力发展普惠金融"，这也为普惠金融的发展增添了推动力；而银监会单独设立普惠金融部，专门分管普惠金融的发展，让整个行业的发展更加科学；而国务院印发《普惠金融发展规划（2016—2020）》，也从宏观层面对普惠金融行业发展的未来指明了方向。

2015 年年底，国务院发布《推进普惠金融发展规划（2016—2020）》，对普惠金融事业进行了更具体的部署，并在其中明确了普惠金融的定义：普惠金融是指立足机会平等要求和商业可持续原则，通过加大政策引导扶持、加强金融体系建设、健全金融基础设施，以可负担的成本为有金融服务需求的社会各阶层和群体提供适当的、有效的金融服务。在此之前，国内外机构针对普惠金融概念的论述主要有：2005年国际劳工组织认为普惠金融是提供方便、快捷、可靠的金融服务给有需求的企业和个人。而世界银行则将普惠金融定义为，所有处于工作年龄的人都有权使用一整套价格合理、形式方便的优质金融服务。世界扶贫小组在 2007 年则指出普惠金融体系包括微观、中观和宏观三个层面。2008 年印度 Rangarajan 委员会则认为普惠金融是凭借可负担得起的成本为弱势群体和低收入人群提供金融服务。而在 2009 年成立的金融包容联盟（AFI）提出将被金融体系排斥的人纳入主流金融体系。结合上述机构和专家的界定，普惠金融为：社会所有阶层和群体，以其可以能够负担得起的成本，为其提供全方位、可持续性服务的金融体系。其中，普惠金融的"普"字则意味着普惠金融覆盖的深度和广度。普惠金融

---

① 杜晓山：《小额信贷的发展与普惠性金融体系框架》，《中国农村经济》2006 年第8 期。

② 吴晓灵：《普惠金融的根基》，《中国金融》2015 年第 19 期。

覆盖的深度是针对服务主体而言，区别于传统金融行业的服务，普惠金融是让金融服务下沉到社会的底层，其覆盖的深度不仅包括大企业和中小企业，还包括农民、城镇低收入群体、贫困人群以及残疾人、老人等特殊群体。而普惠金融覆盖的广度，则是针对地域而言，普惠金融不仅为东部经济发达地区，同时也为西部偏远的经济欠发达地区提供地域覆盖广的金融服务。全方位则意味着普惠金融的金融服务不仅包括贷款融资，还包括保险、储蓄、信贷、信托以及直接投资等一系列各类金融服务。

（二）数字普惠金融的缘起与界定

2013 年世界银行指出，移动支付、借助生物识别技术识别借款人等数字技术创新为普惠金融的进一步发展带来希望，这是数字普惠金融第一次正式出现。目前数字普惠金融尚无统一的定义，大多研究是依据《G20 数字普惠金融高级原则》提出的相应概念。G20 杭州峰会发布了《G20 数字普惠金融高级原则》：数字普惠金融是三个名词两次"＋"的结果，从这个意义上讲，数字普惠金融有三层含义：第一层含义是"金融"，是众多经济活动中的一种，可以与供给、需求、市场等经济术语并列。抑或说，金融是一个行业，与建筑、教育等并列，这是数字普惠金融的起点。第二层含义是"普惠"。"普惠"＋"金融"的社会意义，是从社会公平的角度，希望能够为农民、老人、学生、小微企业等金融弱势群体提供更多的服务，使其能够利用金融服务获得更好的经济改善和生活便利。在这个意义上，普惠金融的重点对象是弱势群体，重点目标是帮助弱势群体获得融资，摆脱贫困。第三层含义是"数字"，这是实现普惠金融的手段。近十年来，互联网技术蓬勃发展，深刻影响到金融的发展，"普惠金融"和"数字"叠加，是普惠金融如何和时代特征结合的问题，这里的数字代表了互联网时代的所有成就，数字普惠金融的核心内涵是如何利用互联网技术来提高普惠金融水平。随着数字技术的逐渐成熟及其与金融服务的不断深度融合，数字普惠金融成为走出悖论陷阱，推进普惠金融可持续发展的关键，因此，以移动支付、网络借贷以及互联网消费金融为代表的数字普惠金融迅速发展。

数字普惠金融的高速发展对于整个社会来讲，都起到了重要的推动作用，其原因有三个：一是因为让小微企业"存活"了下来，让传统金融无法做到的地方得到了填补；二是因为数字普惠的发展，出现了数字化的生活工作方式，比如：手机支付、网上银行以及网上保险理财，让大众的生活和工作变得更加简便；三是因为金融行业的数字化转型，推动了其他行业领域的转型。

数字普惠金融提供的金融服务有许多优点，比如：风险低、成本低、高效率，当然，在现在的数字普惠发展中面临着一些新的挑战和新的困难，需要重视并继续应用数字科技，平衡好数字普惠发展中的优势与不足。

想要数字普惠金融进入下一个发展阶段，也就是高度融合阶段，必然要先解决这些现在存在的问题，要进一步地应用更多的前沿科学技术，不断地实现创新突破。

从本质上来说，数字普惠金融将金融服务边界拓展至更广泛的"长尾市场"，降低金融门槛和缓解金融排斥效应，缩减城乡差距，减缓贫困，进一步深化普惠金融的"普"与"惠"。

从发展过程来看，数字普惠金融的产生和发展主要归因于以下几点：一是互联网金融逐渐兴起以及相关技术的成熟；二是传统金融机构对金融科技创新潮流的积极顺应，因而纷纷向轻型化、数字化和智能化方向加快转型；三是数字普惠金融具有共享、便捷、低成本和高效率等特点。

从现状来看，一方面，数字普惠金融所具有的社会性和商业性双重特征既能够在很大程度上使小微企业、"三农"等服务对象更易获得金融产品和服务，也会在发展理念和运行机制方面受到制约，同时需要承担一定的社会责任。另一方面，二维码支付等技术为数字普惠金融的发展提供了机遇，网络借贷不法行为频发、监管机制尚不健全等问题为其发展带来了风险。具体而言，数字普惠金融促进中国实体经济复苏并落实普惠功能，但也产生了如用户信息安全受到威胁等方面的风险。

什么是数字普惠金融？其实数字普惠金融就是一种全方位、高速高效为所有大众提供金融服务的体系，其中重点服务对象是一些低收入的人群以及小微企业，能够更好地支持实体经济的发展，数字普惠金融的发展对于整个社会而言有着重要的推动作用。

在 2019 年普惠金融高峰论坛上，中国人民银行金融消费权益保护局副局长尹优平指出：数字技术与普惠金融的有机结合，深刻改变了普惠金融的发展方式，催生了数字普惠金融的概念。现阶段我国数字普惠金融发展取得了新的成效，具体表现为五方面：一是注重信息技术的开发和信息系统的改造；二是综合利用新型技术改进金融服务，实现远程化的识别、系统化的获客和自动化的放贷以及平台化的服务；三是加快促进了金融产品创新升级；四是运用数字技术推动共享；五是构建数字金融的良好生态。

《数字普惠金融发展白皮书（2019）》中的定义是："数字普惠金融是在成本可控、模式可持续的前提下，以各类数字化技术为前提条件，为社会各阶层尤其是现有金融体系覆盖不足的城镇低收入人群、农村人口、偏远地区人口等特殊群体以及小微企业提供平等、有效、全面、方便的金融产品和服务。"

数字普惠金融，可以理解为通过互联网技术，借助计算机的信息处理、数据通信、大数据分析、云计算等一系列相关技术在金融领域的应用，促进了信息的共享，有效降低了交易成本和金融服务门槛，扩大了金融服务的范围和覆盖面，通过数字金融共享、便捷、安全、低成本、低门槛的优势，运用大数据、云计算、人工智能的技术，构建起基于数据的风险控制体系，从而全面提升了金融的风险控制能力，数字普惠金融很好地诠释了金融科技的初衷和目标，是让长期被现代金融服务业排斥的人群享受正规金融服务的一种数字化途径。

综上，本书认为，数字普惠金融是普惠金融结合金融科技的数字化和电子化，是普惠金融为平衡商业性和社会性双重特征以走出悖论陷阱的优化，是普惠金融为进一步落实"普"与"惠"的特性而进行的持续深化。

二　数字普惠金融的基本特征

从数字普惠金融的含义以及数字普惠金融未来的发展趋势的角度，本书总结数字普惠金融的基本特征如下：

（一）国际性。2009 年二十国集团（G20）成立普惠金融专家组（FIEG）并推动成立了全国普惠金融合作伙伴组织以及全球包容联盟等国际组织积极研究开发全球层面的普惠金融指标体系，并要求各国依据自身情况制定因地制宜的国家普惠金融战略，督促各国明确做出普惠金融相关承诺，评估各国普惠金融工作成果。

（二）普惠性。世界上所有阶层、所有人都应该按照自身可以承担的成本，享受合理、合适的金融服务，实现金融服务向更广大群体的覆盖率和普及率的提高。

（三）金融机构广泛参与性。区别于普惠金融早期萌芽阶段，现在的数字普惠金融强调建立一个所有金融机构以各种形式广泛参与的金融体系。

（四）金融服务多样性。数字普惠金融强调建设良好的金融基础设施和金融服务系统，以专业的服务，提供快捷、准确、安全的多样化金融服务。

（五）可持续性。数字普惠金融强调财务和机构的可持续发展能力，强调金融机构要运用市场化机制和商业化运营手段，为所有阶层提供对其自身而言，价格合理、种类丰富的金融服务，以保证金融机构的长期可持续性发展，从而为所有阶层提供便捷、持续的金融服务。

（六）全方位的政策制度保障性。数字普惠金融发展强调扶持与监管并重，在发展过程中，不仅需要政府政策支持，还需要加强信用体系、法律体系和支付体系的规范发展，新兴的数字普惠金融体系迫切需要全方位的政策制度完善。

（七）便捷性。数字普惠金融强调逐步降低金融服务的门槛，开发多元化金融产品，改善金融服务网点的布局，从而提高普惠群体获得金融服务的便捷性。

（八）包容性。推动数字普惠金融的发展，应保留足够的创新空间，在创新过程中必然会存在失误，因此数字普惠金融强调对失误要具有包容性。

（九）共享性。数字普惠金融不仅仅强调金融服务相关基础设施的共享性，还强调金融服务相关信息的共享性。降低信息的不对称有利于降低服务成本和金融风险。

三 数字普惠金融的所属类别

根据《数字经济及其核心产业统计分类（2021）》，数字普惠金融兼具数字金融和互联网金融的内容（如表1—1所示）。

表1—1 数字经济及其核心产业统计分类（2021）

代码 大类	代码 小类	名称	说明	国民经济行业代码及名称
	0403		互联网金融	
04	040301	网络借贷服务	指依法成立，专门从事网络借贷信息中介业务活动的金融信息中介公司通过互联网平台实现的直接借贷活动	6637 网络借贷服务
	040302	非金融机构支付服务	指非金融机构在收付款人之间作为中介机构提供的货币资金转移服务，包括第三方支付机构从事的互联网支付、预付卡的发行与受理、银行卡收单以及中国人民银行确定的其他支付等服务	6930 非金融机构支付服务
	040303	金融信息服务	指向从事金融分析、金融交易、金融决策或者其他金融活动的用户提供可能影响金融市场的信息（或者金融数据）的服务，包括征信机构服务	6940 金融信息服务
05	0505		数字金融	
	050501	银行金融服务	指银行提供的发放贷款、理财、监管等服务活动，包括中央银行服务、货币银行服务、非货币银行服务、银行理财服务和银行监管服务。不包括典当和网络借贷服务	66＊货币金融服务
	050502	数字资本市场服务	指借助数字化技术和互联网平台进行的资本融通与交易市场的服务，包括证券市场服务、公开募集证券投资基金、非公开募集证券投资基金、期货市场服务、证券期货监管服务、资本投资服务，以及上述未列明的其他资本市场服务	67＊资本市场服务
	050503	互联网保险	指保险机构依托互联网订立保险合同、提供保险服务的保险经营活动	68＊保险业
	050504	其他数字金融	指上述未列明的其他金融业。不包括非金融机构支付服务、金融信息服务	69＊其他金融业

第二节　数字普惠金融的发展沿革

　　长期的实践表明，尽管造成贫困人群贫困的原因多种多样，但造成其贫困的背后确实缺少相应的金融支持。纵观全球大部分国家的公共支出很少能服务到贫困群体，即使许多国家制定了相应的扶贫政策，但只能在短期内缓解贫困人群的生存状况，却无法使他们彻底摆脱贫困。因此，如何建立公平合理的国际金融新秩序？如何创新不完善的国家金融体制？这对于弥补现有金融体系的内在缺陷，打破二元金融结构，消除金融抑制、金融歧视和金融排斥，注重强调金融的公平性和全面性，发展面向各个阶层所有人群的普惠金融，以达到消除贫困，让所有人共享金融服务具有重要的意义。数字普惠金融缘起于普惠金融，因此，本书将先分别梳理出国外数字普惠金融和中国数字普惠金融的演进历程，并简要概述数字普惠金融的基本体系，再进一步汇总出数字普惠金融的主要发展模式，以全面系统地阐述数字普惠金融的发展沿革。

一　数字普惠金融的演进历程

（一）国外数字普惠金融的发展历程

　　普惠金融的核心理念很早就萌芽了。早在 1462 年，意大利的修道士就开办了第一家官办典当行，为低收入者提供信贷服务。到了 1515年，当时罗马教会通过设立当铺提供多样化的信贷金融服务来解决当地利率高的问题。18 世纪 70 年代，爱尔兰"贷款基金"在其运行的最鼎盛时期，有 20% 的爱尔兰家庭向其进行贷款。基于爱尔兰贷款基金的启示，在 19 世纪 80 年代，德国建立了社区储蓄信贷合作社。从 1965年开始，合作社运动在欧洲和北美快速发展。20 世纪初，上述这些类型在拉丁美洲也发展起来。

　　20 世纪 50—70 年代，一些国家的国有政策性金融机构和农民合作社努力扩大农业信贷，这些机构获得低息贷款，再补贴利率然后贷给借贷户。显而易见，这些金融机构由于低利率无法覆盖其经营成本，而缺少可持续性发展的条件。无论是罗马的典当行还是德国的社区储蓄信贷合作社，都与现代小额贷款组织具有极大的相似性，都满足两个特点：①他们的目标人群都是贫困人群，以消除贫困为目的。②都需要维持自身可持续性发展的要求。

20 世纪 80 年代，世界小额信贷项目不断改造和创新。首先打破了小额贷款扶贫投融资的局限，小额信贷机构通过吸收该区域的存款，一定程度地提高利率后再发放商业贷款和小额信用贷款给低收入群体，从而能够做到实现自身的盈亏平衡，能够做到独立运营，比如说印度尼西亚的人民银行（BRI）就是这样的运营模式。

20 世纪 90 年代，小额信贷逐渐被微型金融所取代，因为这时贫困群体对金融产品日益丰富的需求，单一的小额贷款服务已经无法满足低收入群体的金融需求，必须要扩展其金融服务领域，不仅仅是信贷金融服务，还应包括储蓄、汇款、保险、支付服务等其他服务。这样小额信贷与传统的金融服务机构的边界开始模糊。微型金融是个比小额信贷更加宽泛的概念，其经营者不再是非正规的金融机构，而是包括了正规的金融服务机构。总之，金融服务进入微型金融阶段最显著的特点为：多样化的金融服务机构为各个阶层的客户包括贫困群体提供最多样化的金融服务。

正规的金融机构为了自身利益考虑，都只考虑高价值用户，而极度忽视了中小企业、微小企业及贫困人群等中低端用户。到目前，全球仍有超过 10 亿人无法真正享受到合适、便利以及可持续性的金融服务，说明只有将被正规金融排斥在外的群体都包容到国家整体的金融服务体系中来，小额信贷和微型金融才能做到可持续性发展。在这样的背景下，普惠金融应运而生。普惠金融将零散的微型金融机构和服务进行有机整合，从而超越了零散金融机构服务的范畴，建立一个更全面更具包容性的金融体系，这种转变意味着金融服务的外延和内涵都进一步扩大。

国际普惠金融的发展经历了由单一到丰富的累积发展。普惠金融在创立之初所涉及的产品范围较小，服务覆盖狭窄。由于社会发展的经济需求，人们对于金融产品的需求已经不再局限于传统的金融服务，开始追求个性化、全方位的金融服务。因此。普惠金融"金融超市"的服务概念也逐步得到业内外人士的重视。近年来，金融市场发展的新动向也向国际经济组织提出了新的要求，相关组织不断完善普惠金融的相关概念，丰富普惠金融的产品结构，形成了广泛涵盖支付、存款、贷款、保险、养老金和证券市场等领域的新型金融体系，并积极构建对普惠金融发展情况进行评判的相关体系；而手机银行、银行代理技术的成熟，促进了普惠金融服务渠道的多元化；小额存款、贷款以及小额保险的推广，进一步降低了金融行业的准入门槛；征信体系和支付体系的构建，加速了消费者信用意识的树立。经过多年的发展扩张，普惠金融行业的视角越来越广泛，服务层面也越来越深入。

而随着互联网、大数据、人工智能等科技的进步及其与金融服务的交叉发展，数字普惠金融这一概念逐步形成。《G20 数字普惠金融高级原则》作为推广数字普惠金融的首个国际性共同纲领，并未对"数字普惠金融"的界定做出统一定义，仅指出数字普惠金融是"泛指一切通过使用数字金融服务以促进普惠金融的行动"，但其仍有效推进了数字普惠金融在全球范围内的发展，世界各国数字普惠金融发展呈加速态势，甚至将制定数字普惠金融发展战略上升到国家战略层面。当前，世界数字普惠金融正在向支付与清算、借贷与融资、投资理财、风险管理、金融监管以及其他领域全面渗透，并催生全新的数字普惠金融服务应用场景。而数字普惠金融如何让贫困人口享受高质量的金融服务？是数字普惠金融今后很长一段时间的工作重点和难点。

（二）中国数字普惠金融的发展历程

中国数字普惠金融的发展历程大致可分为六个阶段：公益性小额信贷阶段、发展性微型金融阶段、传统性普惠金融阶段、传统普惠金融互联网化阶段、技术驱动金融服务创新阶段、数字普惠金融融合发展阶段。随着科技的进步，将不存在完全不涉及数字技术的传统普惠金融模式。

公益性小额信贷阶段：最早可以追溯到新中国成立初期，但正规意义上且大家开始重视研究小额信贷时，则是到了 20 世纪 90 年代初期。其中 1993—1996 年，是小额信贷的初期试点阶段，1994 年，中国引入小额信贷模式，主要以扶贫为主，具有公益性质，资金来源则是来自国际机构以及个人的捐赠、国内非政府组织成立的小额信贷机构，基本上并无政府资金介入。而 1996—2000 年，小额信贷进入以政府扶贫为导向的项目扩展阶段，为实现 2000 年扶贫攻坚计划和新世纪尽快解决农村人口温饱的扶贫任务，中国政府以国家财政资金和扶贫贴息贷款为资金来源。同时借助国际援助基金，以政府机构和金融机构为运行机构实施政策性小额贷款项目。1998 年 10 月，《中共中央关于农业和农村工作若干重大问题的决定》提出推进农村小康建设，加大扶贫攻坚力度，要求"总结推广小额信贷等扶贫资金到户的有效做法"，这是中国政府对小额信贷在扶贫攻坚工作贡献的肯定。1999 年 6 月 8 日，温家宝总理指出要稳妥地推广小额信贷办法。可见，中国政府把小额信贷看作有利的扶贫工具而不断深化推广。

发展性微型金融阶段：改革开放初期，微型金融在中国只是停留在引进国外非政府机构项目的阶段。1998 年国企改革，大量的工人下岗，这些工人再就业时产生了大量的资金需求，在发展过程中，国家逐渐认识到小微金融在解决国家扶贫问题上的重要作用，开始制定正规的金融政策支持。20 世纪末，中国公益性的小额信贷模式已不能满足需求，对小额信贷需求的目的也不再以扶贫为主，而是为了促进下岗工人再就业，提高居民生活水平。在这样的背景下，促进社会发展的微型金融产生了。

传统性普惠金融阶段：2004 年 11 月，中国小额信贷联盟最早将普惠金融概念引入中国。2005 年联合国开发计划署与商务部国际经济技术交流中心和中国人民银行、国家开发银行、哈尔滨银行、包商银行合作，开展"建设普惠金融体系项目"。2012 年 6 月 19 日，时任国家主席胡锦涛在墨西哥举办的二十国集团峰会上呼吁各国加强沟通和合作，共建普惠金融体系。2013 年 11 月 12 日，《中共中央关于全面深化改革若干重大问题的决定》中正式提出发展普惠金融。鼓励金融创新，丰富金融市场层次和产品。2017 年 G20 在发展数字普惠金融以及普惠金融的指标与数据方面取得了积极进展，下一步应继续推动普惠金融发展，让经济增长成果惠及所有人群。

在传统性普惠金融阶段，小额信贷组织不断设立，民营资本注入金融市场，村镇银行也随之兴起，有利于消除城市和农村的金融歧视。尽管如此，农民、城市低收入群体、中小企业以及微小企业的资金仍没得到根本解决。而在金融服务项目上，普惠金融服务不仅提供贷款业务，而且提供综合服务。另外，在发展过程中，解决互联网的便捷，传统性普惠金融服务不断有移动化、网络化趋势。

近年来，互联网、移动互联网、大数据、云计算等数字技术迅速发展，数字技术与金融不断融合，普惠金融开始迈入数字普惠金融阶段。数字普惠金融将传统的小额贷款扩展到储蓄、支付、信贷、保险和综合理财等综合性金融产品和服务，而且产品和服务边界不断动态拓展，数字普惠金融是传统普惠金融在服务方式上的创新、在服务范围上的延伸、在服务对象上的深入。数字普惠金融阶段又可细分为传统普惠金融互联网化阶段、技术驱动金融服务创新阶段以及数字普惠金融融合发展阶段。

传统普惠金融互联网化阶段：可以追溯到安全第一网络银行（Security First Network Bank）的建立，是传统金融业务互联网化的最早典型案例。这一阶段数字普惠金融的主要形式是传统金融机构借助互联网传递信息，在线办理业务，简化、替代市场网点及人工服务。第一代互联网技术和智能手机的普及推动移动支付的快速发展，促使普惠金融在向数字普惠金融方向发展的过程中在支付领域产生较大突破，实现通过互联网平台提供交易撮合服务，将线下的金融服务转移至线上，具体的模式包括移动支付和网络借贷等，典型案例包括支付宝（2004）、阿里小贷（2005）、P2P 网贷（如 Zopa、Prosper）等。而中国传统金融业务互联网化的实践主要包括农村商业银行推出与支付宝、银联在线等第三方支付平台相结合的移动支付业务以及一些商业银行推出的在电子银行平台开展的信贷和理财业务。

技术驱动金融服务创新阶段：随着互联网在银行、证券、保险行业的逐步应用，"金融科技"（Fintech）或"互联网金融"等金融新业态应运而生。这一阶段，主要是以非金融机构主导的、以科技创新为驱动的新的金融产品设计，或金融服务商业模式的重塑，依托互联网或移动互联网，依托大数据、云计算等技术驱动，进行金融服务创新，并解决实际场景需求，特别是解决传统金融没有覆盖或者覆盖不足人群的金融需求。这一阶段的典型案例包括印度 Paytm（2010）、余额宝（2013）等。

数字普惠金融融合发展阶段：金融技术、制度技术和科学技术的不断完善、应用和推广使得中国数字普惠金融进入发展快车道，正在向科技和普惠金融高度融合发展阶段迈进。大数据、人工智能等技术的发展推动金融向智能金融转变,中国数字普惠金融的发展速度已经在一定程度上实现对发达国家的弯道超车,举例来说,在网络支付领域,支付宝、微信支付等已经服务数亿用户,这相当于 PayPal 全球活跃账户的数倍;而在融资领域,蚂蚁小贷在过去 5 年内就累计向小微企业发放贷款超过 6000 亿元人民币,规模达到 Lending Club 的 6 倍多。可见,智能金融已广泛应用于支付、信贷、资管理财和保险等金融领域,并推动数字普惠金融持续发展。

二　数字普惠金融的基本体系

(一) 建立和完善现存的金融体系

数字普惠金融发展是针对被现存的金融体系忽视和排斥的低收入群体、中小企业和小微实体,使其机会均等地获得满足各自不同的金融需求。因此,本书认为,基于金融体系的包容性需要完善现存的金融体系,从客户、微观、中观和宏观四个层面入手,构建数字普惠金融的基本体系 (见图 1—1)。从这四个层面把以扶贫减贫为目的的金融服务融合到现存的金融体系之中。

客户层面:欠发达地区的客户包括贫困家庭、低收入群体及特殊群体 (残疾者) 是该数字普惠金融体系的核心。

微观层面:金融体系的中坚力量为零售金融服务的提供者 (即小额贷款公司,具有社会责任和经济收益双重目标),直接向社会所有低收入群体提供数字普惠金融服务。

中观层面:即市场层面,建设和完善金融基础设施,广泛开展数字普惠金融服务相关活动。

宏观层面:即政府层面,中央银行 (金融监管当局)、银监会、财政部、工商局和其他相关政府机构是主要参与者。

(二) 国内数字普惠金融体系概况

目前,中国正在加快普惠型金融的发展,基于"创新、协调、绿色、开放、共享"五大发展理念,正在逐步构建并初步形成了国内数字普惠金融体系 (见表 1—2)。

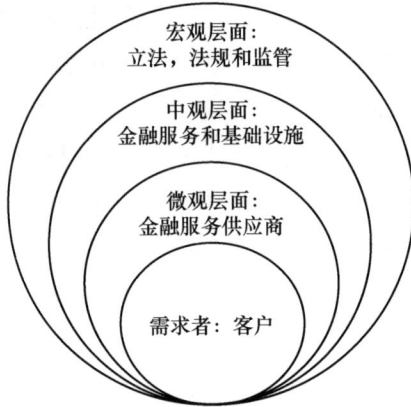

图1—1　数字普惠金融体系

表1—2　　　　　　　　　　国内数字普惠金融体系

小额信贷	国有、股份制商业银行：联保联贷、质押（知识产权、应收账款等）贷款、投贷联动、核心企业担保等
	农信社、邮储银行：土地承包经营权、集体林权、农业科技专利抵押
	村镇银行、小贷公司：产融结合、产业链融资、商圈融资
保险	商业性保险、政策性保险、农业再保险、直接向小微企业输血
直接融资	地区的区域性股权市场、全国中小股份转让系统、中小企业私募债券
其他	互联网金融、农村信用共同体、典当行、民间资本发起设立的各类针对小微金融的机构（民营银行）

三　数字普惠金融的发展模式

（一）国外数字普惠金融的发展模式

孟加拉国——格莱珉银行：20世纪70年代，诺贝尔和平奖得主穆罕默德·尤努斯率先开创了小额信贷项目，并建立了风险控制模式以达到为贫困人口提供小额无抵押贷款的目的。尤努斯于1977年创立了格莱珉银行（Grameen Bank），其提供的金融产品以量足、额小、价格合理著称，旨在为在传统金融领域难以享受高水平的金融服务的贫困人口提供小额贷款服务。格莱珉银行经过多年经营，项目运行情况良好，已经连续十多年保持盈利水平。尤努斯教授打破传统金融行业"无恒产者无恒信"的经营观念,用事实证明贫困人口同样有能力承担小额信贷的利息,同样有享受金融服务的资格。

20世纪末发展中国家开始兴起直接信贷项目,致使风险回报不是有效进行配置资源的评判标准,导致了信贷项目发展的不稳定性。21世纪初期,孟加拉国小额信贷机构开始进行战略调整,金融产品服务逐步趋于多元化,并开始步入微型金融领域。随着孟加拉国小额信贷机构发展的深入,业务规模也不断丰富,融资渠道也逐步多样,极大地提高了金融机构低于经营风险的能力;并开始逐步试水市场化发展模式,向专门提供普惠金融服务的微型金融机构发展转型,为普惠金融在孟加拉国的长远发展提供了保障。

巴西——巴西联邦储蓄银行:20世纪70年代,在无法设立正规银行分支机构的地区开展金融业务,代理银行业务模式应运而生,这一模式让银行和非银行机构在金融领域达成合作。依据商业银行与代理商所签订的合约,银行充分利用零售商店、加油站、邮政网点等零售代理点的广覆盖性,与其进行合作,发展无网点银行业务,为偏远地区、贫困地区的居民提供金融服务,一举打破金融机构的地域限制,在世界各地都能够因地制宜地缩小成本、推广业务,迅速扩大金融业务的覆盖面。

巴西代理银行制度的成功进一步推动了巴西普惠金融行业的发展,普惠金融机构也通过这一模式迅速开拓了农村市场等偏远市场,填补了经济社会发展落后地区金融服务的空缺,并且这一举措将大量的日常经营业务分流给了各个代理网点,金融机构的业务密度明显降低,提高了客户消费的体验感,增强了金融服务的可得性。

肯尼亚——M-Pesa手机银行:肯尼亚政府决定以手机为切入点推广金融服务,让贫困人口和偏远地区的居民也能够享受到高质量的金融服务。先进的移动金融支付体系弥补了落后的基础设施建设,解决了金融机构网点不足的问题,为边远地区民众提供了便捷的金融服务。

肯尼亚政府审时度势,充分利用国内手机的普及率和使用率较高的特点,凭借手机互联网较为成熟的技术,解决了金融网点覆盖率低的现实问题,实现了农村地区的金融普及。同时,手机银行平台——M-Pesa的发展和完善,也构建了技术的发展与社会的需求之间的关系,打通了手机银行与实体银行之间的阻隔,实现了线上线下金融业务互通互联的思想，不仅提升了用户的体验度，同时也促进了移动支付业务在肯尼亚的推广和扩张。

秘鲁——金融审慎监管：最近几年，普惠金融成为秘鲁政府发展的重点，尤其是对于金融知识的普及和消费者权益的保护两方面。在金融知识普及方面，秘鲁银行保险和养老金监管局（SBS）是秘鲁国家金融监管机构，通过推进金融信息公开化，提升农村地区等金融产品的空白地区的人群能够更加相信金融产品。而对于消费者权益保护方面，秘鲁也具有较为完善的金融监管机制和消费者保护体系，整个体系最顶端的机构是银行保险和养老金监管局（SBS），负责对下属部门进行监管，对宏观发展进行决策。

印度尼西亚——基本金融服务：为确保普惠金融的甘霖能够扩散到更多的农村地区和贫困地区，"无网点银行业务模式"成为印度尼西亚政府的首选，通过专门设立"消费者保护委员会"，从消费者投诉、中介机构、信息披露机制和金融教育四个角度的多渠道发力，提升对消费者的保护程度，确保金融产品和机构的透明度，提升普惠金融行业的发展水平。

（二）中国数字普惠金融的发展模式

基于金融机构的数字普惠模式：依托网上银行、手机银行和电商平台等金融机构，提供数字化的传统金融业务以及与金融科技企业合作的金融服务，可分为基于代理网点场景的模式和基于移动支付场景的模式。典型案例包括工商银行成立的"融安e信"、建设银行运营的"裕农通"、邮储银行运营的"E捷贷"以及兴业银行运营的"银银平台"等。上述案例主要是通过数字化手段重塑传统的普惠金融业务流程，进一步实现信息流、资金流、客户流以及产品流的动态适配，提升普惠金融服务的可得性。同时，该数字普惠模式的优势在于传统金融机构往往具备较为完备的金融风险防控机制，一方面可以有效提升金融弱势群体的风险防范能力；另一方面可以用较低的成本为众多小微企业提供"无地域、无时差、一键即贷"的网络融资服务。

基于供应链金融服务商的数字普惠模式：该模式主要适用于农业的生产和销售环节，由于越来越多的农业龙头企业成为主导供应链、供应链升级发展的组织者、引导者，能够借助互联网等数字技术对全供应链资源进行数字化整合，农村数字普惠金融与供应链金融结合成为农村数字普惠金融模式优化的重要方向。互联网与智慧农业平台以及物流平台的合作能够有效缓解上下游企业与农户之间信息不对称、不透明的问题，典型案例包括由大北农提供的"农富贷""农农贷""扶持金"，村村乐提供的"惠农贷""希望宝""应收贷"等数字普惠金融产品。该数字普惠模式能够为农户或农业企业提供门槛较低的理财产品、支付工具以及融资渠道，以提升其资金利用效率。

基于金融科技企业的数字普惠模式：随着大数据、云计算及人工智能技术的日趋成熟并不断应用到电商行业中，一些大型的综合电商平台和金融科技企业开始迅速向金融市场拓展，如阿里巴巴、京东和腾讯等。典型案例包括阿里巴巴的蚂蚁金服、京东的京东金融以及宜信的谷雨战略等。这些金融科技企业往往可以利用其用户覆盖广度和覆盖层次，整合线上线下资源，充分运用现金流、信息流和物流基础大数据以掌握小微企业和居民在融资、投资理财、保险、日常支付等多方面的金融需求并为其提供最需要和最直接的金融支持。

第三节　数字普惠金融的相关文献综述

当前，学术界对于数字普惠金融的研究日趋丰富和完善，但主要集中在其内涵定义、指数编制、发展程度测度以及相关政策研究上，但缺乏系统性研究数字普惠金融的作用机理，这是本书要研究的起始问题。

世界银行认为，移动支付、借助生物识别技术识别借款人等数字技术创新为普惠金融的进一步发展带来希望。[①] 吕家进认为数字普惠金融本质上就是将普惠金融数字化，而先进的科学技术和产业发展需求为其快速发展提供了机遇。[②]《G20 数字普惠金融高级原则》对数字普惠金

---

① World Bank. 2013，" Global Financial Development Report 2014：Financial Inclusion"，World Bank Press.

② 吕家进：《发展数字普惠金融的实践与思考》，《清华金融评论》2016 年第 12 期。

融做了进一步阐释：通过数字化或电子化技术进行交易，如电子货币、支付卡和常规银行账户，涵盖各类金融产品和服务。葛和平指出发展数字普惠金融能够扩大普惠金融在贫困地区的覆盖面以进一步落实"普惠性"。① 邱兆祥和向晓建指出数字普惠金融能够使更多弱势群体（如小微企业、低收入群体）以较低的金融服务获得成本相对更加公平地享受到金融产品和服务，提高了普惠金融的触达能力。② 阎永哲认为数字技术有助于帮助普惠金融在中国消除"数字鸿沟"，以使中国普惠金融实现可持续发展。③ 董玉峰和赵晓明认为数字普惠金融具有社会学和商业性的双重特征，同时是普惠金融的进一步深化，金融科技不断创新会引致弱势群体"数字排斥"，因此中国构建的数字普惠金融体系应当承担一定的社会责任，即金融机构、监管部门和金融消费者应当共同承担金融发展引致的社会责任。④ 姜其林研究认为数字普惠金融虽然在很大程度上使小微企业、"三农"等服务对象更易获得金融产品和服务，但在发展理念和运行机制方面仍存在制约。⑤

　　黄益平指出数字普惠金融是一种自发的创新，它既有机遇，也有风险。二维码支付、人脸识别等技术为数字普惠金融的进一步发展提供了机遇，网络借贷不法行为频发等问题为其发展带来了风险。⑥ 数字普惠金融本质上是普惠金融通过数字技术的升级，并进一步促进中国实体经济复苏并落实普惠功能，但同时也产生了一些弊端，比如用户信息安全受到威胁等。曾之明认为数字普惠金融能够使普惠金融服务模式通过数字技术得到创新升级，进而使获得金融服务的门槛和成本得到有效降

① 葛和平、朱卉雯：《中国数字普惠金融的省域差异及影响因素研究》，《新金融》2018年第 2 期。

② 邱兆祥、向晓建：《数字普惠金融发展中所面临的问题及对策研究》，《金融理论与实践》2018 年第 1 期。

③ 阎永哲、陈泱、贺翔：《数字普惠金融与金融创新结合的前景构想——以宁波为例》，《宁波经济》2017 年第 3 期。

④ 董玉峰、赵晓明：《负责任的数字普惠金融：缘起、内涵与构建》，《南方金融》2018年第 1 期。

⑤ 姜其林、苏晋绥：《银行业金融机构数字普惠金融实践与思考——基于国内 35 家银行业金融机构的调查》，《北方金融》2018 年第 5 期。

⑥ 黄益平：《数字普惠金融的机会与风险》，《新金融》2017 年第 8 期。

低,有利于调节城乡居民收入差距。① 张贺和白钦先提出数字普惠金融
对城乡收入差距具有包容效应、减贫效应以及增长效应。② 宋晓玲指
出,数字普惠金融具有降低门槛效应、缓解排除效应和减贫效应并能够
通过三大效应缩小中国贫富差距,同时还能够利用数字技术、用户群、
风险控制等手段缓解成本收益不匹配的矛盾。③

　　鉴于此,本书将从减贫效应、经济增长、收入差距、乡村振兴以及
数字普惠金融发展影响因素和现存问题等六个方面进一步梳理数字普惠
金融相关文献。

一　数字普惠金融与减贫效应

　　一直以来,传统金融机构的金融服务无法全面渗透到"三农"领
域,农村地区的企业或农民仍受到融资难的约束。姚金楼认为数字普惠
金融可以弥补传统金融体系和农村金融的缺陷,使普惠金融在农村地区
的覆盖面和可获得性进一步提升。④ 随着数字普惠金融配套设施和互联
网技术的普及,数字普惠金融在农村的发展有了技术和用户基础,农村
金融服务需求者将获得更多融资机会,一定程度上提升了农村商业的可
持续发展能力。⑤ 易行健分析认为数字普惠金融能够激发居民消费,且
这一现象在农村地区、中西部地区以及低收入群体中更为明显。⑥ 曾之
明通过实证分析认为数字普惠金融在激励农民工创业方面具有优势和可
行性。可以看出,数字普惠金融能够在多方面提高农村居民生活水平,

---

① 曾之明:《论数字普惠金融发展对城乡居民收入差距影响》,《商学研究(双月刊)》
2018 年第 5 期。

② 张贺、白钦先:《数字普惠金融减小了城乡收入差距吗?——基于中国省级数据的面
板门槛回归分析》,《经济问题探索》2018 年第 10 期。

③ 宋晓玲:《数字普惠金融缩小城乡收入差距的实证检验》,《财经科学》2017 年第 6
期。

④ 姚金楼、王承萍、张宇:《"三农"领域发展数字普惠金融的调研与思考——基于供
给侧结构性改革背景》,《金融纵横》2016 年第 6 期。

⑤ 王姣、周颖:《数字普惠金融在农村发展的共享价值提升研究》,《农业经济》2017 年
第 11 期。

⑥ 易行健、周利:《数字普惠金融发展是否显著影响了居民消费——来自中国家庭的微
观证据》,《金融研究》2018 年第 11 期。

缩小城乡差距。[①] 潘锡泉指出发展数字普惠金融激发金融机构精准扶贫,在模式和条件上落实精准扶贫,体现出它的减贫效应。[②]

此外,数字普惠金融的减贫效应还体现在其能够激励农民工创业。马光荣等通过研究认为,正规金融相对落后的地区,农户自创企业受到民间融资的影响越显著。[③] 而农户的创业倾向显著受到融资可获得难易程度的负向影响。[④] 除此之外,金融服务相关基础设施的水平、融资渠道的丰富程度以及贫困地区人民自身的文化知识水平不可避免都会在一定程度上影响农民的创业抉择。而从理论上来说,数字普惠金融的发展能够有效拓宽农民的融资渠道并提升资金获取水平。曾之明认为通过数字普惠金融激发农民工创业具有其优势和可行性,具体可以从技术进步自身和政府相关部门两方面采取措施进行推动。[⑤] 而任碧云基于京津冀地区农村居民调查数据的分析认为,数字普惠金融能够通过数字支付服务、数字投资服务和数字借贷服务的使用情况以及数字金融服务的可得性等维度对农村的经济发展起到推动作用,进一步激发"减贫效应"。[⑥]

二　数字普惠金融与经济增长

龚沁怡分析认为虽然目前数字普惠金融具有显著的减贫作用,但这种减贫作用存在门槛效应,即当经济发展水平超过门槛值后,减贫作用则不显著。[⑦] 虽然中国经济增长水平存在明显的地区差异,但数字普

---

①　曾之明、余长龙、张琦、汪晨菊:《数字普惠金融支持农民工创业机制的实证研究》,《云南财经大学学报》2018 年第 12 期。

②　潘锡泉:《数字普惠金融助力精准扶贫的创新机制》,《当代经济管理》2018 年第10 期。

③　马光荣、杨恩艳:《社会网络、非正规金融与创业》,《经济研究》2011 年第 3 期。

④　卢亚娟、孟丹丹、王舒鸥:《金融普惠对中国家庭收入的影响研究——基于 CHFS 数据的分析》,《金融理论探索》2018 年第 2 期。

⑤　曾之明、余长龙、张琦、汪晨菊:《数字普惠金融支持农民工创业机制的实证研究》,《云南财经大学学报》2018 年第 12 期。

⑥　任碧云、李柳颖:《数字普惠金融是否促进农村包容性增长——基于京津冀 2114 位农村居民调查数据的研究》,《现代财经(天津财经大学学报)》2019 年第 4 期。

⑦　龚沁宜、成学真:《数字普惠金融、农村贫困与经济增长》,《甘肃社会科学》2018 年第 6 期。

惠金融存在的地区差异却随着时间逐渐消减，所以数字普惠金融能够对地区经济增长起到推动作用。[①] 詹韵秋分析认为数字普惠金融与经济增长数量呈"U"型关系，与经济增长质量呈倒"U"型关系，且当前数量效应处于抑制区间，质量效应处于上升区间；另一方面数字普惠金融对经济增长数量和质量的影响也存在明显的地区差异。[②] 郝云平也得出类似的结论，还指出数字普惠金融对经济增长的贡献约为0.01%—0.02%。[③] 陈婵妮基于对数字普惠金融作用于经济增长中的"三驾马车"（即消费、投资和净出口）的中介效应的分析，发现仅消费的中介效应显著；另一方面数字普惠金融对经济增长的积极作用由西部、中部到东部依次减弱，这一现象有助于缩小地区之间的收入差距。[④] 易行健通过实证研究也证实了数字普惠金融的发展能够有效促进中国居民消费，且该作用会随着服务对象的受教育程度、认知能力的提高而逐渐显著。[⑤] 同时，数字普惠金融仅仅促进了中低债务收入比家庭的消费支出却没有对高债务收入比家庭的消费支出进行抑制。因此，在利用数字普惠金融刺激消费的同时应当注重控制居民家庭债务比例的过快增长。鉴于此，在当前阶段数字普惠金融能够在数量和质量上促进经济增长，且对经济增长中的"消费"影响最大。

三 数字普惠金融与收入差距

随着普惠金融发展理念的提出，我国开始运用普惠金融政策使贫困群体获得更多的投资机会与消费能力。吴茂国和武振宇研究表明，普惠金融的发展不仅能够缩小城乡收入差距，还能对收入差距的缩小起到加

---

① 李乐、周林毅：《数字普惠金融促进地区生产效率研究》，《山东理工大学学报》（社会科学版）2018 年第 4 期。

② 詹韵秋：《数字普惠金融对经济增长数量与质量的效应研究——基于省级面板数据的系统 GMM 估计》，《征信》2018 年第 8 期。

③ 郝云平、雷汉云：《数字普惠金融推动经济增长了吗？——基于空间面板的实证》，《当代金融研究》2018 年第 3 期。

④ 陈婵妮、岳玉珠：《数字普惠金融影响经济增长的路径研究》，《福建行政学院学报》2018 年第 6 期。

⑤ 易行健、周利：《数字普惠金融发展是否显著影响了居民消费——来自中国家庭的微观证据》，《金融研究》2018 年第 11 期。

速作用，并且在相对贫困的中西部地区作用更显著。[1] 张爱英等研究发现，普惠金融渗透度的提升对城乡收入差距的缩小作用最为明显，同时，普惠金融还能够通过提升农业全要素生产率推动城乡收入差距收敛。[2] 但与此同时，我国普惠金融的发展现状仍有很多问题亟待解决。世界银行扶贫协商小组，认为我国普惠金融发展十分不充分，没有真正深入到贫困地区、渗透到贫困人口。[3] 除此之外，我国普惠金融存在很多由于体系制度不健全而导致的问题，如法律缺失导致普惠金融外生动力不足以及缺乏专业的统计制度和指标体系。普惠金融相较于传统金融更需要考虑注重社会责任的履行情况，但很多金融产品社会公益性质相对较高，却伴随着低收益和高风险，因此金融机构一般较少参与这类服务，进而降低了金融机构的普惠性质，此时如果存在相关的制约性规章制度，就能在一定程度上改善这类问题，将会有更多金融机构参与到更具有普惠性质的市场中。

随着数字技术的引入，数字普惠金融得以产生。宋晓玲认为，数字技术的发展降低了金融机构经营成本，大大提升了金融服务的触达能力，从而降低风险控制成本、提高金融服务的效率，并进一步通过降低门槛效应、缓解排除效应和减贫效应显著缩小城乡收入差距。[4] 张呈磊等认为，数字普惠金融促进了以创业精神为代表的企业家精神的发展，提高了生存型创业的概率，显著改善了收入不平等状况。[5] 黄倩等认为，数字普惠金融可以通过创新储蓄、信贷和支付手段，扩大人们对金融资源的可获得性、可接触性和支付便利度，并在提高穷人的议价能力和降低贫困脆弱性方面起到重要作用；同时，数字金融的发展缓解了传

---

[1]　吴茂国、武振宇：《普惠金融对城乡收入差距影响的实证研究》，《青海民族大学学报》（社会科学版）2020 年第 4 期。

[2]　张爱英、孟维福：《普惠金融、农业全要素生产率和城乡收入差距》，《东岳论丛》2021 年第 9 期。

[3]　Sparreboom, P. and Duflos, E., 2012, "Financial Inclusion in the People's Republic Of China：Ananalysis of existing research and public data", China Papers on Inclusiveness, No. 7.

[4]　宋晓玲：《数字普惠金融缩小城乡收入差距的实证检验》，《财经科学》2017 年第 6 期。

[5]　张呈磊、郭忠金、李文秀：《数字普惠金融的创业效应与收入不平等：数字鸿沟还是数字红利？》，《南方经济》2021 年第 5 期。

统金融市场中的"财富门槛"效应，提高了金融市场效率，促进了价格发现和信息流通，改善了穷人获得信贷和存款的渠道。此外，数字普惠金融发展还可以通过促进居民收入增长和改善收入分配间接实现贫困减缓。① 孙继国等认为，数字普惠金融能够缓解居民在传统金融体系下所受到的信贷约束，使其更容易获得信贷资金进行生产经营活动，实现收入增加。进一步地，数字普惠金融的发展能够极大地缓解农户在农业生产经营活动中所面临的生产风险和经营风险，避免"因灾致贫"，进而缓解相对贫困。② 刘锦怡和刘纯阳认为，数字普惠金融不仅能够提升金融可得性（促进互联网信贷和互联网保险发展）直接减缓农村贫困，同时也会通过增加经济机会（提供个体就业和私营企业就业）间接减缓农村贫困。

但与此同时，也有一些研究对数字普惠金融缩小贫富差距的作用提出质疑。③ 李晓钟和李俊雨认为，数字普惠金融的发展水平对城乡贫富差距的影响呈现先扩大后缩小的倒"U"型趋势，但由于现阶段"数字鸿沟"的存在，数字经济的发展仍处于"起步阶段"，因此当前数字普惠金融对城乡收入差距的扩大作用可能大于缩小作用。④ 李牧辰等研究发现，数字普惠金融的发展总体上收敛了城乡收入差距，但主要体现为覆盖广度和使用深度等方面带来的影响；数字化程度扩大了城乡收入差距；数字普惠金融不同业务的收敛效应也存在较大差异，属于基础功能和主导功能的数字普惠金融业务具有收敛城乡收入差距的效应，而属于衍生功能的业务则有扩大城乡收入差距的趋势。⑤ 张贺、梁双陆均通过研究认为数字普惠金融能够缩小城乡收入差距，体现其

---

① 黄倩、李政、熊德平：《数字普惠金融的减贫效应及其传导机制》，《改革》2019年第11期。

② 孙继国、韩开颜、胡金焱：《数字金融是否减缓了相对贫困？——基于CHFS数据的实证研究》，《财经论丛》2020年第12期。

③ 刘锦怡、刘纯阳：《数字普惠金融的农村减贫效应：效果与机制》，《财经论丛》2020年第1期。

④ 李晓钟、李俊雨：《数字经济发展对城乡收入差距的影响研究》，《农业技术经济》2021年第10期。

⑤ 李牧辰、封思贤、谢星：《数字普惠金融对城乡收入差距的异质性影响研究》，《南京农业大学学报》（社会科学版）2020年第20期。

普惠性。①② 但另一方面，数字普惠金融对城乡收入差距的缩小作用由于东中西部地区的自然禀赋和经济发展基础的不同在西部地区并不明显，此外欠发达地区的居民受教育程度偏低，接受数字技术的能力较弱，都在一定程度上阻碍了城乡收入的平衡发展。张子豪进一步分析认为数字普惠金融的各项分解指标都能够缩小城乡收入差距，而这些指标中覆盖广度对收入差距的缩小作用最显著。③ 可见，数字普惠金融的发展确实能够在缩小收入差距方面产生积极作用，且数字普惠金融的覆盖程度对收入差距产生的作用最显著。但同时这种作用由于原本地区发展基础的差异在西部及其他欠发达地区并不明显。

四　数字普惠金融与乡村振兴

关于数字普惠金融对乡村振兴的作用研究是近年来的研究热点，主要包括数字普惠金融对乡村振兴促进作用的存在性研究以及数字普惠金融助力乡村振兴的模式研究两方面。

目前国内学者普遍就数字普惠金融能够对乡村振兴发挥促进作用达成了共识，如马亚明和周璐以及谢地和苏博等人基于创业和创新双重视角通过实证分析检验了数字普惠金融能够通过改善市场环境以及提高农村人力资本水平等方式对乡村振兴发展产生正向促进作用。④⑤ 此外，谭燕芝等还从空间集聚和空间相关的理论视角分析了数字普惠金融和乡村振兴的时空耦合情况，得出当前中国数字普惠金融已经在东部地区形

---

① 张贺、白钦先：《数字普惠金融减小了城乡收入差距吗？——基于中国省级数据的面板门槛回归分析》，《经济问题探索》2018 年第 10 期。

② 梁双陆、刘培培：《数字普惠金融与城乡收入差距》，《首都经济贸易大学学报》2019 年第 1 期。

③ 张子豪、谭燕芝：《数字普惠金融与中国城乡收入差距——基于空间计量模型的实证分析》，《金融理论与实践》2018 年第 6 期。

④ 马亚明、周璐：《基于双创视角的数字普惠金融促进乡村振兴路径与机制研究》，《现代财经（天津财经大学学报）》2022 年第 2 期。

⑤ 谢地、苏博：《数字普惠金融助力乡村振兴发展：理论分析与实证检验》，《山东社会科学》2021 年第 4 期。

成显著的空间联动格局，但在中西部地区不显著。①

而在数字普惠金融助力乡村振兴的模式研究方面，Dul & Evbuom-wan 研究指出农村金融服务发展不足将制约农村经济的发展，并且分析认为这一问题需要通过金融创新来解决。② 2019 年 7 月，农村农业部提出了数字普惠金融助力乡村振兴。Evbuomwan 统计出目前农村金融服务模式有价值链融资模式、融资租赁、内源融资等，上述模式中的普惠金融服务乡村的模式如基于农村农户组织的泰国"农业互动合作社"模式规模较小且投资政策支持缺乏、肯尼亚的移动支付"M-Pesa"模式因信贷增长缓慢而缺乏可持续性，中国的"两平台一基金"台州模式存在信息容易泄密且信保基金增长难以为继等缺点，均未能满足农村资金需求。③ 现有成果关于数字普惠金融助力乡村振兴的模式研究较少，这是本书要研究的重点问题。

五　数字普惠金融的影响因素研究

国外文献主要从金融供给方、需求方和监督方三者间的相互关系和影响来研究普惠金融影响因素。Arora 研究表明，手机银行的使用（金融供给方）、金融知识的普及（金融需求方）、农村就业保障计划的实施（金融监管方），促进了乌干达、印度等国普惠金融的发展。④ Priya-darshee 等认为政府的政策、社保对普惠金融政策的推行有正向影响。⑤ Fungacova 等认为中国居民的收入和受教育程度与中国普惠金融呈正相

---

①　谭燕芝、李云仲、叶程芳：《省域数字普惠金融与乡村振兴评价及其耦合协同分析》，《经济地理》2021 年第 12 期。

②　Dul S F，Evbuomwan G O，2017，"An Evaluation of Agricultural Financing，Policies and Initiatives for Sustainable Development in Nigeria，In the 21st Century：1990 – 2014"，*Journal of Economics and Finance*，No. 3.

③　Evbuomwan，2017，"Agricultural value chain financing and small scale farmers in Nigeria：the prerequisites"，*Journal of Social Development*，No. 6.

④　Arora R U，2010，"Measuring Financial Access"，Griffith University，*Discussion Paper in Economics*，No. 7.

⑤　Priyadarshee A，Hossain F，Arun T，2010，"Financial Inclusion and Social Protection：A Case for India Post"，*Competition & Change*，Vol. 14，No. 3 – 4.

关性。① 国内学者对于这一问题的研究也屡见不鲜。比较具有代表性的是王婧、胡国晖选取渗透性、可获得性和实际使用情况三个维度，构建中国省际普惠金融指标体系，并用 OLS 回归分析影响普惠金融因素，表明金融便利性、宏观经济、收入差距对普惠金融有显著性的影响。② 郭田勇、丁潇从银行服务方面入手，从地理覆盖面、人口方面的渗透性及信贷资源的获取难易状况研究数字普惠金融的影响因素。最终发现，在世界各国中，影响普惠金融发展的主要因素有金融意识、经济状况及信贷价格。③ 张国俊等测算新常态下中国东中西地域间普惠金融差异，收入水平、城市化因素、地理环境均可以提高金融普惠水平，降低金融的排斥性。④ 但是，大量的文献着眼于各要素对普惠金融的单向影响，忽略了金融发展的累积效应，即当前的金融经济形式往往会受到前期金融发展的影响。对于数字普惠金融的测度研究，比较有代表性的是2016 北京大学互联网金融研究中心发布的《北京大学数字普惠金融指数（2011—2015 年）》，基于蚂蚁金服的数据支撑，在对中国数字普惠金融数据进行搜集后，研究人员从互联网金融服务的覆盖广度、使用深度和数字支持服务三个维度 24 个指标来构建指标体系，为该领域的研究提供了研究思路以及权威的数据支持。⑤ 之后，宋晓玲直接利用该指标体系研究数字普惠金融在缩小城乡收入差距方面的正向作用。⑥

六　中国数字普惠金融现存问题研究

数字普惠金融的高速发展使中国一些逐利网络平台假借金融创新而

① Fungacova Z, Weill L. 2014, "Understanding Financial Inclusion in China", *BOFIT Discussion Papers*, No. 10.

② 王婧、胡国晖：《中国普惠金融的发展评价及影响因素分析》，《金融论坛》2013 年第6 期。

③ 郭田勇、丁潇：《普惠金融的国际比较研究——基于银行服务的视角》，《环球金融》2015 年第 2 期。

④ 张国俊、周春山、许化强：《中国金融排斥的省际差异及影响因素》，《地理研究》2014 年第 12 期。

⑤ 郭峰等：《测度中国数字普惠金融发展：指数编制与空间特征》，北京大学数字金融研究中心工作论文，2019 年。

⑥ 宋晓玲：《数字普惠金融缩小城乡收入差距的实证检验》，《财经科学》2017 年第 6 期。

进行非法集资产生金融欺诈，如 e 租宝、天力贷、泛亚等。① 金融欺诈的产生还有部分原因在于金融市场存在信息不对称问题和个人信息非法泄露问题。② 同时，尽管小额贷款在中国得到进一步发展，但大多数金融机构仍把数字普惠金融的产品和服务重心偏向大企业，而轻视小微企业和个人对于数字普惠金融的需求。③ 董玉峰以北川县为例进行研究，认为欠发达地区的数字金融基础设施落后，农户的金融相关知识素养普遍欠缺以及根深蒂固的传统金融理念也造成了数字普惠金融无法在农村等欠发达地区真正被接受并得到发展和普及。④ 而从政府角度来说，一方面由于全国征信系统发展尚不健全，还未形成一套广覆盖面且效率高的全国征信体系，使金融机构的信用评估和风险控制的阻碍、金融服务成本及其工作量和金融交易的潜在风险都显著提升；另一方面当前中国金融监管尚不能与数字普惠金融的监管需求完全匹配。⑤ 由于数字普惠金融是行业自发的创新活动，很多潜在问题尚未暴露，仍有很多漏洞需要监管政策的进一步完善。尹海员和王盼盼借鉴美国互联网金融监管制度的经验，认为中国网络借贷平台定位不清，在虚假操作和欺诈、立法滞后、监管难度较大、监管体系不统一、分散投资者的利益保护、交易信息安全、信用风险、产品等方面均存在问题。⑥

七　文献述评

通过对上述文献的仔细梳理发现，现有文献对于数字普惠金融的研究主要将研究重心放在数字普惠金融的发展能够对中国经济、社会发展

---

① 陆岷峰、吴建平：《关于创新发展普惠金融策略的思考》，《吉林金融研究》2016 年第 7 期。

② 胡滨：《数字普惠金融的价值》，《中国金融》2016 年第 22 期。

③ 兰王盛、邓舒仁：《数字普惠金融欺诈的表现形式及潜在规律研究——基于典型案例的分析》，《浙江金融》2016 年第 12 期。

④ 董玉峰：《农村数字普惠金融模式探索与困境化解——基于北川县实践》，《农村金融研究》2018 年第 10 期。

⑤ 万雅桢：《数字普惠金融发展中所面临的问题及对策研究》，《金融经济》2018 年第 18 期。

⑥ 尹海员、王盼盼：《中国互联网金融监管现状及体系构建》，《财经科学》2015 年第 9 期。

发挥的积极作用,如促进经济发展、减贫、改善贫富差距等,能够为中国大力发展数字普惠金融提供理论支撑,而有针对性地对中国数字普惠金融现存问题进行研究的相关研究文献相对较少,且鲜有文献从政府、金融服务供给方和金融服务需求方三方的角度对当前数字普惠金融的现存问题及其对策进行研究。

世界银行在《全球金融发展报告2014》中提出:新技术为推广普惠金融带来希望。依托于数字技术而实现的普惠金融被人们形象地称为"数字普惠金融"。近年来,中国的电子商务、电子支付技术发展全球领先,这为中国数字普惠金融的发展提供了良好的环境。在互联网技术水平不断提升的过程中,普惠金融迎来了快速发展的春天。然而,传统金融机构对于普惠金融发展的态度却是"外冷内热",这主要是因为传统机构依托实体网点向普惠群体提供金融服务的时候,往往要承担不菲的成本,这与商业性金融机构追求经济利益的出发点矛盾。所以,在互联网等数字技术的基础上,普惠金融的成本得到有效降低,普惠金融才能够得到更好的发展。在理论层面,金融机构依托互联网技术,在融资渠道等方面实现创新,让经济发展水平不同的地区也能平等地享有金融服务的权利。从实证研究方面看,互联网的快速发展能否有效地带动数字普惠金融的发展,借助数字技术充分促进普惠金融的成长,使城乡之间的收入得以平衡,实现经济的可持续发展,这些都需要进一步展开定量研究。

因此,本书基于对现有研究文献的整理总结以及对数字普惠金融当前发展现状的总结,提炼出中国数字普惠金融现存问题及其产生原因,再进一步明确政府、金融服务供给方和金融服务需求方三方在数字普惠金融发展过程中的定位和作用,并针对现存问题提出相应的解决对策。

第四节　数字普惠金融的理论基础

一　现代金融理论

(一) 金融结构理论

金融结构理论被认为是现代金融发展理论的基础。金融结构的变化被戈德史密斯认为是金融发展的实质所在，他认为研究金融发展就是要研究金融结构的变化过程与趋势，同时他还指出一国经济发展水平、经济发展结构、经济活跃程度、商品流通转化的速度、经济规模以及财富分配的公平性等是决定这个国家金融发展的决定性因素。

1. 产业结构及其变动对金融结构的影响机制

产业结构对金融结构的影响，主要是因为金融体系为满足产业发展所产生的金融服务需求等而存在，而产业发展的需求是金融体系赖以生存和发展的基础。其影响机制为：产业结构变动意味着其内部产业规模变化、产业比重变化、产业发展阶段变化、企业发展变化和风险变化等，从而导致各产业发展所需资金等多方面需求变化，进而对金融结构产生影响。

2. 金融结构与经济增长的作用机制

（1）金融中介对经济增长的作用机制

内生增长理论中最简单的凸性增长模型——AK 模型，假定总量生产函数具有规模收益不变的线性特征，总产出和资本存量的函数公式如下：

$$Y_t = AK_t \tag{1.1}$$

其中，Y_t代表了 t 期总产出，K_t代表了 t 期资本存量，A 代表了资本的产出系数，反映了生产的技术进步水平。从资本存量分析，假设该经济体只生产一种商品被用于投资时，每期的折旧率为 δ（$0 < \delta < 1$），第 t 期的资本存量变动即投资额表示为：

$$I_t = K_{t+1} - (1 - \delta)K_t \tag{1.2}$$

假设该经济体只有居民和企业的两部门简单经济关系，不存在政府和对外贸易，经济均衡的条件是储蓄 S_t 等于总投资 I_t，由于经济系统中的储蓄转化为投资时会出现一定损耗，因此假定实际储蓄转化为投资的比率为 μ（$0 < \mu < 1$），第 t 期经济均衡的条件可以表示为：

$$\mu S_t = I_t \tag{1.3}$$

假定该经济体的储蓄率为 s，代入可得：

$$I_t = \mu s Y_t \tag{1.4}$$

$t + 1$ 期的经济增长率为：

$$g_{t+1} = Y_{t+1}/Y_{t-1} = K_{t+1}/K_{t-1} \tag{1.5}$$

将（1.2）代入（1.5）得：

$$g_{t+1} = K_{t+1}/K_{t-1} = (K_{t+1} - K_t)/K_t =$$
$$(I_t - \delta K_t)/K_t = \mu s Y_t/K_t - \delta = A\mu s - \delta \tag{1.6}$$

去掉时间下标，可得均衡条件下的经济增长率为：

$$g = A\mu s - \delta \tag{1.7}$$

上述公式发现，经济增长率 g 取决于参数 A、μ、s 和 δ，金融中介通过改变 A、μ、s 这三个参数，从而起到促进经济增长的作用。

（2）经济增长对金融中介的作用机制

假定金融中介的费用固定，经济增长会使这种费用的重要程度降低，这样会有更多人愿意利用金融中介。这样经济增长促进了金融中介的形成和发展。在经济发展早期，人均收入及人均财富都比较低，人们没有钱支付固定的进入费，或即使有能力支付，也会因交易量太小，造成单位交易所负担的交易成本过高，人们会认为得不偿失，没有利用金融中介机构的动机。当经济增长达到一定水平后，一些人由于其收入和财富增长到一定的临界值，就有利用金融中介机构的动机。随着经济的增长，收入和财富达到这一临界值的人增多，会有更多的人愿意利用金融中介机构，推动了金融中介机构发展。当绝大多数人都达到这一临界值，都愿意利用金融中介机构时，金融中介部门的增长速度就不会快于其他部门。

3. 金融市场与经济增长的作用机制

（1）金融市场对经济增长的作用机制

以股票市场为代表的金融市场对经济增长的作用机制主要体现在四个方面：提供流动性、分散风险、实施公司控制和动员社会储蓄。首先，金融市场的流动性能够满足中长期投资项目的融资需求。在没有提高流动性的金融安排下，高收益的长期投资项目面临融资困境。股票市场的流动性克服了个人投资者和银行信贷的局限，投资者通过持有可以兑现的股票，随时可以迅速变现。其次，金融市场风险分散与经济增长。金融市场在为投资者提供高风险、高收益金融产品的同时，还能够通过证券资产组合进行投资风险的分散，从而实现风险可控下的收益最大化。这样人们进行高风险、高收益型投资时的顾虑减少，提高资金的流动效率，引导资金优化配置，进而促进经济增长。最后，金融市场动员储蓄与经济增长。金融市场动员储蓄的功能主要体现在，为资金需求者和供给者提供了投融资机制，并成为与金融中介相并行的制度安排。

（2）经济增长对金融市场的作用机制

没有经济发展就没有金融市场。股票、债券等有价证券作为经济发展的重要载体，其发展规模是实体经济的发展所决定，实体经济规模决定了金融市场膨胀的范围。总之，实体经济是金融市场产生和发展的基础，实体经济的良性发展是金融市场发展的保障，实体经济平稳发展，则金融市场有坚实的物质基础。否则，金融市场的运行就会受到阻碍。

4. 金融中介和金融市场的互补性与经济增长的互动机制

（1）金融中介和金融市场的互补性对经济增长的作用机制

卡莱茨基的经济增长理论认为，金融中介和金融市场在经济增长中有积极作用。他将国民收入的最终支出分成生产性积累和广义消费两个部分，其中生产性积累包括生产性固定资本投资和增加的存货。当进出口为零时，国民收入由投资和消费组成，当国民收入既定时，消费与投资之间的关系是此消彼长的。

在卡莱茨基看来，有三部分共同决定了社会主义经济的增长，第一部分是，生产性投资引起的国民收入的增加，增加量为 $DY = I'$；第二部分是，设备报废引起的生产能力的减少，减少量为 a，a 为折旧系数，表示国民收入减少量占国民收入的比例；第三部分是，由提升当前生产力而贡献的国民收入增加量 μY，μ 表示现有生产能力利用程度的改善系数，基于以上说明，年国民收入总增量可以表示为：

$$DY = I' - aY + \mu \tag{1.8}$$

将等式两边同除以 Y，得：

$$D = I' - a + \mu \tag{1.9}$$

社会主义经济增长模型（含投资率 i）：

$$D = I' - (a - \mu) \tag{1.10}$$

式中 r 为经济增长率，I' 为生产性固定资本投资率，a 是折旧系数，μ 是改进系数。由模型可知，决定经济增长率 r 的主要因素有：投资率

i，折旧系数 a，改进系数 μ，社会主义国家的实际经济增长由这些内生变量共同决定，金融中介和金融市场对经济增长的影响，可以通过以下两种机制：一是提高投资率，通过提高储蓄转化为投资的比例来促进经济增长；二是提高资金配置效率。引导资金流入资本边际率较高的部门，提高资本生产效率，进而促进经济的持续增长。

（2）经济增长对金融中介和金融市场的作用机制

学术界对于经济增长或经济发展水平如何影响金融中介和金融市场发展的研究主要有两种：第一种是新结构经济学的金融结构理论，结合经济体在不同发展阶段所运用技术的风险收益特征，从融资方式的"需求面"对金融结构的演变进行分析。认为随着经济发展，偏向银行的金融结构对技术进步的影响应当是逐渐由正转负的，金融结构应适时地实现从"银行主导"到"市场主导"的转变。第二种是从契约制度角度看，在经济发展初级阶段，契约制度的质量低劣，银行主导型的金融模式更适合其发展。随着经济的增长，进行创新变革的需求不断增大，银行主导型的金融模式固有的缺点使其很难满足创新项目的需求，市场主导型的金融模式变得更有优势。

（二）金融抑制理论

金融抑制理论认为：过度的政府干预不利于金融体系发展，甚至会抑制其发展，而金融体系发展的滞后又会反过来对经济发展产生负向影响，导致金融抑制与经济滞后发展之间的不良循环。金融抑制下，稀缺的金融资源进一步流向"受青睐"的企业和个人，而"受歧视"小微企业和农户面临授信不足问题。这里介绍教育金融的抑制理论模型选择，即 Biprobit 模型。

令 y_s^* 代表资金供给意愿的隐含变量，y_s 代表是否愿意提供资金的决策变量；y_d^* 代表学生资金需求意愿的隐含变量；y_d 代表学生是否意愿申请贷款的决策变量；X_1 为影响学生贷款需求的解释变量；X_2 为影响资金供给的解释变量。假设 ε_1 和 ε_2 服从联合正态分布，建立联立模型如下：

$$\begin{cases} y_d^* = X_1'\beta_1 + \varepsilon_1, 若 y_d^* > 0, y_d = 1; 否则 y_d = 0 \\ y_s^* = X_2'\beta_2 + \varepsilon_2, 若 y_s^* > 0, y_s = 1; 否则 y_s = 0 \end{cases} \quad (1.11)$$

此时，$E\left[\varepsilon_1\right] = E\left[\varepsilon_2\right] = 0$，$Var\left[\varepsilon_1\right] = Var\left[\varepsilon_2\right] = 1$，$cov\left[\varepsilon_1,\right.$

$\left.\varepsilon_2\right] = \rho$，只有当学生具有资金需求（$y_d = 1$）且资金供给方意愿向其提供资金（$y_s = 1$）时，交易才会发生，此时才能实际观察到学生的融资行为，这是样本所能够提供的最大信息。将融资行为记作 y，

$$当 y_d = 1, y_s = 1 时, y = 1; 否则 y = 0 \tag{1.12}$$

上式是一个典型的 Biprobit 模型，且观测值具有部分可观察性的特征。模型估计采用最大似然法（MLE），其对数似然函数如下：

$$
\begin{aligned}
&\ln L(\beta_1, \beta_2, \rho) \\
&= \sum_{i=1}^{N} \left[y_i \ln P(y_i = 1) + \left(1 - y_i \ln(1 - P(y_i = 1)) \right) \right] \\
&= \sum_{i=1}^{N} \left[y_i \ln\varphi(X_1\beta_1, X_2\beta_2, \rho) + \left(1 - y_i \ln(1 - \ln\varphi(X_1\beta_1, X_2\beta_2, p)) \right) \right]
\end{aligned}
$$
$$\tag{1.13}$$

这个模型能够有效地利用 ε_1 和 ε_2 之间的相关性，从而得到更准确的估计。不过，由于某些被解释变量无法被完全观察到，其模型估计的有效性受到影响，这是因为信息的限制而必须支付成本。本书对教育金融抑制程度的衡量，采用下列公式：$P\left(y_d^* > y_s^* \mid y_d^* > 0\right)$，即在需求大于零的条件下，融资方所需资金得不到满足的比例（概率）。其计算公式如下：

$$
\begin{aligned}
P(y_d^* > y_s^* \mid y_d^* > 0) &= P(X_1'\beta_1 + \varepsilon_1 > X_2'\beta_2 + \varepsilon_2 > 0)/P(y_d^* > 0) \\
&= P(\varepsilon_2 - \varepsilon_1 < X_1\beta_1 - X_2\beta_2, \varepsilon_1 > X_1\beta_1)/P(\varepsilon_1 > -X_1\beta_1) \\
&= P\left(\frac{\varepsilon_2 - \varepsilon_1}{\sqrt{2-2\rho}} < \frac{X_1\beta_1 - X_2\beta_2}{\sqrt{2-2\rho}}, -\varepsilon_1 < X_1\beta_1 \right)/P(-\varepsilon_1 < X_1\beta_1) \\
&= \varphi BN\left(\frac{X_1\beta_1 - X_2\beta_2}{\sqrt{2-2\rho}}, X_1\beta_1, \sqrt{(1-\rho)/2} \right)\varphi(X_1\beta_1)
\end{aligned}
$$
$$\tag{1.14}$$

这里 φBN 和 φ 分别为联合正态分布函数和正态分布函数，其中 $\varepsilon_2 - \varepsilon_1 \sim N(0, \sqrt{2-2\rho})$。

简言之，金融抑制导致利率扭曲。发展中国家对利率和汇率进行严格管制，致使利率和汇率发生扭曲，不能真实准确地反映市场上资金供

求和外汇供求关系。金融当局采取规定上限、规定某一百分比等形式控制存、贷款的名义利率，削弱了利率变化反映市场资金真实供求状况和资金真实短缺程度的功能。金融抑制导致汇率扭曲。发展中国家对外汇市场的管制导致本币价值高估。被高估的汇率，不能反映本币真实价值，使本国商品在国际市场缺乏竞争力，出口受到很大限制，从而使本国外汇严重短缺。为促进出口创汇，当局往往会采用出口补贴、出口退税等手段，刺激国内企业扩大出口。

（三）内生金融增长理论

内生增长理论认为，知识对他人、社会有溢出效应，生产知识的个人又不能内化这种效应。因而知识产出不足，这就为政府干预从短期需求向长期供给的转变提供了理论支持。

1. 内生性金融成长：由寡头垄断到寡头竞争

内生金融的成长将市场结构由垄断推进到垄断竞争，进而增进了整个产业组织的运行效率。如果把金融企业也看作类似实体的厂商，则可以借用微观经济学中关于垄断企业的厂商分析模型分析其市场结构的变化与资源配置效率之间的关系。如图1—2所示，在内生金融没有进入的情况下，垄断金融企业面临的需求曲线是 D（AR），这个也是平均收益曲线，其边际收益曲线为 MR_1，表示边际收益与边际成本曲线的交点形成了短期均衡，此时均衡利率为 R_1。随着内生金融企业逐渐成长和进入，金融业的竞争程度加剧，金融企业所面临的需求曲线将更富有弹性，即更平坦，此时的需求曲线用 d（AR）表示，边际收益曲线为 MR_2，它与边际成本曲线相交形成了垄断竞争行业的短期均衡，形成的利率水平为 R_2。由图1—2可知 $R_2 < R_1$，因此竞争的加剧导致了资金利率水平的下降。

2. 内生性金融成长：配置型效率的提高

按照一般的经济学原理，如果市场结构由垄断转变为垄断竞争，那么整个产业的产出效率将提高，在此意味着金融资源配置的效率提高了。如果将效率提高分解为适应性效率和配置性效率，那么国有银行的市场化改革与内生性金融的成长具有不同的效率含义。本书用一个修正的模型来说明这一点。如图1—3所示，假定使用两种金融资源 FR_1 和 FR_2 来进行生产，它们具有一般性状的生产函数和生产可能性边界

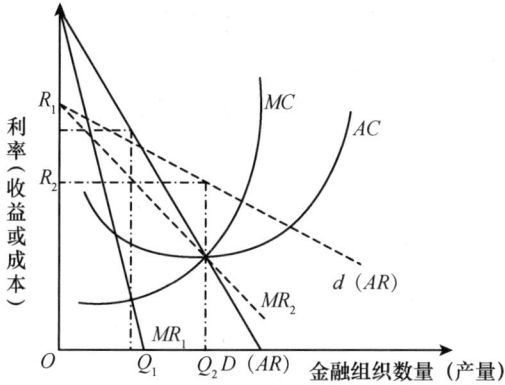

图1—2　内生性金融的成长

（PPC）。在原有的垄断均衡制度下，生产可能性边界为PPC_1，但是国有银行的低效运行使产出并不处于有效率的边界上，此时无差异曲线为U_1；随后市场化改革的深入推进使原来的国有银行的诸多体制机制已不适应新的经济形势，作为对整个经济体制市场化改革的配套，国家开始了对国有银行的市场化改革。国有银行改革的结果使国有银行体制逐步适应了新的经济形势，体制机制的改革使社会福利水平提高，推动无差异曲线移向U_2，U_2与PPC_1，相切形成均衡点A。由此可见，国有银行的商业化改革使其适应性效率得以提高，但是就金融资源的配置而言，国有银行依然没有改变向国有企业提供信贷的偏好。

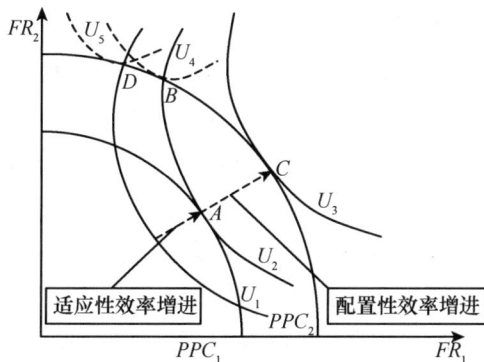

图1—3　内生金融成长的效率增进

而内生金融的成长意味着整个金融产业生产效率的提高，金融业的生产可能性曲线边界变为 PPC_2，此时如果人们的偏好是稳定的，则无差异曲线就由 U_2 移向 U_3，U_3 与 PPC_2 相切形成均衡点 C。内生金融的成长意味着金融资源配置方向的较大变化，金融资源配置效率得以提高，这表明内生金融的成长主要表现为配置性效率的增进。重点是，此时 U_1、U_2 和 U_3 处于同一簇无差异曲线上，这意味着不仅效率得到了增进，而且福利水平得到了提高。然而，产出的增加并不总是意味着福利水平的提高，如果内生金融的成长使人们的偏好发生了系统性变化，若此时形成的无差异曲线为 U_4，则从福利增进的视角来说，最优产出均衡从 A 到 C 的增进使福利水平没有变化，因为均衡点 B 仍位于原来的无差异曲线 U_2 之上，表明人们的满足程度没有变化。如果偏好改变后的无差异曲线为 U_5，则均衡点为 D，但是此时人们的福利水平却下降了，因为 D 点位于原来的无差异曲线 U_1 之上，而就满足程度而言 $U_1 < U_2 < U_3$。因此，国有商业银行改革和内生性金融的成长使金融资源配置的效率实现了帕累托改进，但却并不一定能够提高社会的福利水平。

（四）金融约束理论

金融约束理论指出：在经济发展水平与金融深化程度较低的发展中国家，政府应采取选择性干预措施（如控制存贷款利率、市场准入及竞争、限制资产替代等），对金融部门进行干预，保证金融机构运行效率的提升。

1. 西方金融约束理论简要评述

金融约束理论是由赫尔曼（Hlelamnn）等人提出来的。其被认为是介于金融抑制和金融自由化之间的情形。他们认为，对发展中经济和转型经济而言，金融抑制（finaneial repression）是痛心疾首的，而推行金融自由化又达不到预期效果，所以有必要走第三条道路，即他们所谓的"金融约束"（finaneial restraint）。他们还认为，由于信息不对称、金融自由化会导致市场失灵。对于发展中国家而言，由政府出面维持一种垄断性的金融制度安排比竞争性的制度安排更有利于支持经济的增长。政府通过维持这种垄断性的金融制度安排，为银行部门提供租金作为激励，促使银行部门积极吸收存款，增加放款，提高贷款质量，从而促进金融及经济发展。其传导机制如图1—4所示。

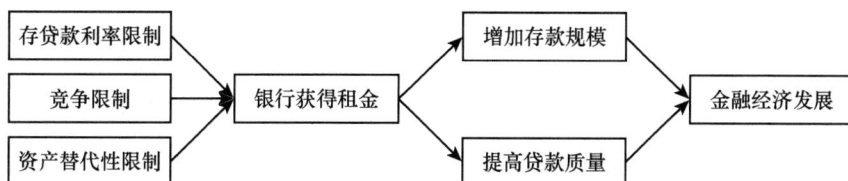

图1—4　金融约束政策的传导机制

与金融抑制政策下政府从民间部门获得租金不同，在金融约束下，政府并不获得租金，而是通过一系列金融政策以便在私人部门内部创造租金机会。借助四部门（家庭、金融部门、生产部门和政府）模型来表示金融约束下的租金流动情况（如图1—5所示）。

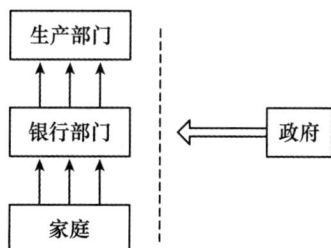

图1—5　金融约束下的租金流动

这里的"租金"是金融约束下，收益中超过竞争市场所能产生的部分。其作用在于：一是提高金融中介、企业自有资本，从而贷款风险及相关信息问题就减轻了；二是租金是企业创造财富的机会而不是财富的转移。租金机会把当事人和资源获得联系了起来，诱使当事人采取对自己从而又对社会有益的行动。金融部门和生产部门获得租金的可能性，使那些有碍于完全竞争市场的、与信息有关的问题得以缓解，特别是这些租金使私人当事人增加那些在完全竞争市场上可能提供不足的商品和服务（如监督投资和吸收存款）的供给。

2. 金融约束对企业投资行为的影响机制

企业在投资行为方面会受到代理问题以及信息不对称等问题的影

响，从而将会导致企业投资出现过度或者是不足两个极端的现象。因此，在分析金融约束的相关政策对于企业的投资带来影响的过程中，以金融约束政策作为切入点，代理问题及信息不对称作为桥梁，而企业最后的非效率投资行为作为终点，构成一个理论框架：金融约束的相关政策将会由于信息不对称或者是企业内部的治理问题等造成企业存在过度投资或者是投资不足的现象发生，最后形成企业的非效率投资，这可以被认为是金融约束政策影响企业的非效率投资的具体路径。

3. 金融约束对企业融资行为的影响机制

企业的融资行为主要受到两方面因素的影响：一方面，资本结构的安排是否合理。企业对于股权代理及债券代理等所造成的成本进行衡量后将会做出最适合企业本身的资本结构安排；另一方面，由于不同的融资方式所产生的成本是不相同的。因此，企业会根据各种融资方式所形成的成本对于融资方式进行排序，从而根据企业实情做出最优的融资行为。

4. 金融约束、产权性质以及投融资行为之间的理论分析

企业的产权性质将会对企业的投融资行为带来一定的决定性作用。由于受到金融约束政策影响的原因，企业的代理问题不会得到解决。同时由于国有企业与政府之间有着一定的关联度，政府对国有企业无论是资金还是政策方面均有着一定的支持，从而导致了更多有利资源将会被国有企业所享用。因此，本书将对不同产权性质的企业投融资行为，采用以欧拉方程为基础的投资模型。该模型放松了资本市场完美的假定，利用动态最优方法从管理者最大化公司价值的一阶条件推导出来。模型以资本的边际利润作为一个主要变量捕捉公司的成长机会，用投资对内部现金流的敏感性反映融资约束的特征，并增加滞后一期的投资变量以控制投资成本调整。

本书的基本模型为：

$$\left[\frac{I}{K}\right]_{i,t} = \beta_1\left[\frac{I}{K}\right]_{i,t-1} + \beta_2\left[\frac{I}{K}\right]_{i,t-1}^2 + \beta_3\left[\frac{S}{K}\right]_{i,t-1} +$$

$$\beta_4\left[\frac{CF}{K}\right]_{i,t-1} + \beta_5\left[\frac{D}{K}\right]_{i,t-1} + t_i + f_i + \varepsilon_{i,t} \quad (1.15)$$

式中，I 表示投资支出，本书采用现金流量表中的"购建固定资产、无形资产和其他长期资产支付的现金"来度量。CF 表示现金流量，

用"经营活动产生的现金流量净额"来度量。S 表示净销售收入，D 表示总负债，f_i 表示公司特定效应，t_i 表示时间特定效应，$\varepsilon_{i,t}$ 表示随机误差，下标"i"和"t"分别代表公司和时期。K 为标准化变量，本书采用期初总资产度量，将有关变量除以期初总资产以剔除公司规模的影响。上式中使用因变量的滞后一期作为解释变量是考虑投资行为的动态性，引入平方项是为了反映资本存量调整过程存在非线性行为。上述方程可检验的含义如下：在没有融资约束的情况下，$\beta_1 > 1$，$\beta_2 < -1$，$\beta_3 \geqslant 0$，$\beta_4 < 0$。如果这些系数的任何限制条件没有满足，则投资没有处于最优的路径。特别是，当投资对现金流的增加存在正的反应，即 β_4 为正数，则企业在某种程度上存在融资约束，如果现金流量系数被估计为越大的正数，则企业存在越严重的融资约束。

金融发展能够有效地减轻信息不对称的程度和代理问题，从而减轻公司的融资约束。这将使有效发挥金融功能的金融体系会把更多资金配置给那些拥有良好投资机会和成长机会的公司，资本配置的有效改进将促进总体经济的增长。因此，在模型（1.15）的基础上，本书加入金融发展水平与现金流量的交乘项，来衡量金融发展对融资约束的影响效应，得到以下扩展模型（1.16）。

$$\left[\frac{I}{K}\right]_{i,t} = \beta_1 \left[\frac{I}{K}\right]_{i,t-1} + \beta_2 \left[\frac{I}{K}\right]_{i,t-1}^2 + \beta_3 \left[\frac{S}{K}\right]_{i,t-1} + \beta_4 \left[\frac{CF}{K}\right]_{i,t-1} +$$

$$\beta_5 \left[\frac{D}{K}\right]_{i,t-1} + \beta_6 \left[\frac{CF}{K}\right]_{i,t-1} \cdot FIN_{t-1} +$$

$$\beta_7 \left[\frac{CF}{K}\right]_{i,t-1} \cdot STK_{t-1} + t_i + f_i + \varepsilon_{i,t} \qquad (1.16)$$

模型（1.16）增加了金融中介发展水平和证券市场发展水平与现金流量的交乘项。本书采用 Love 的方法度量金融发展，FIN 表示金融中介发展水平，以 M_2 和贷款总额之和与 GDP 的比值度量，STK 表示证券市场发展水平，以股票市值和股票交易量之和与 GDP 的比值度量。根据金融发展理论，金融发展能减轻公司的融资约束，降低公司对内部现金流的依赖程度。因此，模型假定金融发展与现金流量的交乘项系数将显著为负，即模型（2）中的 β_6、β_7 小于零，表示金融发展缓解了公司的融资约束。

二　长尾理论

(一) 长尾理论的提出

"长尾"出自统计学中的帕累托分布规律，该分布曲线后部拖着一条长长的"尾巴"，由意大利博学家帕累托于1897年提出，他认为20%的人口掌握着80%的财富，这并不是一个准确的比例数字，却表现了一种不平衡关系，即少数主流人群或事物可以造成主要的、重大的影响，这就是"帕累托法则"，也称"二八定律"。其在商业领域的具体表现为80%的利润和销量都源于20%的畅销品。

长尾理论的主要原理是，随着互联网技术的不断推进，商品的存储成本、流通成本急剧降低，基数庞大但需求有限的产品占据的市场份额完全可以和少数需求旺盛的热卖品市场份额相匹敌。企业的销售重点将不在于传统需求曲线上代表"畅销商品"的头部，而是代表"冷门商品"的尾部，这部分市场将带给企业具有潜力的利基市场产品（如图1—6所示）。

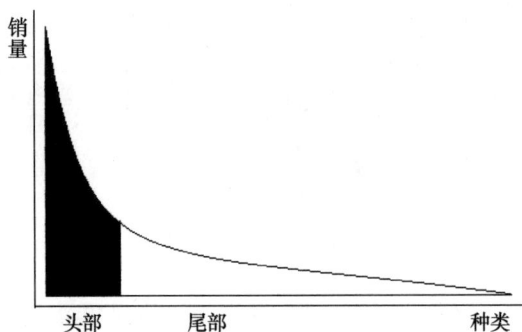

图1—6　长尾理论

(二) 长尾理论的内涵解释

长尾理论是较为平缓的帕累托分布现象。帕累托分布通常用来表述一种收入分配关系，在此则用来表述销售的分配关系。图1—7是"旧经济"和长尾经济销售分配图，横轴表示按顺序排列的销售产品类型，纵轴表示平均的销售量。

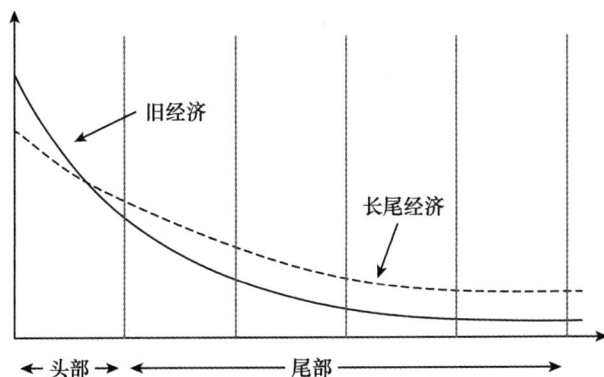

图1—7　旧经济和长尾经济的需求曲线对比

图1—7中更为陡峭的分布曲线描述的是传统经济的销售分布，注意在传统经济中，分布曲线的头部（hits）更大，在收入分配统计中通常20%的人占有80%的收入；在销售统计分配中通常则指80%的销售额来自20%的产品，这条法则被称为"二八法则"或者"帕累托法则"。在图1—7中更为平缓的分布曲线描述的是长尾经济的销售分布，在长尾经济中，分配曲线的头部并没有消失，只是头部所占的份额远低于80%了，曲线后面长长的尾巴代表利基市场，其所占销售的份额再也不能被认为不重要而被丢弃。因此，长尾理论可以看作是对二八法则的超越。

安德森提出了四个假设：丰裕经济假设、多样性经济假设、文化经济假设和小批量定制假设，并且提出了一个一般化的分析框架，如表1—3所示。

表1—3　　　　　　　　　　安德森的分析框架

经济假设	丰裕经济、多样性经济、文化经济和小批量定制
新生产者	生产工具普及，廉价生产
新营销	传播工具普及，低成本营销
利基市场	品种丰富性、低搜索成本和样本推销
供需连接	低搜索成本：口碑、畅销榜、博客、Google等过滤器；消费者情感连接

长尾经济则是一种类似达尔文式的制衡系统，当市场需求旺盛时，生产将具有更高的效率和更高的报酬，而效率的提高导致价格的下降，进而产生了更高的需求，更高的需求同时产生了更高的供给。

（三）长尾效应的形成过程

长尾理论有着六大不可或缺的条件。条件一指的是新生产力，条件二指的是新营销，条件三指的是供应连接。当条件一、二、三都满足时，才会改变需求曲线（条件四），当需求曲线扁平化到一定程度时，即冷门产品共同占据的市场份额可以和热门商品所占据的市场份额相当甚至超过热门商品（条件五），最终形成长尾效应（条件六）。

在任何市场中，利基产品都远远多于热门产品。而且随着生产技术变得越来越廉价，越来越普及，利基产品所占比例以指数级的速度提高。从自动推荐到产品排名，一系列的工具和技术都能有效帮助消费者找到适合他们的特殊需求和兴趣的利基，从而真正改变需求。一旦有了空前丰富的品种和用来做出选择的过滤器，需求曲线就会扁平化，热门产品的流行度相对下降，利基产品的流行度则会相对上升。尽管没有一个利基产品能实现大的销量，但由于利基产品数不胜数，它们聚合起来，将共同形成一个可与大热门市场相抗衡的大市场。当以上几点全部实现，需求曲线将不受供给瓶颈、信息匮乏和有限空间货架的扭曲。而且这种形状受少数大热门的支配程度很低，它的分布就像人口分布一样分散。

三 金融排斥理论

自 20 世纪 90 年代中期以来，随着金融管制放松、经济全球化以及信息技术的快速进步，各个金融机构出于自身安全的考虑，不断细分市场，对于服务的顾客，越来越倾向于有影响力、有权力，处于优势地位的群体，而慢慢地剥离出那些处于劣势的群体。这样势必导致许多农村地区缺乏金融机构，金融排斥现象便由此产生。

20 世纪 90 年代中期，金融排斥理论（Financial Exclusion）被提出。金融排斥刚开始是国外金融地理学者研究的问题，是西方国家一些学者从事新金融地理研究的一个研究金融评价指标体系方向，这个研究方向还受到越来越多的社会学家的关注。后来金融排斥从新金融地理学领域向社会文化领域发生转变。

金融排斥是具有多维度的，目前最受国内外学术界和商界推崇的是坎普森与韦利提出的价格排斥、条件排斥、评估排斥、地理排斥、营销排斥、自我排斥等六个维度指标。欧盟的金融服务主要有银行交易业务、储蓄、信贷和保险，与之对应便形成了银行排斥、储蓄排斥、贷款排斥及保险排斥等四个不同的金融排斥。

四　农村金融理论

（一）农业信贷补贴理论

凯恩斯主义学派在 20 世纪 60 年代成为主流的经济学发展学派。在此背景下，农业信贷补贴理论应运而生，并在农村金融领域成为主导农村经济发展的主流理论，农业信贷补贴理论与凯恩斯主义具有同样的政策主张，肯定政府干预在农村金融发展中的积极作用。该理论得出：为增加农业生产和缓解农村贫困，有必要从农村外部注入政策性资金，并建立非营利性的专门金融机构来进行资金分配。该理论最大的贡献在于它是以消除贫困为目的，既没有贷款，也没有节约，而是要建立一个可持续发展的财政机制。农业信贷政策的补贴将逐渐削弱金融市场的可持续发展的能力，是一个导致经济衰退的信贷机构。实践证明，从来没有专门的农业贷款机构在农业信贷补贴理论的指导下发展成为净储蓄者和净借款者之间的一个现实可行的金融中介机构。虽然农业信贷补贴理论是支持农村金融发展的第一战略理论，但其假设前提较为严格。事实上，即使是最贫穷的农民也有储蓄需求。许多亚洲国家的经验表明，如果有储蓄的机会和激励机制，大多数穷人将会储蓄。由于贷款用途可以更换，故低利率贷款难以促进特定的农业活动发展。

（二）农村金融市场理论

新古典经济学派在 20 世纪 80 年代后开始盛行，其崇尚新自由主义思想，因此建立在一般均衡理论之上的农村金融市场理论开始兴起，该理论强调依赖市场机制，反对政府过度干预农村金融市场，认为发展中国家的低利率是抑制储蓄的重要因素。因此，该理论的政策工具有：利率政策、信贷政策和金融发展政策。利率政策是指利率由市场来调节，政府不进行干预。信贷政策是指通过市场机制来配置信贷资源，取消政府政策性金融机构的指导性干预。金融发展政策是指通过建立多层次、多元化的农村金融机构，鼓励金融市场的多元竞争，打破政策性金融的垄断体系，从而提高农村经济中资金的配置效率和资金融通数量。

农村金融市场理论是农村金融改革中的重要理论，它的贡献在于为农村金融发展引入自由化、市场化的机制，带动了一股新的农村金融理论思潮，为当时的发展中国家农村金融发展提供了一定的指导。其在一定程度上纠正了农业信贷理论的弊端，但过度地强调市场化也使得矫枉过正。

农村金融市场论促进了一些发展中国家农村金融的发展，但也存在一定的局限性：第一，农村金融市场论是建立在金融自由化之上，忽略了发展中国家市场机制不健全的问题，从而引发了农村金融自由化的风险、收益和成本等问题。第二，在金融自由化的过程中，仅仅依靠市场机制的作用易出现市场失灵，农村金融市场理论忽略了金融制度质量、政府行为的作用和意义。在金融市场发展水平较滞后的农村地区，政府干预的取消，不利于农村金融市场的稳定发展。该理论只考虑了金融自由化对经济增长的促进作用，而忽略了其负面影响，继而没有考虑到农村金融危机处理及保证金融稳定性的问题。第三，健全的农村金融法律体系是农村金融市场化的必要条件，诸多发展中国家农村金融处于落后的发展现状，不具备此条件，缺乏完备的法律监管机制，短期内难以形成较为完善的农村金融市场体系。

（三）不完全竞争市场理论

20 世纪 90 年代，金融危机爆发，一些发达国家和发展中国家爆发了一系列经济危机。学者们认识到市场机制存在缺陷，政府干预金融市场具有重要意义，因此在农村金融领域产生了不完全竞争理论，其代表人物是 Stiglitz，其理论既肯定市场机制的重要性，也强调政府适度干预对矫正市场失灵的积极意义。该理论认为：农村金融市场并非完全竞争的市场，不充分性信息是这个市场中各经济主体的特征，在完全市场化的情况下，全部金融需求被满足的可能性很低。因此，为弥补市场缺陷，防范金融市场失灵问题，必须实行政府干预政策。

不完全竞争市场理论主要用于指导发展中国家的农村金融发展，其假设前提为：发展中国家的金融市场是不完全竞争的，存在市场信息不完全对称的情况。因此，金融市场可能会失灵，金融机构失去主导作用，这时则必须采取政府适当干预等非市场的调控措施。

五 数字技术

（一）大数据

大数据（Big Data）最早出现在 1980 年美国学者阿尔法·托夫勒的《第三次浪潮》一书。美国国家标准和技术研究院认为大数据是"在数据容量、数据处理以及数据表示等方面，无法使用传统方法进行数据处理，需要对原有方法或技术进行扩展，从而提高效率"。大数据是无法在一定时间范围内用常规工具进行处理的信息资产。大数据具有"5V"特征：大量（Volume）、高速（Velocity）、多样（Variety）、低价值密度（Value）、真实性（Veracity）。

（二）区块链

区块链是一种去中心化的分布式账本数据库。区块链包括公有区块链、联合（行业）区块链、私有区块链。区块链本质是利用区块链技术所形成的共享分布式数据库，其中区块链技术是现代密码学、对等网络、智能合约等各种先进技术的集合，其技术框架主要分为数据层、网络层、共识层、激励层和应用层，通过区块链技术可建立一个全网共同维护并且防篡改的数据库来记录发生在区块链上的历史数据。区块链的技术特点是：按照时间顺序创建并链接、采用分布式结构的存储方式、采用非对称加密算法、通过互联网连接存储节点。

（三）人工智能（AI）

人工智能是模拟人脑思维达成计算机高级操作的高端技术，它是 21 世纪三大先进技术之一。计算机是研究人工智能和实现人工智能技术平台的主要物质基础，人工智能的发展与计算机科学技术息息相关，它在一定程度上超越了计算机内容，已成为世界不可或缺的一项技术和资源，并逐渐进入以计算机技术要素为根基的新时代。人工智能研究的重点领域包括：①机器学习，可以划分为监督学习、无人监督学习和强化学习；②自然语言处理，通过自然语言实现人机交流的有效沟通；③专家系统，世界上第一个专家系统是 dendral 系统，工业、农业、自然科学、军事和法律等许多领域都重视专家系统的建设，专家系统的应用不断改变我们的生活。

（四）商业智能（BI）

商业智能（Business Intelligence）是一个新兴的智能化技术体系。英特尔公司认为"商业智能技术是企业进入大数据时代的钥匙"。BI 是企业搜集、管理和分析数据的系统过程，主要将原始业务数据通过技术转换为企业决策信息。在海量数据处理、数据分析、信息展现等多个方面都具有突出特点，大幅提高了信息资源的利用效率。

（五）云计算

云计算（Cloud Computing）是通过网络"云"将巨大的数据计算处理程序分解成无数个小程序，然后通过多部服务器组成的系统对小程序进行处理和分析，最后得到结果并返回给用户。云计算与信息技术、软件、互联网等服务相关，这种计算资源共享池叫作"云"。它具有以下特点：①虚拟化技术；②动态可扩展；③按需部署；④灵活性高；⑤可靠性高；⑥性价比高；⑦可扩展性。

（六）5G

5G 是指第五代移动电话行动通信标准，其核心原理是完善一组技术来提升性能和满足多样化需求，5G 具有广泛的应用场景与发展前景，它凭借很快的传输速率、超大容量的接入、非常短的网络延时和具有非常开放的技术设计构架是移动通信从以技术为中心逐步向以用户为中心转变的结果。5G 通信的关键技术：①超密集异构网络；②自组织网络；③内容分发网络；④D2D 通信；⑤M2M 通信；⑥信息中心网络。

第二章

中国数字普惠金融发展现状

数字普惠金融凭借其可复制性和边际成本递减，使互联网与传统金融相结合，从而进一步强化普惠金融的"普惠性"。利用数字技术的优势，如低成本、高效率的移动支付，将金融服务进一步深入贫困地区和弱势群体，解决空间成本和时间成本对金融服务的限制，打通金融服务"最后一公里"。可见，数字普惠金融符合当前"互联网＋"时代对金融服务发展的要求，顺应当前普惠金融发展的必然趋势，深入地将普惠金融的理念与实践结合起来，成为推动中国普惠金融进一步完善和发展的有效路径。

第一节　中国普惠金融发展分析

相比传统的金融行业，普惠金融在注重营业效益的同时，更加注重社会责任，因此促进社会平等性和维持商业可持续是普惠金融行业的发展重点。此外小微企业、农村地区、低收入群体、残疾人士等社会弱势群体是普惠金融的重点服务对象，推进服务深入将促进社会平衡发展。而中国虽然经济社会发展迅速，但城乡差距、贫富差距等问题依旧棘手，发展普惠金融将会进一步缩小这些社会差距，也是中国全面建设小康社会的必然要求。

一　中国金融发展现状

目前中国的金融行业发展迅速，传统金融与互联网金融共同繁荣发展，持续服务企业成长与居民生活。根据国家统计局相关统计数据，2020 年高技术制造业中长期贷款余额达 1.11 万亿元，银行为企业和居

民提供移动支付业务规模同比增长 24.5%，达到 432.16 万元，同时金
融基础设施不断完善，国内基本金融服务已覆盖 99% 的人口。此外，
金融机构多元化发展，金融体系持续完善。根据中国人民银行公布的相
关数据，截至 2020 年全国累计涉及科技金融专营机构 838 家，强化金
融发展的国家战略导向和重点区域服务意识，创新普惠金融体系。当前
中国金融业体系已覆盖银行、证券、保险、信托、基金、期货等领域，
截至 2020 年年末，沪深两市股票总市值 79.72 万亿元，债券市场总规
模 116.72 万亿元，均居全球第二，期货市场成交额达 437.53 万亿元，
位居全球第一，种类齐全、趋于成熟。

　　与此同时，中国各个地区取得的成就大同小异，但存在的问题却各
不相同，除了全国金融发展的通病，各个区域金融发展也存在其个性问
题。首先，中国金融发展存在地区差异，发达地区的金融发展状况明显
领先全国，与西部存在较大差距，马太效应的作用下变得强者越强，弱
者越弱的局面。其次，在中国金融经济与实体经济发展之间依旧存在一
道壁垒尚未被打破，导致近年来即使中国各省金融发展成果显著，却仍
然难以将发展成果转化到实体经济的发展上。最后，新技术的不断涌现
推动中国金融业取得了长足的发展，在金融体量、覆盖人群、行业发展
等方面都实现了跨越式增长，但依旧存在众多不足，行业发展难以实现
实质性的创新，行业乱象也随之产生。

二　中国普惠金融发展成效显著

(一)　各级政府关注普惠金融发展

　　近年来，从党中央到地方各级政府意识到了发展普惠金融对提升金
融普及程度的重要性，纷纷颁布关于推进普惠金融发展的重要文件。党
的十八届三中全会通过《关于全面深化改革若干重大问题的决议》，从
国家层面对普惠金融的发展进行了整体规划；李克强总理在做 2015 年
《政府工作报告》时明确提出要大力发展普惠金融；银监会单独设立普
惠金融部，专门分管普惠金融的发展，让整个行业的发展更加科学；国
务院印发《普惠金融发展规划（2016—2020）》，也从宏观层面为普惠
金融行业发展的未来指明了方向。

　　进入 21 世纪后，中国普惠金融发展逐渐提速，不同阶段间的间隔

时期不断缩短。普惠金融机构和业务均呈现快速发展态势，一批具有市场影响力的普惠金融发展模式相继出现，以 P2P 等领域为代表的普惠金融分支市场份额不断扩大。近年来，随着社会发展的推进，普惠金融行业也呈现出服务主体多元化、服务范围广泛化、网络支付常态化的发展特点。从整个金融市场来看，人均持有银行账户数量、银行网点密度等评价数据的发展水平已经提升到国际中上游，虽然普惠金融发展速度迅猛，但社会普惠度依然较低。

新技术的发展成熟也推动了普惠金融行业的不断壮大，金融机构服务渠道的完善在互联网技术的应用和推广下成为现实，越来越多的消费者实现了原先的金融诉求。随着中国经济社会的发展，金融基础设施并没能够紧跟社会发展的潮流，约束了中国金融行业的发展。如何提升金融基础设施的建设，成了当下普惠金融发展亟待解决的问题。

（二）现阶段发展成效

中国普惠金融基础设施持续完善，法律政策相继跟进，创新力度屡创新高，消费需求不断激发，主要成果表现在以下方面：

1. 出台普惠金融发展政策措施

政府支持是行业迅速发展的政策基石，而面对普惠金融行业高成本、高风险的经营问题时，相关部门给予了政策上的倾斜。对于经营成本较高、经营业务特殊、经营地域偏僻的金融机构给予一定程度的政策倾斜和财政支持。同时采取激励性的政策，以支农小额贷款、再贴现率、差别存款准备金率等途径，鼓励金融机构向农村地区、小微企业加大金融投入。同时鼓励金融机构参与到助农助学、灾后重建、农民工生活等领域，进一步提高金融的普及率。

2. 金融基础设施建设全面加快

一是金融服务覆盖面不断扩大。截至 2013 年年末，全国银行业金融机构网点总数多达 21.03 万个，自助设备总数也达到 62.69 万台。从县域的角度看，县域银行业物理网点数量为 11 万个，已经基本覆盖全国 2/3 的农村地区，其中 24 个省、市、自治区对于乡镇金融基础服务已基本实现了全覆盖。

二是新型金融机构发展迅速。村镇银行和小额贷款公司是农村地区现有最主要的金融发展方式，截至 2013 年年末，全国成立村镇银行

1071 家，农村资金互助社数量发展为 49 家，贷款公司有 14 家，小额贷款公司 7839 家。

三是支付体系日益完善。人民银行第二代支付系统于 2013 年正式上线，这一举措也促进了安全支付和便捷支付的发展。伴随着电子支付工具的发展以及技术的成熟，中国的非现金支付也进入了发展的新时期。

四是征信体系建设规范发展。信用体系的建设是发展金融行业的基础，而"信用村""信用户""信用乡镇"的建设，则能迅速推进农村信用体系的完善，使农村居民信用意识得到增强。

3. 多元化金融服务供给体系初步形成

中国的金融服务业发展正呈现出由单一形态向多种形态发展并存的态势。目前中国已经形成传统的银行机构与新兴的金融机构——比如村镇银行、小贷公司、P2P 等共同发展的良好趋势，并且大中小型金融机构有序发展，线上线下金融模式共同推进。

而普惠金融的发展重点是农村市场。近年来，农村地区金融市场初步呈现多层次、广覆盖、可持续的发展特点，获得了一定的成果，表现在以下方面：一是持续推进深化农业银行"三农"金融事业部改革试点。二是强化农业发展银行的政策性功能定位。三是引导国开行创新服务"三农"融资模式。四是深化农村信用社改革。五是鼓励邮储银行拓展农村金融业务。六是有序推进村镇银行机构培育工作。

4. 薄弱环节金融服务力度不断加强

小微企业的发展以及"三农"问题的扶持，是提升民生生活的根本途径，也是相关部门长期的关注点。据相关数据，截至 2014 年年末，小微企业涉农贷款已经连续 5 年增长，并且增长速度有保障的同时也不忽视增长质量的提高，增长速度和增长数量方面都达到了"两个不低于"的发展要求。

5. 金融产品服务创新日趋活跃

随着网络与金融的相互融合，金融产品服务的业态也发生了变化，随着大数据、云计算技术的成熟发展，数字化金融平台已经得以实现，金融产品也趋于个性化、全面化。而对于农村市场，虽然互联网金融股的普及度尚未达到城市水平，但金融创新也同样体现在其他方面，相关部门支持鼓励农村金融机构根据市场需求推出具有针对性的金融产品，积极促进农村金融机构进行资源整合，实现资金互通、资源共享，切实提升农村居民的金融产品普惠程度。

6. 不断加大金融改革创新力度

普惠金融发展环境逐步改善。这一方面的成功主要得益于国家相关部门在财税政策、货币政策等方面的扶持，具体到金融工作日常则主要表现为抵押渠道的多样和准入门槛的降低。从银行角度来看，贷款担保方式发生了变化，目前全国已有 28 个省、市、自治区允许以林权为担保。从证券公司角度来看，一般投资者的准入门槛进一步降低，并且取消基金产品通道管制，扩大基金销售渠道，鼓励中小企业通过多种债务融资工具融资。从保险机构角度来看，保险机构在农村设点布局，将服务范围扩大到农村地区，并根据实际情况，设计研发适合当地实际发展的保险种类，全面推进保险行业在农村地区的发展。

三　中国农村普惠金融发展分析

与城镇相比，农村地区的经济发展、社会进步程度都略低。由于农村居民金融知识匮乏，金融机构经营风险较大，并且金融市场份额也相对较小，因此出于营利性角度考虑，传统的金融机构很少开发农村市场，在农村设立分支机构。国有银行退出农村市场集中发生在 20 世纪 90 年代，由于经营成果不佳，农村金融机构数量锐减。虽然近年来随着农村的发展，这一现象有所改善，但是农村市场依旧是金融行业的薄弱点。

金融机构的发展触角难以延伸至农村地区，使得当地的经济发展受限；而相较于农村市场，城市的金融资源数量则更丰富，这也吸引了更多的金融机构加入到城市金融建设中来，如此一来城乡间的金融发展差距越来越大，最终形成了恶性循环。近些年，城乡居民收入差距进一步扩大，不管是从相对数还是从绝对数方面进行比较，城镇居民平均年收入的增长都超过了农村居民平均年收入（见图 2—1）。

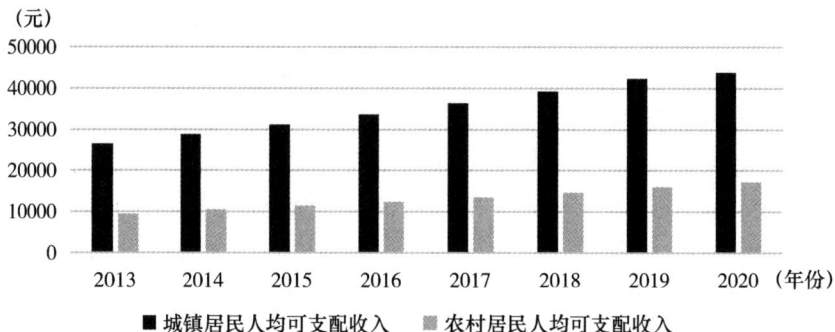

图2—1　城镇居民、农村居民平均年收入趋势图

数据来源：中国统计年鉴。

（一）农村普惠金融发展的政策

党的十八届四中全会提出了普惠金融发展的时代要求，强调金融行业需要深化发展，促进金融创新，促进中国普惠金融发展。而关注到农村金融市场，"三农"问题一直都是国家社会关注的重点，中国相继出台了一系列扶持政策：一是完善农业补贴政策，包括耕地地力保护、农机购置、玉米和大豆生产、农业保险保费以及新型农业经营主体建设农产品仓储保鲜等多个方面。二是优化宅基地的相关政策，包括一户一宅制度以及宅基地可以流转等。三是差别化的货币信贷措施，对于农村金融机构，中国人民银行给予一定的存款准备金率的优惠，以更灵活的利率措施促进普惠金融行业对农村地区的侧重。

（二）农村普惠金融发展的必要性、重要性及成果

1. 农村普惠金融发展的必要性

普惠金融的发展是中国的实际国情决定的。中国作为世界农业大国，农村人口占有相当大的一部分。但由于农村经济社会发展相对落后，金融基础设施建设极不完善，传统的金融机构为了追求利益而不愿深入农村市场发展。因此，农村地区居民一直难以享受到金融服务，更不用说服务质量的提升。

随着社会经济发展的深入，国家更加注重发展质量的提高。因此农村市场的发展被提上日程。近年来农村经济发展逐步呈现出多元化、复合化的发展趋势，金融支持农村地区的发展越来越重要。但实情却是农

村金融的发展没能跟进，一些小微企业难以获得资金融通，农村地区的金融发展未能盘活，金融服务的品种和数量极为有限。在此情况下，结合中国农村实际情况，缩小城乡间金融发展的差距，也是中国构建和谐型社会的必经之路。

2. 发展农村普惠金融的重要性

近些年来，金融体制改革正如火如荼地展开，这也为中国的社会经济保质保量地发展创造了有利条件；但是不得不承认的是，中国的金融发展依旧面临着很多重要的问题，其中最为突出的就是资源分布的不平衡，而最直观的表现就是中小企业融资难和农村地区金融发展落后。而这一问题的出现正是由于中国东西部经济发展差距较大、城乡发展不平衡，这也对中国农村地区的金融发展提出了更高的要求。如何才能够选择合理的发展道路，这就需要严格按照中国的实际发展情况进行制定，而普惠金融的发展则对于实现中国农村地区的发展、进一步缩小城乡差距、实现社会平衡发展具有重要的意义。

3. 农村普惠金融发展成果

金融机构网点数量直观地体现了金融市场发展的情况。随着 20 世纪 90 年代国有商业银行纷纷撤出农村市场，农村地区银行机构网点数量就一直处于低迷状态，特别是偏远的乡镇地区，很多乡镇至今仍是金融发展的盲区。农村居民无法享受到便捷的金融服务，有的甚至对金融概念都还是一知半解，更不用说提升金融产品服务质量。虽然农村金融服务发展近些年发生了较大的变化，但总体金融服务水平较低。

近年来，由人民银行牵头，农村信用社协助的全国统一的个人信用信息数据库建设工作正在稳步展开，数据库涵盖了近 6 亿自然人，同时农村地区成为信用系统的征信对象。为顺利开展小额信贷业务，人民银行进行了农户信用档案建设工作，主要成果体现在以下方面：

一是小微企业、"三农"服务等薄弱环节得到缓解。人民银行特别注重对中小企业信贷的扶持，并开展对政策导向的效果评估，同时对农村中小金融机构给予政策倾斜，为支农、支小提供专项再贷款，并且鼓励金融机构发行专项金融债券，专门扶持小企业的贷款，加大对中小企业的金融支持力度。

二是金融消费者保护和金融消费者教育持续强化。近两年，中国人民银行、国家银监会、证监会和保监会作为金融行业的最高领导部门，对于消费者的保护也不遗余力地推进，相继成立了多个专业的投资者金融保护组织，形成了保护消费者发展的长效机制。与此同时，"一行二会"设立了消费者投诉电话和咨询电话，专门受理消费者的金融投诉和金融咨询，确保消费者的应得利益不受侵害；另外"一行二会"还以各种形式积极开展金融知识的学习教育工作，为普惠金融的发展提供市场基础。

（三）农村普惠金融需求与供给分析

农村金融是国家金融发展的重要组成部分，而发展普惠金融也对促进农村市场金融发展具有重要意义。在金融需求方面，借贷需求占据绝大部分（如图2—2所示）。

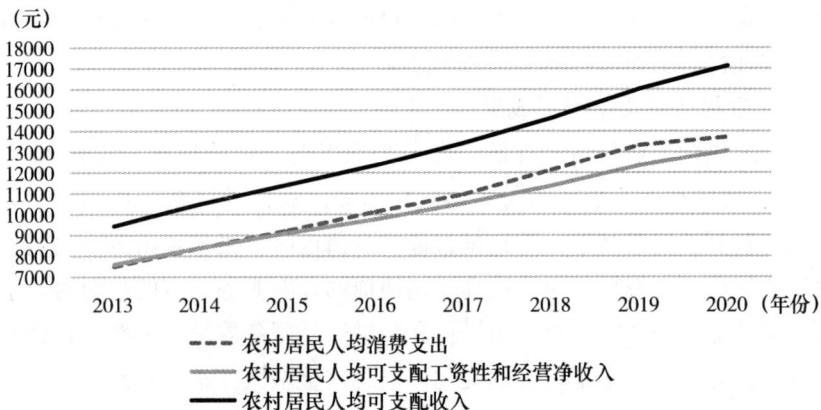

图2—2　农村居民人均收入支出情况

从图2—2可知，农村居民人均年可支配收入由2013年的9430元增至2020年的17131元，同期的农村居民人均年消费支出则从7485元增至13713元，但农村居民人均年可支配工资性和经营净收入则是由7588元增至13051元。通过对比发现，若仅基于工资性收入和经营净收入负担消费支出，则人均结余较小，反映出借贷需求明显。

随着农村经济的增长，其他金融服务（如保险）需求同样有所增长。中国农村居民人口占比高达60%以上，是有着强烈保险需求的受众，究其原因：一是为防范农业生产所遭遇的自然灾害，二是为防范农村医疗保障不健全所产生的风险。

农村普惠金融供给，主要表现在以下方面：

1. 普惠金融机构稳步发展。农村金融市场主要是以农村信用社的形式存在，而随着近年来的发展改革，农信社逐步转型发展为市场导向的农村商业银行，而目前的农村金融市场主要呈现出农信社、农商行为主导，其他新兴金融机构为辅助的新兴发展状态，其中新型金融机构的发展尤为迅速。

2. 农村普惠金融服务全面提高。中国农村金融市场已经从农村商业银行、农村信用社为主导的金融发展体系，向金融服务"广覆盖"多样化的农村金融机构体系转变。然而，中国的农村金融市场发展仍有很长的路要走。截至 2018 年年底，中国银行业金融机构乡镇覆盖率达96%，全国行政村基础金融服务覆盖率约为 97%。但金融机构大多只是设点县城，而对真正的乡镇却涉及不足。因此中国距离实现金融机构全覆盖的发展目标，依旧有相当大的距离。

四 中国区域普惠金融发展分析

长期以来，由于东部地区区域位置优越，思想观念开放，加之政策倾斜明显，一直处于发展的第一阵营，长三角、珠三角、环渤海等经济发达地区都在东部地区，而中西部地区由于地理位置较为闭塞，政策扶持不足等众多原因，一直没能真正实现飞跃性的发展，东中西部地区之间的差距进一步扩大。从相关的数据上看，2004—2019 年的 16 年间，就存贷款余额这一标准来看，东部和其他地区的差距进一步扩大，虽然各地存贷款余额的绝对值都在增加，但是东部地区增加的幅度更大（见图 2—3、图 2—4）。

表 2—1 可以看出，在金融机构的数量方面，东部、中部、西部、东北部四大区域的金融机构分布极不平均，其中，东部金融机构数量占全国的 39.98%，从业人员数量占全国的 45.60%，资产总额占全国的 58.39%

（亿元）

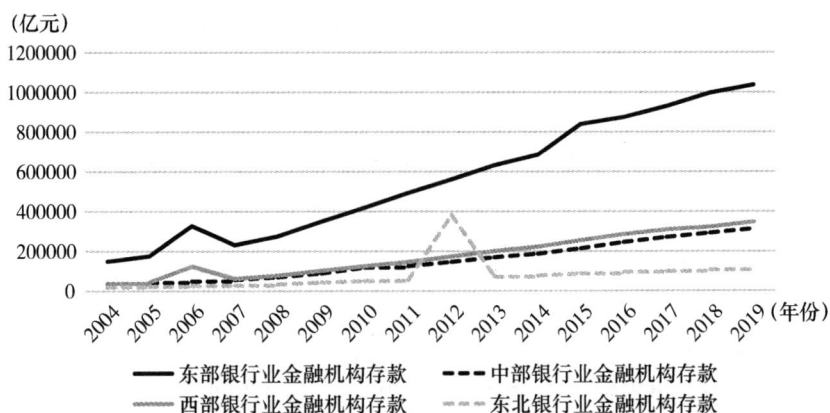

图 2—3   历年各地区存款余额

（亿元）

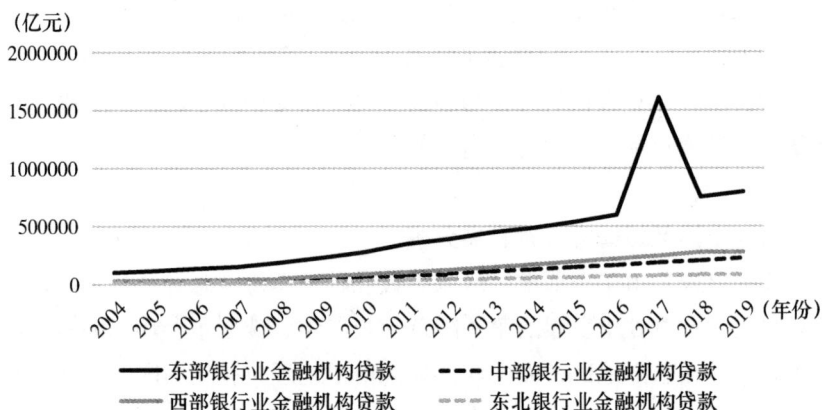

图 2—4   历年各地区贷款余额

表 2—1   2019 年年末银行业金融机构地区分布

地区	营业网点		
	机构个数占比	从业人数占比	资产总额占比
东部	39.98%	45.60%	58.39%
中部	23.70%	20.45%	16.41%
西部	26.72%	23.96%	18.74%
东北	9.60%	9.99%	6.46%
合计	100%	100%	100%

在经济发展总水平方面，2019 年东部地区的生产总值为 511161. 19 亿元，占全国 GDP 的 51. 59%，而中部地区仅占 22. 08%，西部地区仅占 20. 71%，东北地区仅占 5. 07%。东部地区占全国总人口的 39. 93%，却拥有全国占比 51. 59% 的经济总量；而将西部、中部、东北地区的人均 GDP 横向比较，其仅相当于东部地区的 42. 79%、40. 14%、9. 83%。经济发展的欠缺直接导致了人民生活水平的发展动力不足，农村居民的收入水平赶不上经济社会发展水平，国家贫富差异、地区差异显著。

第二节　中国数字普惠金融发展分析

一　中国数字普惠金融发展迅猛

目前中国普惠金融发展开始步入深水区，随着大数据、云计算、人工智能、区块链等新兴数字技术在普惠金融中的广泛应用，数字普惠金融逐步成型，而中国城市化进程的加快也造成乡镇市场迅速扩张，大幅提升中国普惠金融服务的机会均等性、成本可负担性和商业可持续性。但同时新冠疫情的冲击也使个体工商户和小微企业的金融服务难触达、信用门槛仍然较高以及普惠金融服务监管生态仍不完善等问题进一步暴露，而这些问题在农村地区则更为显著。当前中国数字普惠金融的农村化道路的确存在众多困难，农村市场基础设施欠缺，导致金融机构需要大量资金兴建硬件设施，而在网点开拓完成之后还需要持久的人力资源加以维护指导。在软件环境方面，农村地区居民生活水平较低，受教育程度普遍不高，因此基本都不具有基础的金融知识，这又在无形中增加了普惠金融开拓农村市场的成本和风险。但即使存在众多影响因素，中国的普惠金融事业也要向前推进，借助数字技术助力普惠金融闯出"最后一公里"的"深水区"。

根据北京大学数字金融研究中心与新网银行联合发布的《数字金融实践助力普惠金融研究》的相关数据，新网银行服务个体所在行业前三位分别为批发零售、制造业和居民服务，且多为个体户，主要集中于三线、四线及以下城市尤其是偏远地区，客户群体下沉现象明显。总体来说，近年来中国实现了普惠金融从"口号计划"到"行动现实"，再到

"成绩斐然"，但其中也存在众多问题和困难，如何进一步延伸数字普惠金融服务的深度和广度，破除金融发展存在的阻碍，将会是行业近期发展的首要目标。

二　中国数字普惠金融存在的问题及其原因分析

近年来，我国数字普惠金融发展势头良好，但仍存在一些问题。基于当前中国数字普惠金融发展现状，将中国数字普惠金融当前存在的问题概括为以下四点，并对其原因进行分析：

（一）金融欺诈问题频发。网络借贷平台为金融欺诈的发生提供一定便利，P2P借贷、互联网理财、网络众筹、供应链金融等往往成为金融欺诈频发的平台，即利用网络平台承诺高收益吸引投资，短时间内吸引用户资金，这些行为都涉嫌非法集资。此外，数字普惠金融具有虚拟性，往往存在信息的明显不对称，消费者个人信息的泄露以及平台的不合规等都造成消费者处于信息劣势地位，使金融欺诈有机可乘。另一方面，消费者的金融风险防范意识和金融知识水平都较为低下，缺乏对金融欺诈的敏感性以及监管者的数字普惠金融相关专业知识相对匮乏也使金融欺诈极易发生。

（二）除了支付领域外的其他数字金融业务普惠性不充分。中国小额贷款虽然得到发展，但是与中小微企业和个人较为巨大的需求相比，金融机构提供的小额贷款发展仍然不充分且业务重心仍偏向大企业。此外，农村地区等欠发达地区的数字普惠金融普及度和产品服务可获得性均偏低。欠发达地区交易数据碎片化制约了金融机构对历史数据的利用，以及在欠发达地区数字普惠金融配套基础设施的建设仍有待推进，都提高了金融机构发展数字普惠金融的门槛和难度。同时欠发达地区的消费者金融知识相对匮乏、金融观念相对传统、对数字普惠金融的接受度较低。因此，供需两端都阻碍了数字普惠金融进一步落实"普惠"。

（三）中国征信系统尚不健全，信息共享机制也有待建立，还未形成一套广覆盖面且效率高的全国征信体系。小微企业和个人对数字普惠金融的高需求与其自身较少的信贷数据构成矛盾，对金融机构提供并创新有针对性的业务造成障碍。征信体制的不健全对金融机构和政府推进相关金融工作都造成了不同程度的阻碍，如金融机构难以进行高效的信用评估和风险控制，也增加了其提供金融服务的成本和工作量；而政府由于信息、数据不全，监管难以把握力度和范围，增加了金融交易风险和监管风险。

（四）中国当前的金融监管不能与数字普惠金融的监管需求相匹配。应当明确数字普惠金融不同于传统金融，也与普惠金融本身存在一定差异。数字技术使得对数字普惠金融的监管难度更大，监管的范围包括线下交易和线上交易、实体票据信息和虚拟数字信息等。而在政府监管部门通过金融监管保证金融交易的安全性和规范性的同时，还要控制监管不对数字普惠金融的商业性和创新性造成损害，究其原因是由于不同主体对于数字普惠金融的需求不同：金融机构本质上是为了获利，而消费者则注重自身信息安全和交易风险。换句话说，政府监管部门要控制好监管力度，在保护消费者权益的同时保证金融机构能够获得收益，在控制金融交易风险的同时激励金融机构进行业务创新。

总之，数字普惠金融现存的问题主要来自互联网环境、信用市场环境、金融法制环境、大数据建设以及用户金融素养等方面。而这些问题的产生原因与政府、金融服务供给方和金融服务需求方三方息息相关，由于三方的需求不同、定位不同、作用不同往往会形成矛盾，进而在数字普惠金融发展过程中形成相应的问题和阻碍。因此本书进一步对政府监管部门、金融服务供给方和金融服务需求方三方在数字普惠金融发展过程中的定位和作用进行分析。

对金融服务供给方而言，任何营利企业的目标都是追求企业价值最大化，具体来说逐利是金融服务供给方存在的目的，而当金融机构完成了获利的目标之后才会注重承担社会责任，使企业在生产经营和社会环境中均实现价值最大化。因此，金融服务供给方在数字普惠金融发展过程中的定位可概括为在保证自身获利的前提下履行一定的社会责任，保护消费者权益并推动数字普惠金融积极发展。但逐利的本质使金融服务供给方极有可能铤而走险，钻监管的空子做出非法行为，增加监管难度和金融风险。因此，金融机构作为数字普惠金融的主要参与者能够起到开拓发展方向、揭露潜在风险、创新应用途径以及推动深入普及的作用。

金融服务需求方可简单分为大中企业、小微企业、普通个人。而大中企业、小微企业与普通个人之间对于数字普惠金融服务的需求也不同，但都可概括为以自己现有资产保值升值为目的。有需求才能激发创新，因此金融服务需求方的需求是数字普惠金融发生创新和进步的根本动力。但当前中国的金融服务需求方的金融知识素养和风险防范意识普遍较低，这使得金融机构在非法逐利时有机可乘，数字普惠金融的监管和普及也因此受到阻碍。

政府在数字普惠金融发展过程中的定位可概括为两点：一是鉴于金融机构的趋利行为和消费者淡薄的金融观念，政府监管部门应当充分发挥监管职能以起到对金融机构的规范作用和对消费者正当权益的保护作用。二是由于数字普惠金融属于新兴金融服务，其特征、发展方向、应用途径及潜在风险等不确定。因此，政府相关部门应当关注并鼓励金融机构的业务创新，定期评估并控制数字普惠金融的风险，平衡金融机构的自主创新、运行规范和商业本质。

三　中国数字普惠金融发展的挑战和机遇

当前，我国已经初步形成了以政府积极推动数字设施建设、传统金融机构大规模应用数字技术提供金融服务、新兴金融科技企业提供高水平数字技术服务的三方良性互动的数字普惠金融体系。在全球金融竞争日趋激烈的背景下，我国数字普惠金融发展已进入"深水区"，亟须从高速增长向高质量增长转型升级，受新冠肺炎疫情影响，我国数字普惠金融的发展也将迎来诸多挑战和机遇。

（一）中国数字普惠金融发展的挑战

数字普惠金融体系建设尚未健全。当前，我国数字普惠金融在供给端和需求端均存在结构性问题，金融资源配置机制仍需完善。在供给端，对数字普惠金融投入最大的依旧是传统金融机构，中央与地方对于数字普惠金融参与主体认识不同，同时不同区域在互联网应用基础和金融机构的市场准入和激励政策待遇等方面差异都较为明显，数字鸿沟问题显著，会对提高数字普惠金融服务和产品的普及率造成阻碍。在需求端，当前数字普惠金融的主要应用领域集中在第三方支付、网络借贷以及联合贷款等以消费场景为主的消费信贷类，针对中小微企业融资难、融资贵、信贷可得性低等结构性问题的联合贷款产品较少。同时，受到疫情影响，为小微企业提供信贷服务可能产生的风控问题更加突出。

数字普惠金融监管政策仍需完善。当前，金融科技的混业发展趋势与分业监管模式的制度性错配使数字普惠金融监管难度急剧加大，但我国尚未形成一整套适应金融科技发展的监管理念和监管措施。举例来说，数字普惠金融市场上存在的表面开展数字普惠金融业务而实际从事非法集资和非法吸收公众存款等非法金融业务的金融机构违法问题以及数据信息与隐私保护问题都亟须监管部门有效甄别并制定相关政策予以监管。目前，英国、欧盟以及美国等国家陆续出台《数据保护法案》《通用数据保护条例》和《加州消费者隐私法案》等法律或制度以增强数据与隐私保护。然而，我国并没有制定数字普惠金融层面的数据与隐私保护的相关法律以处理数据安全、隐私权保护以及信息披露等问题。

（二）中国数字普惠金融发展的机遇

政策支持力度得到加强。我国出台了一系列支持性政策以应对新冠肺炎疫情对经济发展带来的不利影响，为我国数字普惠金融转型升级创造了机遇。在供给端，银保监会推行的无接触贷款计划能够鼓励金融机构拓展线上金融服务，包括网络银行、手机银行、小程序等电子渠道，优化和丰富非接触式服务渠道和场景，进一步提升金融服务的数字化程度。此外，工信部明确将围绕5G网络、工业互联网、数据中心、基础软件等重点领域进一步加快数字基础设施建设，培育金融机构发展数字金融业务的新动能。在需求端，受支持性政策影响，弱势群体的数字金融服务购买力得到恢复，例如，针对小微企业和个体工商户，财政部、国家税务总局采取了减税降费、社保减免、生产补贴等措施以降低其经营成本，助推其复工复产；针对弱势群体，通过发放网络消费券、困难民众现金补贴等形式刺激消费需求，迫使其提升数字普惠金融的使用水平。

金融需求空间得到拓展。受疫情影响，金融服务需求空间可以在潜在客户挖掘和用户黏性提升等方面得到拓展机遇。举例而言，部分从未有过贷款的企业和个人或者医药器械、生鲜配送等行业及其上下游经营者可能出现临时性资金短缺，而产生了金融服务需求，这为数字普惠金融业务发掘了大量的潜在客户。此外，很多金融机构在疫情期间通过简化业务流程、延迟贷款期限、降低贷款利率等方式提升缺乏金融支持的小微企业和"三农"群体等客户黏性,进一步拓展数字普惠金融的受众范围。

全社会数字化转型加速。受疫情影响,新一代信息技术及非接触式数字化技术在疫情防控、生产生活保障、复工复产等各个环节得到广泛应用,催生了更多的、新的科技赋能金融的应用场景,推动了数字普惠金融新业态和新模式的普及。举例而言,为应对疫情冲击,金融机构加速推出"线上金融服务",利用数字技术积极探索"非接触式服务"渠道,同时,很多地方政府也搭建了数字化治理平台,加速线上服务对线下服务的替代,推进数字化转型进程。此外,疫情也使网络支付、网络借贷、网络理财等数字金融服务得到广泛应用,"支付宝健康码""微信抗疫服务"等数字管理系统进一步加速形成了数字化全民参与的格局,为数字普惠金融的转型升级提供了坚实的社会基础。

第三章

中国数字普惠金融评价
指标体系构建

当前中国数字普惠金融处于探索发展的阶段，需要不断进行因地制宜的动态化研究。建立数字普惠金融评价指标体系，可以量化评价中国数字普惠金融发展状况，对于测算、评估中国和各地区数字普惠金融发展水平，开展数字普惠金融国际比较，从而准确评价中国数字普惠金融发展水平，精准把握中国数字普惠金融发展方向。本书基于现有的普惠金融评价指标体系及其编制的发展现状，结合中国实际，构建中国数字普惠金融评价指标体系。该体系分为一级指标（包括深度、广度、使用度、规模度、涉入度及成熟度）、分项指标、推广步骤及积极作用。分东部、中部、西部三个地域进行评价，且评价重点放在城市、乡镇、农村三个层面。

第一节　数字普惠金融评价指标
体系构建现状

从理论上讲，数字普惠金融是一个多维概念，因此构建数字普惠金融指标评价体系需要综合度量多方面指标，可以借鉴传统普惠金融评价指标体系并作进一步拓展，国内也有学者展开了相关实践。

一　传统普惠金融指标体系简介

国际货币基金组织、普惠金融联盟（AFI）、芬玛克信托（FinMark Trust）等积极研究传统普惠金融指标体系并取得了丰硕成果，主要从

正规金融服务的可获得性、使用情况等维度设计普惠金融指标
（表3—1）。

世界银行开发的全球普惠金融核心指标则主要按银行账户的使用情况以及储蓄、借款、支付、保险等具体业务分类来评估和监测普惠金融实践情况（表3—2）。

表3—1   AFI普惠金融指标体系

可获得性	获取正规金融服务的能力，开立和使用账户的潜在障碍	每万成年人拥有的网点数
		拥有网点的行政区比例
		拥有网点的行政区的人口占比
使用情况	金融服务和产品的实际使用情况	拥有存款账户的成年人比例
		拥有贷款账户的成年人比例

表3—2   世界银行普惠金融指标体系

银行账户使用情况	在正规机构拥有账户的成年人比例
	开立账户的目的（个人或企业）
	交易频率（存款或取款）
	服务获取途径（ATM机、分支机构等）
储蓄	最近12个月内在正规金融机构存款的成年人比例
	最近12个月内在非正规存款组织存款的成年人比例
	最近12个月内以其他方式存款的成年人比例
借款	最近12个月内从正规金融机构借款的成年人比例
	最近12个月内从非正规渠道（如家人和朋友）借款的成年人比例
	为购房而借款的成年人比例
支付	最近12个月内使用正规账户接收工资或政府付款的成年人比例
	最近12个月内使用手机支付或收款的成年人比例
	最近12个月内使用正规账户异地汇款或者接收汇款的成年人比例
保险	个人购买健康保险的成年人比例
	从事农业，为庄稼、牲畜购买保险的成年人比例

GPFI提出，普惠金融应从三方面衡量：金融服务的获取、使用以

及质量（表3—3）。GPFI鼓励各国收集本国数据对指标进行补充。在选择普惠金融指标时，数据的可获得性、可持续性和稳健性是关键标准，同时还应考虑数据的全面性和适当性。综合来看，该方案划分的三个维度能够比较科学、全面地反映普惠金融发展水平。在具体指标的选取上，AFI、世界银行等提供的方案也具有较大的参考价值。

表3—3　　　　　　　　　GPFI普惠金融指标体系

金融服务使用情况	享有正规银行服务的成年人	在正规金融机构持有账户的成年人比例
		每千成年人中存款人数或存款账户数
	在正规金融机构发生信贷业务的成年人	在正规金融机构有未偿贷款的成年人比例
		每千成年人借款人数或未偿贷款笔数
	购买保险的成年人	每千成年人中保单持有人数
	非现金交易	人均非现金零售交易笔数
	使用移动设备进行交易	使用移动设备进行支付的成年人比例
	高频率使用账户	高频率使用银行账户的成年人比例
	储蓄倾向	过去一年内在金融机构存款
	汇款	收到国内外汇款的成年人比例
	享有正规银行服务的企业	在正规金融机构持有账户的中小企业比例
		中小企业的存款账户数量和占比
	在正规金融机构有未偿贷款或授信额度的企业	有未偿贷款或授信额度的中小企业比例
		中小企业未偿贷款笔数和占比
金融服务可获得性	服务网点	每十万成年人拥有的商业银行分支机构数
		每十万居民拥有的或每千平方公里ATM数
		每十万居民拥有的POS终端数
	电子资金账户	用于移动支付的电子资金账户数
	服务网点的互通性	ATM机具的互通性（ATM网络是否关联）
		POS终端的互通性（POS终端是否关联）
金融产品与服务的质量	金融知识	对于基本金融概念的掌握程度
	金融行为	紧急融资来源
	信息披露要求	披露指数
	纠纷解决机制	反映内部和外部纠纷解决机制的指数

金融产品与 服务的质量	使用成本	开立基本活期账户的平均成本
		持有基本银行活期账户的平均成本（年费）
		信用转账的平均成本
	贷款障碍	上一笔贷款需提供抵押品的中小企业比例
		信贷市场中的信息障碍

继 2012 年 G20 领导人洛斯卡沃斯峰会通过 G20 普惠金融基础性指标体系之后，2013 年，普惠金融全球合作伙伴（GPFI）在 G20 框架下制定了更为全面的普惠金融指标体系。在基础性指标体系之上，引入金融服务质量指标，特别关注金融知识以及消费者保护，并扩大了衡量金融服务使用情况的指标范围。该指标体系结合各国国情，将有助于政策制定者全面监控本国和全球普惠金融发展水平，并评估其政策影响力。

从全球的角度来看，目前世界主流的普惠金融评价体系主要存在三类：分别是 GPFI 的 G20 普惠金融指标体系、世界银行普惠金融指标体系以及国际货币基金组织普惠金融指标体系。GPFI 的 G20 普惠金融指标体系主要从金融产品服务的使用情况、可得情况和质量情况三个方面设立了 35 个评价指标，对全球各国普惠金融发展情况进行综合评分。世界银行普惠金融指标体系包含银行账户使用情况、储蓄、借款、支付和应急基金五大类共 474 个普惠金融指标。国际货币基金组织从 1995年开始开展金融服务可得性调查（FAS），从供给端针对各国金融服务提供和使用情况来构建普惠金融指标体系（即 FAS 指标体系），按综合指标、金融服务可获得性、金融服务使用情况形成 242 个指标。总体来看，GPFI 的 G20 普惠金融指标体系较为全面，但现阶段指标存在数据来源不同、标准不一、缺失严重等问题，少数指标数据还存在矛盾的情况。世界银行普惠金融指标体系分类较细、内容丰富，但其较高的调查耗费和人力成本直接或间接地限制了样本数量，使数据结果可能存在一定的代表性误差，以及偏差和主观性。国际货币基金组织普惠金融指标体系数据在可获得性、可持续性和稳健性方面表现较好，但部分指标数值不准，部分指标存在数据范围的差异，同时一些指标存在定义上的差异。

　　据世界银行相关资料显示，除与存款相关的指标外，相关负指标中国都高于世界平均水平，而正指标却都低于世界平均水平。总体来说，由于中国金融市场保守意识较强，因此储蓄情况高于全球，但其他方面，无论是基础设施还是使用情况，都与世界平均水平差距较大。而中国银行在 2014 年推出了普惠金融指标体系，是中国为数不多的普惠金融领域的评价体系，共分为金融服务可获得性、使用情况和服务质量三大模块，其下又细分了 15 个二级指标，选取了 31 个观测点，系统地从机构、客户等方面进行了评价分析，具体指标见表 3—4。而从时间上来看，近年来中国数字普惠金融在金融可获得性和服务使用情况方面呈现出波动上升，但上升幅度不大，而服务质量却一直小幅度波动，但在2013 年、2014 年却出现陡崖式下跌，具体情况见表 3—5。

表 3—4　　　　　　2014 年中国银行普惠金融指标体系数据

	指标	均值	标准差	最大值	最小值	中位数
金融服务可获得性	银行网点乡镇覆盖率	0.90	0.21	1.00	0.13	1.00
	助农取款服务点覆盖率	0.84	0.25	1.00	0.12	0.89
	银行网点密度	0.30	0.57	2.51	0.08	0.15
	ATM 密度	1.34	3.28	14.06	0.04	0.37
	POS 密度	31.26	101.22	569.31	0.25	3.56
金融服务使用情况	银行个人账户人均开户量	4.39	2.67	13.85	1.44	3.43
	人均持卡量	3.22	1.43	6.75	1.22	2.80
	银行卡渗透率	0.50	0.14	0.83	0.17	0.56
	农户贷款获得率	0.31	0.25	0.88	0.06	0.29
	小微企业贷款获得率	0.30	0.20	0.89	0.02	0.53
	农业保险普及率	0.70	0.52	2.76	0.02	0.53
	商业保险普及率	0.91	1.24	6.07	0.06	0.69
金融服务质量	个人信用档案建档率	0.57	0.16	0.80	0.13	0.60
	企业信用档案建档率	0.65	0.27	1.26	0.21	0.68
	金融服务投诉率	2.40	1.89	7.24	0.03	2.05

表 3—5   2006—2014 年普惠金融三个指标维度测算值

指标	2006	2007	2008	2009	2010	2011	2012	2013	2014
服务可获得性	0.198	0.201	0.208	0.213	0.216	0.225	0.230	0.218	0.214
服务使用情况	0.191	0.189	0.190	0.192	0.193	0.194	0.192	0.193	0.195
服务质量	0.089	0.089	0.091	0.092	0.092	0.092	0.091	0.076	0.060

在传统普惠金融指标体系的应用方面,西方学者研究的重点是一直试图构建一个关于普惠金融较为全面和完善的定义,一般是从普惠金融的特点来描述。Leeladhar 率先强调普惠金融必须能够惠及社会各个人群,而后来的研究均建立于此定义基础之上。[1] 在对体系指标进行研究的过程中,西方学者的侧重点也有所不同。其中,比较突出的有 Sarma 在选取衡量指标时重点关注银行服务,借助千人银行账户量、ATM 机数量、营业网点数量及用户使用量等指标,但是其研究有缺陷,忽略了金融服务的成本和便利性问题。[2] Sarma 和 Pais 积极研发 HDI 的计算办法,对全球 45 个国家的普惠金融发展因素展开深入研究。[3] Gupte 等在研究过程中既结合了 Sarma 等的研究,考虑了金融服务的可获得性及成本,同时兼顾需求方的使用情况。[4] 而中国学者更关注国家实际情况。学者马彧菲等选择了两大维度来构建起指标体系,这两大维度分别为服务覆盖面、使用状况,这一指标体系内涵盖了 11 个指标。[5] 此外,其还就中国该方面的状况与全球 37 个国家的普惠金融发展状况展开了对比性研究,总结了差异之处。杜强等对指标进行了优化处理,构建起了无量纲化指标,其借助变异系数法而获得各指标所对应的权重,从而使王

---

[1] Leeladhar V, 2006, "Taking Banking Services to the Common Man-financial Inclusion". *Reserve Bank of India Bulletin*, Vol. 60, No. 1.

[2] Sarma M, 2008, "Index of Financial Inclusion", New Delhi: Indian Council for Research on International Economics Relations Press.

[3] Sarma M, Pais J, 2011, "Financial Inclusion and Development", *Journal of International Development*, Vol. 23, No. 5.

[4] Gupte R, Venkataramani B, Gupta D, 2012, "Computation of Financial Inclusion Index for India", Procedia-Social and Behavioral Sciences, No. 37.

[5] 马彧菲、杜朝运:《普惠金融指数的构建及国际考察》,《国际经贸探索》2016 年第 1 期。

婧与胡国晖所构建的指标体系得以改良。[1] 陆岷峰等从江苏省的现实状况切入，从五大维度探究普惠金融在江苏省的发展状况，这五大维度包括广度、深度、涉入度、使用度及规模度。[2]

二　数字普惠金融评价体系简介

而在数字普惠金融评价体系方面，国内学者在展开关于数字普惠金融的研究过程中普遍使用北京大学数字普惠金融指数作为实证分析指标来源的依据，本书在这里先简要介绍北京大学数字普惠金融指数的指标体系，并借鉴该体系在后文中介绍本书所构建出的数字普惠金融评价指标体系。郭峰等综合考虑数字普惠金融服务的多层次性和可比性等特征，从数字金融覆盖广度、数字金融使用深度和普惠金融数字化程度共三个维度构建如下数字普惠金融评价指标体系，见表3—6。

表3—6　　　　　　北京大学数字普惠金融指数指标体系[3]

一级指标	二级指标	计算方式
覆盖广度	账户覆盖率	每万人拥有支付宝账号数量
		支付宝绑卡用户比例
		平均每个支付宝绑定银行卡数
使用深度	支付业务	人均支付笔数
		人均支付金额
		高频度活跃用户数占年活跃一次及以上比
	货币基金业务	人均购买余额宝笔数
		人均购买余额宝金额
		每万支付宝用户购买余额宝的人数

---

① 杜强、潘怡：《普惠金融对中国地区经济发展的影响研究——基于省际面板数据的实证分析》，《经济问题探索》2016年第3期。

② 陆岷峰、葛和平：《普惠金融指标评价体系的构建及应用研究——以江苏普惠金融发展为例》，《济南大学学报》（社会科学版）2016年第5期。

③ 郭峰等：《测度中国数字普惠金融发展：指数编制与空间特征》，《经济学（季刊）》2020年第19期。

续表

一级指标	二级指标		计算方式
使用深度	信贷业务	个人消费贷	每万支付宝成年用户中有互联网消费贷的用户数
			人均贷款笔数
			人均贷款金额
		小微经营者	每万支付宝成年用户中有互联网小微经营贷的用户数
			小微经营者户均贷款笔数
			小微经营者平均贷款金额
	保险业务		每万支付宝用户中被保险用户数
			人均保险笔数
			人均保险金额
	投资业务		每万人支付宝用户中参与互联网投资理财人数
			人均投资笔数
			人均投资金额
	信用业务		自然人信用人均调用次数
			每万支付宝用户中使用基于信用的服务用户数
数字化程度	移动化		移动支付笔数占比
			移动支付金额占比
	实惠化		小微经营者平均贷款利率
			个人平均贷款利率
	信用化		花呗支付笔数占比
			花呗支付金额占比
			芝麻信用免押笔数占比（较全部需要押金情形）
			芝麻信用免押金额占比（较全部需要押金情形）
	便利化		用户二维码支付的笔数占比
			用户二维码支付的金额占比

　　郭峰等选取上述指标后，分步骤对指标进行处理：首先，进行无量纲化处理；其次，采用层次分析法确定各二级指标的权重；最后，指数合成，得到数字普惠金融综合指数。但进一步分析表3—6中的指标，可以发现，该指标体系更多的是关注数字普惠金融在电子商务方面的表现，一定程度上轻视了数字普惠金融在完善偏远地区金融服务以及管控

可能存在的金融风险等方面的表现。

第二节　数字普惠金融评价指标
体系指标说明

一　数字普惠金融评价指标体系总体说明

本书就评价体系罗列出五大评价指标，分别为数字普惠金融发展深度、广度、使用度、规模度和涉入度五大指标。此行业正逐步走向了成熟，增加了一项数字普惠金融发展成熟度指标，以衡量行业发展的进度。此外，考虑到中国经济社会发展水平进一步提高，本研究评价体系将评价的重点放在了城市、乡镇、农村数字普惠金融发展均衡性分析，以及对东部、中部、西部三个地区数字普惠金融市场开拓情况的评价。① 另外，为了进一步探讨中国数字普惠金融机构的经营侧重点，本研究评价体系的另一个重点则是对金融机构业务的分析，在评价指标的设置中也关注机构业务类型的分类和经营成果的分类。为了进一步提高评价体系的科学性和实用性，考虑到各金融机构发展阶段不尽相同，机构资质也各有差异，因此在本研究评价体系的指标制定中，特意删除了所有的绝对数评价指标，现版评价体系的所有评价指标都只是相对数的比较，所有的指标评价标准都以所占比重的形式出现。因此，本研究评价体系具有实用性、科学性（见表3—7）。从各二级指标来看，中国数字普惠金融评价指标体系针对的方向性更加明显。

对于中国数字普惠金融评价指标体系相关指标的评价方法，在此给出统一的操作流程，在后续介绍各分项指标时就不再赘述。中国数字普惠金融评价指标体系的具体操作过程如下：第一步，搜集整理机构相关数据；第二步，按要求计算出各数据所占比重；第三步，按照给出的评分标准判定机构所得分数；第四步，将所得分数乘以单个项分值所占比重计算出单个项实际得分；第五步，如果细分指标下有多个评分项，则

---

① 本书所指的乡镇为镇中心所在村，即居委会覆盖的县域地区。所指的农村为除镇中心所在乡以外的其他村，即村委会覆盖的区域。

将各单个项实际得分相加计算出各细分指标实际得分，如果只有一个评分项则就以此为该细分指标实际得分；第六步，将总体评价指标下各细分指标实际得分相加，计算出总体指标实际得分；第七步，将中国数字普惠金融评价指标体系六大总体指标相加，计算出机构实际总分。

表3—7 　　　　　　中国数字普惠金融评价指标体系指标

一级指标	二级指标	评价标准	分值
数字普惠金融发展深度	服务对象深度	城市、乡镇、农村使用人数占比	6分
	产品服务深度	核心产品、基础产品、期望产品、附加产品、潜在产品所占比重	6分
数字普惠金融发展广度	服务对象广度	东部、中部、西部客户所占比重	6分
	产品服务广度	存款、借款、投资所占产品比重	6分
数字普惠金融发展使用度	使用人数	个人、企业使用人数所占比重	6分
	使用次数	个人、企业使用次数所占比重	6分
	网站注册交易人数	个人、企业网站注册交易人数所占比重	4分
	APP下载注册人数	个人、企业APP下载注册人数所占比重	3分
数字普惠金融发展规模度	网点数	城市、乡镇、农村网点所占比重	3分
		东部、中部、西部网点所占比重	3分
	产品业务量	存款、借款、投资产品所占比重	3分
		个人、企业业务量比重	3分
	交易总额	城市、乡镇、农村交易总额比重	3分
		东部、中部、西部交易总额比重	3分
	互联网交易总额	城市、乡镇、农村交易总额比重	1分
		东部、中部、西部交易总额比重	1分
		个人、企业交易总额比重	1分
数字普惠金融发展涉入度	客户满意度	城市、乡镇、农村客户满意情况	2分
		东部、中部、西部客户满意情况	2分
		个人、企业客户满意情况	2分
	使用频率	城市、乡镇、农村使用频率	3分
		东部、中部、西部使用频率	3分

中国数字普惠金融评价指标体系

一级指标	二级指标	评价标准	分值
数字普惠金融发展成熟度	客户成熟度	知识成熟度	3分
		行为成熟度	3分
	交易成熟度	交易纠纷率	3分
		交易便捷度	3分
	市场成熟度	监管成熟度	3分
		风控成熟度	3分
	机构成熟度	资产回报率	2分
		信息披露度	2分
		不良贷款率	2分
总分			100分

二　数字普惠金融发展深度指标

中国数字普惠金融评价指标体系的第一个评价指标是数字普惠金融的发展深度，目的是了解金融机构在经营发展情况上的纵向延伸情况。市场耕种深度对于机构的发展而言至关重要，决定了机构的市场挖掘程度，同时也是经营增加值的重要影响因素。因此数字普惠金融发展深度对金融机构的发展起决定性作用。

考虑到本研究评价体系的侧重点是讨论市场发展均衡度，因此深度指标下又从客户和产品两个角度分为服务对象深度和产品服务深度两个细分指标，共占总分的12%，分值为12分。第一个二级指标是服务对象深度，旨在对城市、乡镇、农村客户的分布情况进行评价；而第二个二级指标则是产品服务深度，重点关注机构金融服务产品层次是否完善，以衡量机构的市场竞争能力和抗风险能力。

（一）数字普惠金融服务对象深度

服务对象深度指标评价的是金融机构在市场纵向发展过程中客户的挖掘程度，考虑到数字普惠金融所承担的社会责任，因此将评判标准设定为城市、乡镇、农村客户人数所占的比重。客户的存在是机构发展的必要条件，通过对服务对象深度指标的评价分析，机构可以清晰地看出这三级市场的开拓情况，而相关部门同样也可以了解到金融机构是否在真正地践行普惠。

对于服务对象深度所判定的城市、乡镇、农村三层市场的客户所占比重，本研究评价体系也给出具体的评分细则，对城市、乡镇、农村客户比重分别都定为五级，分别为 30% 以下、30%—40%（不含）、40%—50%（不含）、50%—60%（不含）、60% 及以上五级，而得分等级分为 0 分、20 分、40 分、60 分、80 分和 100 分六级，乡镇和农村客户所占比重不足 30% 直接为 0 分，20 分得分标准为乡镇和农村客户所占比重达到 30%，40 分得分标准为乡镇和农村客户所占比重达到 40%，60 分得分标准为乡镇和农村客户所占比重达到 50%，80 分得分标准为乡镇和农村客户所占比重达到 60% 且农村客户所占比重达到 30%，100 分得分标准为乡镇和农村客户所占比重达到 60% 且农村客户所占比重达到 40%（见表 3—8）。机构只要达到具体的评分标准就可以按照最高可得分数评分。而这一细分指标的得分比重为 6 分。

表3—8   数字普惠金融服务对象深度指标说明

数字普惠金融服务对象深度			
评价内容	评价标准	得分	最终得分
城市、乡镇、农村使用人数所占比重	乡镇和农村客户所占比重不足30%	0 分	0 分
	乡镇和农村客户所占比重达到30%	20 分	1.2 分
	乡镇和农村客户所占比重达到40%	40 分	2.4 分
	乡镇和农村客户所占比重达到50%	60 分	3.6 分
	乡镇和农村客户所占比重达到60%且农村客户所占比重达到30%	80 分	4.8 分
	乡镇和农村客户所占比重达到60%且农村客户所占比重达到40%	100 分	6.0 分

（二）数字普惠金融产品服务深度

产品服务深度指标评价的是金融机构在产品开发方面的纵向发展情况，这是机构发展成果的重要表现，也是阶段内机构发展动力的重要影响因素。一般而言，具有多层次产品结构的机构抗风险能力较强，市场竞争力也较强，因为在市场异动的情况下，机构可以通过多层次的产品结构分散经营风险。机构可以从这一细分指标中了解到产品组成的不足。

对于产品服务深度的评判，本书设定核心产品、基础产品、期望产品、附加产品、潜在产品五大产品层次，以构建完整的产品结构。而考虑到核心产品对数字普惠金融机构经营情况的决定性作用，在具体的评分中也注重核心产品存在。这一细分指标得分等级共分为五等，分别为0分、25分、50分、75分和100分五等，具体的评分标准如下：如果机构缺少核心产品，则直接给定为0分；存在核心产品和任一项另外层次产品，则为25分；存在核心产品和任两项另外层次产品，则为50分；存在核心产品和任三项另外层次产品，则为75分；五个产品层次全部存在，则为100分（见表3—9）。机构按照可获得的最好分数进行评判。而产品服务深度细分指标的得分比重为6分。

表3—9　　　　　　　　数字普惠金融产品服务深度指标说明

数字普惠金融产品服务深度			
评价内容	评价标准	得分	最终得分
核心产品、基础产品、期望产品、附加产品、潜在产品构成情况	缺少核心产品	0分	0分
	存在核心产品和任一项另外层次产品	25分	1.5分
	存在核心产品和任二项另外层次产品	50分	3.0分
	存在核心产品和任三项另外层次产品	75分	4.5分
	存在核心产品和任四另外层次产品	100分	6.0分

三　数字普惠金融评价指标体系广度指标

中国数字普惠金融评价指标体系的第二个评价指标是数字普惠金融发展广度，目的是了解机构市场的覆盖程度，即在横向上的市场开拓程度。市场开拓广度决定机构的盈利情况，同时也从侧面反映机构发展的规模。

与评价体系第一个评价指标数字普惠金融发展深度相对应，数字普惠金融发展广度同样也分为服务对象广度和产品服务广度两个二级指标，占总得分比重的12%，分值为12分。服务对象广度考量的主要是机构在东部、中部、西部三个区域的客户分布情况，评价机构的市场开拓是否平衡，是否遵循了普惠的发展理念。而第二个二级指标产品服务广度则是关注机构的产品服务的领域分布，机构在存款业务、借款业务、投资业务领域产品的比重，分析机构业务配比是否合理。

（一）数字普惠金融服务对象广度

服务对象广度指标评价的是金融机构在客户开发方面所覆盖的区域广度情况，本次评价体系关注的焦点之一就是市场开发的区域差异，考虑到中国经济社会发展呈现出由东向西逐渐落后的大趋势，服务对象广度的评价标准就是东部、中部、西部三个区域客户所占比重。金融机构可以由此看出客户群体的地区分布情况，而相关部门也可以从宏观层面了解省内金融发展的区域差异。

对于服务对象广度指标的评定，经过谨慎研究和多次论证，确定了东部、中部、西部三个区域客户对象较科学的客户分布评判标准。对于东部、中部、西部三个区域的客户分布，同样分别分为五个层次，分别为30%以下、30%—40%（不含）、40%—50%（不含）、50%—60%（不含）、60%及以上五级，而得分等级分为六级，分别为0分、20分、40分、60分、80分和100分，中部和西部客户所占比重不足30%直接为0分，20分得分标准为中部和西部客户所占比重达到40%，40分得分标准为中部和西部客户所占比重达到50%，60分得分标准为中部和西部客户所占比重达到60%，80分得分标准为中部和西部客户所占比重达到70%且西部客户所占比重达到30%，100分得分标准为中部和西部客户所占比重达到60%且西部客户所占比重达到50%（见表3—10）。机构按照实际经营状况进行评分，以最高可得分为实际得分。服务对象广度指标所占分值为6分。

表3—10　　　　　　　数字普惠金融服务对象广度指标说明

数字普惠金融服务对象广度			
评价内容	评价标准	得分	最终得分
东部、中部、西部客户所占比重	中部和西部客户所占比重不足30%	0分	0分
	中部和西部客户所占比重达到40%	20分	1.2分
	中部和西部客户所占比重达到50%	40分	2.4分

续表

数字普惠金融服务对象广度			
评价内容	评价标准	得分	最终得分
东部、中部、西部客户所占比重	中部和西部客户所占比重达到60%	60 分	3.6 分
	中部和西部客户所占比重达到 60% 且西部客户所占比重达到 30%	80 分	4.8 分
	中部和西部客户所占比重达到 60% 且西部客户所占比重达到 50%	100 分	6.0 分

（二）数字普惠金融产品服务广度

产品服务广度指标与产品服务深度指标相呼应，评价的是金融机构的产品服务覆盖的产品类型，经过对数字普惠金融行业的观察，了解到大部分机构的产品服务类型基本集中在存款业务、借款业务和投资业务三大模块，因此产品服务广度指标的评价内容为金融机构存款、贷款和投资业务所占产品数量的比重。机构可以通过这一指标了解到产品的分布情况，并可以根据客户需求量估算市场的饱和度。

对于产品服务广度指标的评定，通过对多个金融机构的产品类型结构持续了一段时间的观察，设定了较为科学合理的评价标准。机构存款、贷款和投资业务所占的比重，分别划分了五个等级，分别为0—20%（不含）、20%—40%（不含）、40%—60%（不含）、60%—80%（不含）、80%—100%五级，分值也同样均分为五等，而考虑到贷款业务对于经济发展具有拉动作用，同时投资业务有利于投资者金融增值，因此在分数评定中，将侧重于对这两项的给分，具体评分标准如下：对于贷款业务和投资业务总和低于20%，直接给定为0分；对于贷款业务和投资业务总和不低于20%，为25分；对于贷款业务和投资业务总和不低于40%，为50分；对于贷款业务和投资业务总和不低于60%，为75分；对于贷款业务和投资业务总和不低于80%，为100分（见表3—11）。机构依据实际情况按照最高可得分给定评分。产品服务广度指标的分值为6分。

表3—11   数字普惠金融产品服务广度指标说明

数字普惠金融产品服务广度			
评价内容	评价标准	得分	最终得分
存款、借款、投资所占产品比重	贷款业务和投资业务总和低于20%	0 分	0 分
	贷款业务和投资业务总和不低于20%	25 分	1.5 分
	贷款业务和投资业务总和不低于40%	50 分	3.0 分
	贷款业务和投资业务总和不低于60%	75 分	4.5 分
	贷款业务和投资业务总和不低于80%	100 分	6.0 分

四 数字普惠金融发展使用度指标

中国数字普惠金融评价指标体系的第三个评价指标是数字普惠金融发展使用度，则是从客户和市场的角度，对机构的使用情况进行总体的分析评价。从评价得分上，可以清晰地看出金融机构的使用人数规模和客户的黏合度，帮助机构更全面客观地了解机构的市场占有情况和在行业的发展位次。

本研究评价体系在数字普惠金融发展使用度下也有四个二级指标，分别是数字普惠金融使用人数、使用次数，以及数字普惠金融网站注册交易人数和 APP 下载注册人数，占总得分比重的 19%，分值为 19 分。数字普惠金融使用人数和使用次数指标关注的主要是机构市场的整体占有情况，侧重于分析机构的使用人数和次数中个人使用情况和单位使用情况所占据的百分比。而数字普惠金融网站注册交易人数和 APP 下载注册人数两个指标则是基于当前互联网金融发展势不可挡的大背景，分析互联网金融对于数字普惠金融发展的影响，机构可以通过与使用总人数的对比相应地调整经营侧重点。

（一）数字普惠金融使用人数

使用人数指标是从客户角度来看数字普惠金融机构的发展情况，而金融机构的客户组成并非只是简单的个人，企业单位也是金融机构的服务单位，虽然从数量上来看企业单位的数量在金融机构客户数量中所占比重很小，但是却对金融机构的经营发展起到关键性的作用，因此在使用人数指标上，选择了企业和个人客户数量情况作为评标的内容。

表3—12　　　　　　　　数字普惠金融使用人数指标说明

数字普惠金融使用人数			
评价内容	评价标准	得分	最终得分
个人、企业使用人数所占比重	企业使用人数占比小于5%	20分	1.2分
	企业使用人数占比小于10%	40分	2.4分
	企业使用人数占比小于15%	60分	3.6分
	企业使用人数占比小于20%	80分	4.8分
	企业使用人数占比大于等于20%	100分	6.0分

对于使用人数的评定，本书综合机构的实际经营情况，给出了一套较为合理的标准。考虑到企业虽然对金融机构贡献大，但相比较于个人数量还是少，因此就个人客户和企业客户所占比重，划定了如下五个标准：0—5%（不含）、5%—10%（不含）、10%—15%（不含）、15%—20%（不含）、20%及以上。而得分等级同样也均分为五等，20分的得分标准为企业使用人数占比小于5%，40分的得分标准为企业使用人数占比小于10%，60分的得分标准为企业使用人数占比小于15%，80分的得分标准为企业使用人数占比小于20%，100分的得分标准为企业使用人数占比大于等于20%（见表3—12）。机构可以根据实际情况按照最高可得分给定评分，该指标所占分值为6分。

（二）数字普惠金融使用次数

使用次数指标是对上一个指标使用人数指标的补充，人数只是表现客户群体构成情况，而使用次数则更立体全面地展示了客户群体的经营贡献情况。本次使用次数评价指标同样也是选择企业和个人的使用次数作为评价内容，以此来丰富完善数字普惠金融发展使用度的内容。

表3—13　　　　　　　　数字普惠金融使用次数指标说明

数字普惠金融使用次数			
评价内容	评价标准	得分	最终得分
个人、企业使用次数所占比重	企业使用次数占比小于5%	20分	1.2分
	企业使用次数占比小于10%	40分	2.4分

续表

数字普惠金融使用次数			
评价内容	评价标准	得分	最终得分
个人、企业使	企业使用次数占比小于15%	60分	3.6分
用 次 数 所 占	企业使用次数占比小于20%	80分	4.8分
比重	企业使用次数占比大于等于20%	100分	6.0分

数字普惠金融使用次数的评定与使用人数相同，本书考虑到机构与个人之间的关系，按照实际情况对机构和个人的使用次数配比进行分析评定。由于机构的发展多依靠于企业的金融行为，且企业的金融行为对经济的发展反向拉动作用较强。因此，以企业使用次数为角度对数字普惠金融机构的使用次数进行评价，并将企业使用次数占比分为五个等级，分别为 0—5%（不含）、5%—10%（不含）、10%—15%（不含）、15%—20%（不含）、20% 及以上。而得分等级同样也均分为五等，20 分的得分标准为企业使用次数占比小于 5%，40 分的得分标准为企业使用次数占比小于 10%，60 分的得分标准为企业使用次数占比小于 15%，80 分的得分标准为企业使用次数占比小于 20%，100 分的得分标准为企业使用次数占比大于等于 20%（见表 3—13）。根据实情按照最高可得分进行给分，数字普惠金融使用次数指标的总分分值为6 分。

（三）数字普惠金融网站注册交易人数

网站注册交易人数则是为了与之前的使用人数形成对比组，使用人数关注的是机构整体的客户情况，而网站注册交易人数则是考虑到当前互联网金融发展的强劲态势，关注的是以互联网渠道进行数字普惠金融交易的个人和企业交易的人数，金融机构可以从中了解当前互联网金融对于数字普惠金融行业发展的助推作用。

数字普惠金融网站注册交易人数主要是针对使用人数指标而设置的对照组，这一指标是针对机构互联网金融发展状况而定。按照企业网站注册交易人数所占比重为依据进行分组，将企业网站注册交易人数占比分为五个等级，分别为 0—5%（不含）、5%—10%（不含）、10%—15%（不含）、15%—20%（不含）、20% 及以上。而得分等级同样也均分为五等，0 分的得分标准为企业网站注册交易人数小于 5%，25 分的得分标准为企业网站注册交易人数小于 10%，50 分的得分标准为企业网站注册交易人数小于 15%，75 分的得分标准为企业网站注册交易人数小于 20%，100 分的得分标准为企业网站注册交易人数大于等于 20%（见表 3—14）。企业可以根据最高可得分定分，此评价指标总分分值为 4 分。

表 3—14　　　　　　数字普惠金融网站注册交易人数指标说明

数字普惠金融网站注册交易人数			
评价内容	评价标准	得分	最终得分
个人、企业网站注册交易人数所占比重	企业网站注册交易人数占比小于 5%	0 分	0 分
	企业网站注册交易人数占比小于 10%	25 分	1.0 分
	企业网站注册交易人数占比小于 15%	50 分	2.0 分
	企业网站注册交易人数占比小于 20%	75 分	3.0 分
	企业网站注册交易人数占比大于等于 20%	100 分	4.0 分

（四）数字普惠金融 APP 下载注册人数

APP 下载注册人数的设置则是考虑到当前智能手机迅速普及，手机 APP 已经逐步代替电脑，成为新时期互联网多媒体的又一个发展风向。而 APP 下载注册人数同样是与之前的使用人数形成一套对比，本指标同样选择将企业和个人的下载注册人数进行对比，明确 APP 渠道对于数字普惠金融的发展影响。

APP 下载注册人数指标的设定，本书考虑到当前移动互联技术的迅速发展，将 APP 使用情况与之前的使用人数指标作对比。考虑到数据的可比性，因此，选择相同口径数据进行对比，因此 APP 下载注册人数，同样选择企业占比来评价。本书将 APP 下载注册人数占比分为五个等级，分别为 0—5%（不含）、5%—10%（不含）、10%—15%（不含）、15%—20%（不含）、20% 及以上。而得分等级同样也均分为五等，0 分的得分标准为企业 APP 下载注册人数小于 5%，25 分的得分标准为企业 APP 下载注册人数小于 10%，50 分的得分标准为企业 APP 下载注册人数小于 15%，75 分的得分标准为企业 APP 下载注册人数小于 20%，100 分的得分标准为企业 APP 下载注册人数大于等于 20%（见表 3—15）。机构按照最高可得分评定，该指标分值为 3 分。

表 3—15　　　　　数字普惠金融 APP 下载注册人数指标说明

<table>
<tr><td colspan="4">数字普惠金融 APP 下载注册人数</td></tr>
<tr><td>评价内容</td><td>评价标准</td><td>得分</td><td>最终得分</td></tr>
<tr><td rowspan="5">个 人、企 业 APP 下载注册人数所占比重</td><td>企业 APP 下载注册人数占比小于 5%</td><td>0 分</td><td>0 分</td></tr>
<tr><td>企业 APP 下载注册人数占比小于 10%</td><td>25 分</td><td>0.75 分</td></tr>
<tr><td>企业 APP 下载注册人数占比小于 15%</td><td>50 分</td><td>1.5 分</td></tr>
<tr><td>企业 APP 下载注册人数占比小于 20%</td><td>75 分</td><td>2.25 分</td></tr>
<tr><td>企业 APP 下载注册人数占比大于等于 20%</td><td>100 分</td><td>3.0 分</td></tr>
</table>

五　数字普惠金融发展规模度指标

中国数字普惠金融评价指标体系第四个评价指标是数字普惠金融发展规模度，能最为直观地反映机构发展的规模情况，而这一观察角度主要是从机构自身的角度出发。金融机构可以从中明确了解到多方面机构发展的现状，从宏观角度把握机构的发展程度和扩张速度。

数字普惠金融发展规模度指标下又分为四个二级指标，从网点、产品和经营额三个角度分模块分析金融机构的发展规模，占总分比重为21%，分值为 21 分。网点规模度指标主要关注的是金融机构网点布局的地区结构，城市、乡镇、农村三个层次的网点各占多少，东部、中部、西部三个区域的经营网点分布情况。产品规模也主要是从产品结构角度进行分析，存款、贷款、投资业务所占比重为多少，个人和企业的业务量又各占多少。交易总额规模度则是从机构的营业收入入手，关注城市、乡镇、农村三个层次的营业额配比，以及东部、中部、西部三个区域营业额情况，和个人和单位的营业额所占比重。互联网交易总额与前一项交易总额相比较，设置的评价内容都是与交易总额的内容——对应，从中可以看出各个经营领域的线上线下配比情况，机构从中获取信息，调整经营路线。

（一）数字普惠金融网点数

网点数指标是对数字普惠金融营业网点的分布情况进行分析，网点数的布局情况直接影响到区域内消费者的金融可得权能否得到保障，也从一定程度上表现出了金融机构的经营侧重点。数字普惠金融旨在促进金融均衡发展，因此在本次评价指标制定中，不仅选择了城市、乡镇、农村三个市场层次的网点占比，同时也考虑到了中国实际发展情况，选择了东部、中部、西部地区网点分布情况。

对于城市、乡镇、农村网点数占比，本书考虑到数字普惠金融侧重于乡镇，特别是农村金融市场的开拓，因此乡镇、农村网点占比越高，得分则越高；但由于中国县域地区逐步缩小，因此对于乡镇、农村网点数占比，从30%到60%均分为五等，而对于得分情况，则均分为了六等，具体的得分标准为：乡镇、农村网点数之和占比未达30%则直接为0分，20分标准为乡镇、农村网点数之和占比达到30%，40分标准为乡镇、农村网点数之和占比达到40%，60分标准为乡镇、农村网点数之和占比达到50%，80分标准为乡镇、农村网点数之和占比达到60%且农村网点数占比达到30%，100分标准为乡镇、农村网点数之和占比达到60%且农村网点数占比达到40%。机构按照最高可得分评定，评价内容的总分分值为3分。

表3—16　　　　　　　　数字普惠金融网点数指标说明

数字普惠金融网点数			
评价内容	评价标准	得分	最终得分
城市、乡镇、农村网点数所占比重	乡镇和农村网点所占比重未达30%	0分	0分
	乡镇和农村网点所占比重达到30%	20分	0.6分
	乡镇和农村网点所占比重达到40%	40分	1.2分
	乡镇和农村网点所占比重达到50%	60分	1.8分
	乡镇和农村网点所占比重达到60%且农村网点所占比重达到30%	80分	2.4分
	乡镇和农村网点所占比重达到60%且农村网点所占比重达到40%	100分	3.0分

数字普惠金融网点数			
评价内容	评价标准	得分	最终得分
东部、中部、西部网点所占比重	中部和西部网点所占比重未达40%	0 分	0 分
	中部和西部网点所占比重达到40%	20 分	0.6 分
	中部和西部网点所占比重达到50%	40 分	1.2 分
	中部和西部网点所占比重达到60%	60 分	1.8 分
	中部和西部网点所占比重达到60%且西部网点所占比重达到30%	80 分	2.4 分
	中部和西部网点所占比重达到60%且西部网点所占比重达到40%	100 分	3.0 分

对于东部、中部、西部网点数占比，由于人口因素是影响本评价内容的重要因素，考虑到人口差异，因此，在制定这一评价标准时对占比进行了具体分析。本书将中部、西部网点数占比从40%到60%均分为四等，而评分标准则均分为六等，具体评价标准为：中部、西部网点数之和占比未达40%则直接为 0 分，20 分标准为中部、西部网点数之和占比达到40%，40 分标准为中部、西部网点数之和占比达到50%，60分标准为中部、西部网点数之和占比达到60%，80 分标准为中部、西部网点数之和占比达到60%且西部网点数占比达到30%，100 分标准为中部、西部网点数之和占比达到60%且西部网点数占比达到40%（见表3—16）。机构按照实际情况具体评分，按照最高可得分进行评判，本评价内容的分值为 3 分。

（二）数字普惠金融产品业务量

网点数量是金融机构发展规模的重要表现，而业务量更能直观反映出金融机构的发展规模。本指标以产品分类为标准，对金融机构业务量进行分类，金融机构可以从中得到产品类型的业务量比重，从而调节经营侧重点。本指标将产品类型分为了两大标准，分别是存款、借款、投资业务及个人、企业业务，评价各金融机构产品业务量的配比是否合理。

对于存款、贷款、投资业务量占比，考虑到贷款对经济发展具有拉动作用，而投资业务则表现在消费者"用钱生钱"的投资里面。因此，选择贷款、投资业务量之和所占比重作为评价标准。本书将贷款、投资业务量之和占比分为0—20%（不含）、20%—40%（不含）、40%—60%（不含）、60%—80%（不含）、80%—100%五级，而得分则均分为五等，20分的得分标准为贷款业务量和投资业务量之和低于20%，40分的得分标准为贷款业务量和投资业务量之和不低于20%，60分的得分标准为贷款业务量和投资业务量之和不低于40%，80分的得分标准为贷款业务量和投资业务量之和不低于60%，100分的得分标准为贷款业务量和投资业务量之和不低于80%。机构按照实际情况以最高可得分为准，本评价内容的分值为3分。

对于个人和企业业务量所占比重，本书考虑到个人和企业体量的差距，因此同样以企业业务量所占比重为评价依据。将企业业务量占比分为了六档，分别为0—40%（不含）、40%—50%（不含）、50%—60%（不含）、60%—70%（不含）、70%—80%（不含）、80%及以上，而分数则从0—100分分为0分、20分、40分、60分、80分和100分六等，具体得分标准如下：企业业务量占比小于40%的直接为0分，20分的评价标准为企业业务量占比大于40%，40分的评价标准为企业业务量占比大于50%，60分的评价标准为企业业务量占比大于60%，80分的评价标准为企业业务量占比大于70%，100分的评价标准为企业业务量占比大于80%（见表3—17）。机构按照最高可得分评定，本评价内容的分值为3分。

表3—17　　　　　　　数字普惠金融产品业务量指标说明

数字普惠金融产品业务量			
评价内容	评价标准	得分	最终得分
存款、借款、投资所占产品业务量比重	贷款业务量和投资业务量总和低于20%	0分	0分
	贷款业务量和投资业务量总和不低于20%	25分	0.75分
	贷款业务量和投资业务量总和不低于40%	50分	1.5分
	贷款业务量和投资业务量总和不低于60%	75分	2.25分
	贷款业务量和投资业务量总和不低于80%	100分	3.0分

数字普惠金融产品业务量			
评价内容	评价标准	得分	最终得分
个人、企业业务量所占比重	企业业务量占比小于40%	0分	0分
	企业业务量占比大于40%	20分	0.6分
	企业业务量占比大于50%	40分	1.2分
	企业业务量占比大于60%	60分	1.8分
	企业业务量占比大于70%	80分	2.4分
	企业业务量占比大于80%	100分	3.0分

（三）数字普惠金融交易总额

交易总额指标与上一指标产品业务量虽然都是对于交易额的评价，但与上一指标不同的是，本指标评价的交易总额是以地域分布为分类标准，对交易总额进行分类。与上述评价指标相同的是，交易总额指标同样也选择了城市、乡镇、农村地域分布，以及东部、中部、西部地域分布，金融机构可以从中了解到各市场对于经营成果的贡献率，分析各地的购买力水平。

表 3—18　　　　　　　数字普惠金融交易总额指标说明

数字普惠金融交易总额			
评价内容	评价标准	得分	最终得分
城市、乡镇、农村交易总额所占比重	乡镇和农村交易总额所占比重未达30%	0分	0分
	乡镇和农村交易总额所占比重达到30%	20分	0.6分
	乡镇和农村交易总额所占比重达到40%	40分	1.2分
	乡镇和农村交易总额所占比重达到50%	60分	1.8分
	乡镇和农村交易总额所占比重达到60%且农村交易总额所占比重达到30%	80分	2.4分
	乡镇和农村交易总额所占比重达到60%且农村交易总额所占比重达到40%	100分	3.0分

续表

数字普惠金融交易总额			
评价内容	评价标准	得分	最终得分
东部、中部、西部交易总额所占比重	中部和西部交易总额所占比重未达40%	0 分	0 分
	中部和西部交易总额所占比重达到40%	20 分	0.6 分
	中部和西部交易总额所占比重达到50%	40 分	1.2 分
	中部和西部交易总额所占比重达到60%	60 分	1.8 分
	中部和西部交易总额所占比重达到60%且西部客户所占比重达到30%	80 分	2.4 分
	中部和西部交易总额所占比重达到60%且西部客户所占比重达到50%	100 分	3.0 分

在城市、乡镇、农村交易总额所占比重中，同样选择乡镇、农村交易总额所占比重为评价标准，而乡镇、农村交易总额所占比重从30%到60%被均分为五等，而对于得分情况，则均分为了五等，具体的得分标准为：乡镇、农村交易总额所占比重未达30%则为0分，20分标准为乡镇、农村交易总额所占比重达到30%，40分标准为乡镇、农村交易总额所占比重达到40%，60分标准为乡镇、农村交易总额所占比重达到50%，80分标准为乡镇、农村交易总额所占比重达到60%且农村交易总额所占比重达到30%，100分标准为乡镇、农村交易总额所占比重达到60%且农村交易总额所占比重达到40%。机构按照最高可得分进行评定，本指标的分值为3分。

在东部、中部、西部交易总额所占比重中，同样选择中部、西部交易总额所占比重为观察的角度，本书将中部、西部地区交易总额所占比重从40%到60%均分为四等，而评分标准则均分为五等，具体评价标准为：中部、西部交易总额之和所占比重未达40%直接为0分，20分标准为中部、西部交易总额之和所占比重达到40%，40分标准为中部、西部交易总额之和所占比重达到50%，60分标准为中部、西部交易总额之和所占比重达到60%，80分标准为中部、西部交易总额之和所占比重达到60%且西部交易总额占比达到30%，100分标准为中部、西部交易总额之和所占比重达到60%且西部交易总额所占比重达到50%

（见表3—18）。机构按照实际情况具体评分，按照最高可得分进行评判，本评价内容的分值为3分。

（四）数字普惠金融互联网交易总额

互联网交易总额是与前两项指标相对应的，前两项分别从不同的角度对金融机构整体的交易总额进行了分类，而互联网交易总额则是从互联网金融角度对上述分类进行分析，金融机构可以将这几项评价指标组合观察，了解互联网金融市场的占比，从而调整经营发展策略，适应时代发展需求。数字普惠金融互联网交易总额则是与之前的交易总额形成对比，而在互联网交易总额指标下则综合了多种分类形式，分为城市、乡镇、农村，东部、中部、西部以及个人、企业分类。

城市、乡镇、农村互联网交易总额评价内容同样是以城镇和农村占比为切入点，但考虑到农村地区互联网普及程度不及城市地区，因此将评价标准略微下降，从20%到50%分为了五层，分别为20%以下、20%—30%（不含）、30%—40%（不含）、40%—50%（不含）、50%及以上而得分则从0到100均分为六等，机构乡镇、农村互联网交易总额所占比重低于20%的为0分，20分的评分标准为乡镇、农村交易总额所占比重达到20%，40分的评分标准为乡镇、农村交易总额所占比重达到30%，60分的评分标准为乡镇、农村交易总额所占比重达到40%，80分的评分标准为乡镇、农村交易总额所占比重达到50%且农村交易总额所占比重达到20%，100分的评分标准为乡镇、农村交易总额所占比重达到50%且农村交易总额所占比重达到30%。机构按照最高可得分进行评定，本指标的分值为1分。

对于东部、中部、西部互联网交易总额占比，为了对比口径的一致，选择中部、西部互联网交易总额为对比角度，将中部、西部地区互联网交易总额占比从40%到60%均分为四等，分别为40%以下、40%—50%（不含）、50%—60%（不含）、60%及以上，而评分标准则均分为六等，具体评价标准为：中部、西部互联网交易总额占比不足40%直接为0分，20分标准为中部、西部互联网交易总额占比达到40%，40分标准为中部、西部互联网交易总额占比达到50%，60分标准为中部、西部互联网交易总额占比达到60%，80分标准为中部、西部互联网交易总额占比达到60%且西部互联网交易总额占比达到30%，

100 分标准为中部、西部互联网交易总额占比达到 60% 且西部互联网交易总额占比达到 50%。机构按照实际情况具体评分，按照最高可得分进行评判，本评价内容的分值为 1 分。

另外，对于企业、个人交易总额的评价，选择以企业为对比视角，将评价内容设定为企业互联网交易总额占比，考虑到企业交易额一般都较大，且为安全准确一般都采取面对面交易形式。因此不能将交易总额的评价标准照搬照套，而是应当根据实际情况灵活变动。将企业互联网交易总额占比从 20% 到 50% 划为五等，分别为 20% 以下、20%—30%（不含）、30%—40%（不含）、40%—50%（不含）、50% 及以上，而得分同样均分为五等，具体评分标准为：20 分标准为企业互联网交易总额占比小于 20%；40 分标准为企业互联网交易总额占比不小于 20%；60 分标准为企业互联网交易总额占比不小于 30%；80 分标准为企业互联网交易总额占比不小于 40%，100 分标准为企业互联网交易总额占比不小于 20%（见表 3—19）。机构根据自身情况客观评定，以最高可得分为准，本评价内容分值为 1 分。

表 3—19　　　　　**数字普惠金融互联网交易总额指标说明**

数字普惠金融互联网交易总额			
评价内容	评价标准	得分	最终得分
城市、乡镇、农村互联网交易总额所占比重	乡镇和农村交易总额所占比重不足 20%	0 分	0 分
	乡镇和农村交易总额所占比重达到 20%	20 分	0.1 分
	乡镇和农村交易总额所占比重达到 30%	40 分	0.4 分
	乡镇和农村交易总额所占比重达到 40%	60 分	0.6 分
	乡镇和农村交易总额所占比重达到 50% 且农村交易总额所占比重达到 20%	80 分	0.8 分
	乡镇和农村交易总额所占比重达到 50% 且农村交易总额所占比重达到 30%	100 分	1.0 分
东部、中部、西部互联网交易总额所占比重	中部和西部交易总额所占比重不足 40%	0 分	0 分
	中部和西部交易总额所占比重达到 40%	20 分	0.1 分
	中部和西部交易总额所占比重达到 50%	40 分	0.4 分
	中部和西部交易总额所占比重达到 60%	60 分	0.6 分

数字普惠金融互联网交易总额

评价内容	评价标准	得分	最终得分
东部、中部、西部互联网交易总额所占比重	中部和西部交易总额所占比重达到60%且西部交易总额所占比重达到30%	80分	0.8分
	中部和西部交易总额所占比重达到60%且西部交易总额所占比重达到50%	100分	1.0分
个人、企业互联网交易总额所占比重	企业交易互联网交易总额占比小于20%	20分	0.1分
	企业交易互联网交易总额占比不小于20%	40分	0.4分
	企业交易互联网交易总额占比不小于30%	60分	0.6分
	企业交易互联网交易总额占比不小于40%	80分	0.8分
	企业交易互联网交易总额占比不小于50%	100分	1.0分

六　数字普惠金融发展涉入度指标

中国数字普惠金融评价指标体系的第五个评价指标是数字普惠金融发展涉入度，是一项专门从客户角度出发的经营评价，而机构也可以从中获取产品服务水平信息，大体预估出客户的忠诚度和购买力情况，为企业进一步提升产品服务水平提供基础。

数字普惠金融发展涉入度指标下共有两个二级指标，分别为客户满意度和使用频率两个指标，本指标占总分12%，分值为12分。客户满意度的评判标准将指标又细分为城市、乡镇、农村对比组，东部、中部、西部三个区域对比组，以及企业和个人对比组三个评价组，帮助机构更细致地了解各方面机构产品服务水平。而使用频率指标遵循本次评价体系的评价侧重点，按照两个评价组进行分析，机构可以从中看出哪个模块的客户忠诚度更高，客户购买力更强，为机构调整经营资源的分配提供依据。

（一）数字普惠金融客户满意度

客户满意度是从客户的角度对金融机构的金融产品服务进行评价的指标，为金融机构提供了反思复盘的良好依据，也为机构调整服务方式、产品侧重等提供了客户反映。本评价指标综合了多个分类标准，将客户分类为城市、乡镇、农村评价组别，东部、中部、西部评价组别和个人、企业评价组别，分别观察机构的产品服务水平。对于数字普惠金融机构客户满意度采用问卷的形式进行资料搜集，问卷将统一设计问题和标准，最后通过多问题汇总形成对机构的产品服务评价，最终标准一共分为满意、较满意、一般、不满意、很差五个选项，最后通过问卷统计计算出机构最终满意度得分。

城市、乡镇、农村小组，以城市、乡镇、农村客户满意度占比为观察角度，将城市、乡镇、农村满意、较满意、一般、不满意、很差五个标准占比分为了五级，分别为0—20%（不含）、20%—40%（不含）、40%—60%（不含）、60%—80%（不含）、80%—100%，而得分同样也从0到100分均分为五等，城市、乡镇、农村任一区域客户满意度、较满意度之和低于60%则为0分；25分标准为城市、乡镇、农村任一区域客户满意度、较满意度之和不低于60%；50分标准为城市、乡镇、农村任一区域客户满意度、较满意度之和不低于80%；75分标准为城市、乡镇、农村任一区域客户满意度、较满意度之和不低于80%且任一区域客户满意度不低于40%且任何区域无不满意、很差；100分标准为城市、乡镇、农村任一区域客户满意度、较满意度之和为100%且任一区域客户满意度不低于80%。机构按照实际问卷进行评判，以最高可得分为最终分数。本指标所占分值为2分。

对于东部、中部、西部小组，将综合评价东部、中部、西部三个区域的客户满意度。同样，将东部、中部、西部三个区域满意、较满意、一般、不满意、很差五个标准占比分为了五级，分别为0—20%（不含）、20%—40%（不含）、40%—60%（不含）、60%—80%（不含）、80%—100%，而得分同样也均分为0分、25分、50分、75分、100分五等，东部、中部、西部任一区域客户满意度、较满意度之和低于60%则为0分；25分标准为东部、中部、西部任一区域客户满意度、较满意度之和不低于60%；50分标准为东部、中部、西部任一区域客户满意度、较满意度之和不低于80%；75分标准为东部、中部、西部任一区域客户满意度、较满意度之和不低于80%且任一区域满意度不低于40%且任何区域无不满意、很差；100分标准为东部、中部、西部任一区域客户满意度、较满意度之和为100%且东部、中部、西部任一区域客户满意度不低于80%。机构按照实际问卷进行评判，以最高可得分为最终分数。本指标所占分值为 2 分。

对于个人、企业小组，本次同样也选择个人、企业客户满意度作为整体进行观察，与前两个评价内容相同，将个人、企业满意、较满意、一般、不满意、很差五个标准占比分为了五级，分别为 0—20%（不含）、20%—40%（不含）、40%—60%（不含）、60%—80%（不含）、80%—100%，而得分同样也从 0 到 100 分均分为五等，个人、企业任一分类客户满意度、较满意度之和低于 60% 则为 0 分；25 分标准为个人、企业任一分类客户满意度、较满意度之和不低于 60%；50 分标准为个人、企业任一分类客户满意度、较满意度之和不低于 80%；75 分标准为个人、企业任一分类客户满意度、较满意度之和不低于 80% 且任一分类客户满意度不低于 40% 且任何分类无不满意、很差；100 分标准为个人、企业任一分类客户满意度、较满意度之和为 100% 且任一分类客户满意度不低于 80%（见表 3—20）。机构按照实际问卷进行评判，以最高可得分为最终分数。本指标所占分值为 2 分。

表 3—20　　　　　　　　数字普惠金融客户满意度指标说明

数字普惠金融客户满意度			
评价内容	评价标准	得分	最终得分
城市、乡镇、农村客户满意度	城市、乡镇、农村任一区域客户满意度、较满意度之和低于 60%	0 分	0 分
	城市、乡镇、农村任一区域客户满意度、较满意度之和不低于 60%	25 分	0.5 分
	城市、乡镇、农村任一区域客户满意度、较满意度之和不低于 80%	50 分	1.0 分
	城市、乡镇、农村任一区域客户满意度、较满意度之和不低于 80% 且任一区域客户满意度不低于 40% 且任何区域无不满意、很差	75 分	1.5 分
	城市、乡镇、农村任一区域客户满意度、较满意度之和为 100% 且任一区域客户满意度不低于 80%	100 分	2.0 分

续表

数字普惠金融客户满意度			
评价内容	评价标准	得分	最终得分
东部、中部、西部客户满意度	东部、中部、西部任一区域客户满意度、较满意度之和低于60%	0分	0分
	东部、中部、西部任一区域客户满意度、较满意度之和不低于60%	25分	0.5分
	东部、中部、西部任一区域客户满意度、较满意度之和不低于80%	50分	1.0分
	东部、中部、西部任一区域客户满意度、较满意度之和不低于80%且任一区域满意度不低于40%且任何区域无不满意、很差	75分	1.5分
	东部、中部、西部任一区域客户满意度、较满意度之和为100%且东部、中部、西部任一区域客户满意度不低于80%	100分	2.0分
个人、企业客户满意度	个人、企业任一分类客户满意度、较满意度之和低于60%	0分	0分
	个人、企业任一分类客户满意度、较满意度之和不低于60%	25分	0.5分
	个人、企业任一分类客户满意度、较满意度之和不低于80%	50分	1.0分
	个人、企业任一分类客户满意度、较满意度之和不低于80%且任一分类客户满意度不低于40%且任何分类无不满意、很差	75分	1.5分
	个人、企业任一分类客户满意度、较满意度之和为100%且任一分类客户满意度不低于80%	100分	2.0分

（二）数字普惠金融使用频率

使用频率反映的是客户对于金融机构的黏合度和忠诚度，使用频率较高的金融机构的发展优势，而对于较低的则亟须找到症结所在。由于企业的金融行为金额大、次数少，因此使用频率难以与个人相比较，故而本指标仅选择将客户群体分为城市、乡镇、农村评价组和东部、中部、西部评价组。

在城市、乡镇、农村使用频率所占比重下，将三者的使用频率相互比较，计算出所占比重。考虑到县域地区，特别是农村地区消费者对于金融需求较低，因此将三者间的比重分为了60%以下、60%—80%（不含）、80%—100%（不含）、100%及以上四个等级，而得分则从0到100分均分为六层，具体得分标准如下：乡镇和农村使用频率之和不足城市使用频率的60%的直接判为0分，20分标准为乡镇和农村使用频率之和达到城市使用频率的60%，40分标准为乡镇和农村使用频率之和达到城市使用频率的80%，60分标准为乡镇和农村使用频率之和达到城市使用频率的100%，80分标准为乡镇和农村使用频率之和达到城市使用频率的100%且农村达到城市的50%，100分标准为乡镇和农村使用频率之和达到城市使用频率的100%且农村达到城市的80%。机构按照最高可得分给定分数，本评价内容分值为3分。

对于东部、中部、西部使用频率所占比重，同样采取将三者间的使用频率进行相互比较的做法。由于使用频率是相对数，与总量数据无关，因此同样将三者间的比重分为了80%以下、80%—100%（不含）、100%—120%（不含）、120%及以上四个等级，而得分则从0到100分均分为六层，具体得分标准如下：中部和西部使用频率之和不足东部使用频率的80%的直接判为0分，20分标准为中部和西部使用频率之和达到东部使用频率的80%，40分标准为中部和西部使用频率之和达到东部使用频率的100%，60分标准为中部和西部使用频率之和达到东部使用频率的120%，80分标准为中部和西部使用频率之和达到东部使用频率的120%且西部达到东部的80%，100分标准为中部和西部使用频率之和达到东部使用频率的120%且西部达到东部的100%（见表3—21）。机构按照最高可得分给定分数，本评价内容分值为3分。

表 3—21　　　　　　　数字普惠金融使用频率指标说明

数字普惠金融使用频率

评价内容	评价标准	得分	最终得分
城市、乡镇、农村使用频率所占比重	乡镇和农村使用频率不足城市使用频率的60%	0 分	0 分
	乡镇和农村使用频率达到城市使用频率的60%	20 分	0.6 分
	乡镇和农村使用频率达到城市使用频率的80%	40 分	1.2 分
	乡镇和农村使用频率达到城市使用频率的100%	60 分	1.8 分
	乡镇和农村使用频率达到城市使用频率的100%且农村使用频率达到城市使用频率的50%	80 分	2.4 分
	乡镇和农村使用频率达到城市使用频率的100%且农村使用频率达到城市使用频率的80%	100 分	3.0 分
东部、中部、西部使用频率所占比重	中部和西部使用频率之和不足东部使用频率的80%	0 分	0 分
	中部和西部使用频率之和达到东部使用频率的80%	20 分	0.6 分
	中部和西部使用频率之和达到东部使用频率的100%	40 分	1.2 分
	中部和西部使用频率之和达到东部使用频率的120%	60 分	1.8 分
	中部和西部使用频率之和达到东部使用频率的120%且西部达到东部的80%	80 分	2.4 分
	中部和西部使用频率之和达到东部使用频率的120%且西部达到东部的100%	100 分	3.0 分

七　数字普惠金融发展成熟度指标

中国数字普惠金融评价指标体系的第六个评价指标是普惠金融发展成熟度，这是本研究评价体系新增的指标。考虑到现如今中国普惠金融行业已经进入快速增长发展的新阶段，各项配套基本都已到位，因此设定了普惠金融发展成熟度这一指标，旨在对机构的经营阶段进行客观评价，为机构制定经营规划提供依据。

普惠金融发展成熟度指标不仅仅是对机构成熟度进行评判，同时也分析相关领域的成熟度，在普惠金融发展成熟度指标下分为了客户、交易、市场和机构四个细分成熟度指标，本指标占总分的 24%，具体分值为 24 分。客户成熟度主要是从客户的金融知识水平、风险意识水平和购买行为理性情况入手，分析客户素质的发展情况。交易成熟度是以客户与机构的交易为观察点，以交易的纠纷率和便捷程度为切入点，评价当前金融交易的成熟度。市场成熟度也是从市场整体的角度，以宏观层面金融监管为主要评价点，分析行业的监管体系成熟度；并且以市场的风控体系为辅助，丰富市场成熟度的评价维度。而机构成熟度也对机构提出了要求，对内评价体系对机构的经营盈利情况和坏账情况设定了一定的门槛，对外则要求成熟的金融机构要具备完善的信息披露机制，以确保消费者的信息可得权。

（一）数字普惠金融客户成熟度

客户成熟度评价的是客户的发展情况，是整个评价体系内为数不多的对客户进行反向评价的指标，本指标从客户的意识和行为两个方面对客户的成长稳重情况进行分析评价，意识成熟度选择以金融知识为代表，采取问卷的形式获取相关资料；而投资成果则是代表了客户行为的稳重情况，投资越成功则代表客户行为越成功。金融机构可以从本指标中了解客户的发展情况，以此来调整机构的发展进程。

对于知识成熟度，以金融知识为切入点并以问卷的形式获取评价信息，而金融知识问卷将统一设定。通过客户对相关问题的作答，给出最终得分并将得分划分为 0—20 分（不含）、20—40 分（不含）、40—60分（不含）、60—80 分（不含）、80—100 分五等，分别对应客户对金融知识了解程度不足 20%、超过 20%、超过 40%、超过 60% 和超过80% 五等，而得分则从 0 到 100 分均分为五等，客户金融知识了解度不足 20% 则直接为 0 分，25 分标准为客户金融知识了解度超过 20%，50分标准为客户金融知识了解度超过 40%，75 分标准为客户金融知识了解度超过 60%，100 分标准为客户金融知识了解度超过 80%。机构按照最高可得分评定，本评价内容的分值为 3 分。

对于行为成熟度，评定内容设定为客户投资成功率，可以通过金融机构后端相关数据来获取客户投资成果情况，以成功笔数除以投资总笔数来获得投资成功率。将客户投资成功率分为 0—20%（不含）、20%—40%（不含）、40%—60%（不含）、60%—80%（不含）、

80%—100%五等，分别对应客户金融成功率不足 20%、超过 20%、超过 40%、超过 60% 和超过 80% 五等，而得分同样也从 0 到 100 分均分为五等，客户金融成功率不足 20% 直接为 0 分，25 分标准为客户金融成功率超过 20%，50 分标准为客户金融成功率超过 40%，75 分标准为客户金融成功率超过 60%，100 分标准为客户金融成功率超过 80%（表 3—22）。机构按照最高可得分评定，本评价内容的分值为 3 分。

表 3—22　　　　　　　数字普惠金融客户成熟度指标说明

数字普惠金融客户成熟度			
评价内容	评价标准	得分	最终得分
知识成熟度	客户金融知识了解不足 20%	0 分	0 分
	客户金融知识了解超过 20%	25 分	0.75 分
	客户金融知识了解超过 40%	50 分	1.5 分
	客户金融成熟了解超过 60%	75 分	2.25 分
	客户金融知识了解超过 80%	100 分	3.0 分
行为成熟度	客户投资成功率不足 20%	0 分	0 分
	客户投资成功率超过 20%	25 分	0.75 分
	客户投资成功率超过 40%	50 分	1.5 分
	客户投资成功率超过 60%	75 分	2.25 分
	客户投资成功率超过 80%	100 分	3.0 分

（二）数字普惠金融交易成熟度

交易行为是连接起供给端和消费端的桥梁，因而交易情况也决定金融机构的发展情况。交易成熟度表现的则是交易这一市场组成部分发展情况，本指标选取了金融机构交易纠纷情况作为首要指标，同时将交易的便捷程度作为辅助指标，综合评价金融交易的发展稳重情况。

交易纠纷率是以交易的实际成功情况为视角的，交易纠纷率的计算方法为产生交易纠纷的交易笔数除以交易总笔数，而相关数据都可以从金融机构的后台数据中导出。对于机构交易纠纷率，也分为了 100%—80%（不含）、80%—60%（不含）、60%—40%（不含）、40%—20%（不含）、20%—0，相对应金融机构交易纠纷率超过 80%、超过 60%、超过40%、超过20%和不足20%五等，而分数也分为0分、25分、50分、75分和100分五等，具体标准为：机构交易纠纷率超过80%直接为0分，25分标准为机构交易纠纷率超过60%，50分标准为机构交易纠纷率超过40%，75分标准为机构交易纠纷率超过20%，100分标准为机构交易纠纷率不足20%。机构按照最高可得分来给分，本评价内容分值为3分。

　　交易便捷度指标是通过问卷的形式向消费者进行询问，对金融机构交易便捷程度进行评价，结果选项共有很便捷、较便捷、一般、不便捷、很不便捷五项，对于各选项所占比值分为0—20%（不含）、20%—40%（不含）、40%—60%（不含）、60%—80%（不含）、80%—100%五等，而分数也从0到100分均分为0分、25分、50分、75分和100分五等，机构交易便捷度为很便捷、较便捷总和占比不足40%直接为0分，25分标准为机构交易便捷度为很便捷、较便捷总和占比达到40%，50分标准为机构交易便捷度为很便捷、较便捷总和占比达到60%且很便捷占比达到40%，75分标准为机构交易便捷度为很便捷、较便捷达到80%且很便捷占比达到60%且很不便捷占比不足10%，100分标准为机构交易便捷度为很便捷、较便捷达到100%且很便捷达到80%（见表3—23）。机构按照最高可得分评定最终分，本评价内容为3分。

表3—23　　　　　　　　数字普惠金融交易成熟度指标说明

数字普惠金融交易成熟度			
交易纠纷率	金融机构交易纠纷率超过80%	0分	0分
	金融机构交易纠纷率超过60%	25分	0.75分
	金融机构交易纠纷率超过40%	50分	1.5分
	金融机构交易纠纷率超过20%	75分	2.25分
	金融机构交易纠纷率不足20%	100分	3.0分
交易便捷度	很便捷、较便捷总和占比不足40%	0分	0分
	很便捷、较便捷总和占比达到40%	25分	0.75分
	很便捷、较便捷总和占比达到60%且很便捷占比达到40%	50分	1.5分

续表

数字普惠金融交易成熟度			
交易便捷度	很便捷、较便捷达到80%且很便捷占比达到60%且很不便捷占比不足10%	75分	2.25分
	很便捷、较便捷到100%且很便捷达到80%	100分	3.0分

（三）数字普惠金融市场成熟度

在整个经营环境中，市场不仅包括供给者、需求者，同时也包括监管者等辅助部分。市场成熟度评价指标选择的是监管者角度和供给者角度，在监管者角度选择的是监管成熟度，而这一指标评价内容将通过问卷的形式对机构和客户进行双向问卷；在供给者角度选择的是风控成熟度，评价内容选择的是金融机构在风险发生情况下对于风险控制的能力。

对于监管成熟度，本书同样选择以问卷的形式获取相关信息，而对于金融监管情况的问卷，会向客户和金融机构两方面进行询问。具体的问卷形式和问题设置统一安排，而对于金融监管成熟度的最终评定，将机构和客户的评定结果分为了稳重、较稳重、一般、较不稳重、很不稳重五等，而这五等十项结果所占比重分为0—20%（不含）、20%—40%（不含）、40%—60%（不含）、60%—80%（不含）、80%—100%五等，具体分数同样从0到100分均分为五等。具体评分标准如下：机构或个人任一方稳重、较稳重比重之和小于40%直接为0分，25分标准为机构和个人两方稳重、较稳重比重之和都大于40%，50分标准为机构和个人两方稳重、较稳重比重之和都大于60%，75分标准为机构和个人两方稳重、较稳重比重之和都大于80%且两方中任一方稳重比重大于60%且两方中任一方很不稳重比重小于10%，100分标准为机构和个人两方稳重、较稳重比重之和都为100%且两方稳重比重都大于80%。机构按照实际情况，以最高可得分评定，本评价内容的分值为3分。

风控成熟度直接影响市场发展，风控成熟度的评价内容定为风险发生控制率，计算方法为机构发生风险并成功控制的交易笔数除以风险发生笔数，相关数据可以从机构后台数据中寻找。将机构风险发生控制率分为五等，分别是0—20%（不含）、20%—40%（不含）、40%—60%

（不含）、60%—80%（不含）、80%—100%五等，对应风险发生控制率不足20%、超过20%、超过40%、超过60%、超过80%五等，具体得分则从0到100分均分为五等。具体评分标准为机构风险发生控制率不足20%直接定位0分，20分标准为机构风险发生控制率不足20%，40分标准为分标准为机构风险发生控制率超过20%，60分标准为分标准为机构风险发生控制率超过40%，80分标准为分标准为机构风险发生控制率超过60%，100分标准为分标准为机构风险发生控制率超过80%（见表3—24）。机构可以按照实际情况以最高可得分进行评判，这一评价内容的分值为3分。

表3—24　　　　　　　　数字普惠金融市场成熟度指标说明

数字普惠金融市场成熟度			
评价内容	评价标准	得分	最终得分
监管成熟度	机构或个人任一方稳重、较稳重比重之和小于40%	0分	0分
	机构和个人两方稳重、较稳重比重之和都大于40%	25分	0.75分
	机构和个人两方稳重、较稳重比重之和都大于60%	50分	1.5分
	机构和个人两方稳重、较稳重比重之和都大于80%且两方中任一方稳重比重大于60%且两方中任一方很不稳重比重小于10%	75分	2.25分
	机构和个人两方稳重、较稳重比重之和都为100%且两方稳重比重都大于80%	100分	3.0分
风控成熟度	机构风险发生空置率不足20%	0分	0分
	机构风险发生空置率超过20%	25分	0.75分
	机构风险发生空置率超过40%	50分	1.5分
	机构风险发生空置率超过60%	75分	2.25分
	机构风险发生空置率超过80%	100分	3.0分

（四）数字普惠金融机构成熟度

金融机构作为整个普惠金融市场最重要的组成部分，也是最强势的组成部分，其发展情况对于交易发展，乃至行业发展都存在决定性作用。机构成熟度指标中，在财务方面选取了金融机构资产回报率和不良贷款率作为评价指标，而在其他方面则选择了金融机构信息披露情况作为补充内容，以达到多维度评价的要求。

资产回报率的计算方法为资产回报率除以总资产，相关数据可以从机构财务报表上查找。对于资产回报率，根据实际情况划分了五等，分别为不足0%、0%—0.5%（不含）、0.5%—1.0%（不含）、1.0%—1.5%（不含）、1.5%及以上，分别对应金融机构资产回报率不足0%、超过0%、超过0.5%、超过1.0%、超过1.5%五个等级，而得分也同样从0到100分划分为五等。具体评分标准如下：金融机构资产回报率不足0%则直接为0分，25分标准为金融机构资产回报率超过0%，50分标准为金融机构资产回报率超过0.5%，75分标准为金融机构资产回报率超过1.0%，100分标准为金融机构资产回报率超过1.5%。机构按照最高可得分进行评定，本评价内容的分值为2分。

对于机构信息披露情况，外界可能无法完全了解，但机构管理者却应该最为清楚，自己公布的数据信息是否真实完整，因此对于信息披露选择了机构信息披露完整度为评价内容，将信息披露完整度分为0—20%（不含）、20%—40%（不含）、40%—60%（不含）、60%—80%（不含）、80%—100%五等，分别对应机构信息披露完整度不足20%、超过20%、超过40%、超过60%、超过80%五等，具体的得分同样也分为0分、25分、50分、75分、100分五等，具体评分标准为：机构信息披露完整度不足20%则直接为0分，25分标准为金融机构信息披露完整度超过20%，50分标准为金融机构信息披露完整度超过40%，75分标准为金融机构信息披露完整度超过60%，100分标准为金融机构信息披露完整度超过80%。金融机构按照最高可得分进行评定，本评价内容的分值为2分。

而不良贷款率的计算方法为机构贷款拨备率除以机构拨备覆盖率，相关数据可以从机构实际经营报表中寻找。通过实地研究，得到较为准确的不良贷款率情况，将不良贷款率定为超过2.0%、1.5%—

2.0%（不含）、1.0%—1.5%（不含）、0.5%—1.0%（不含）、不足0.5%五档，分别对应金融机构不良贷款率超过2.0%、不足2.0%、不足1.5%、不足1.0%、不足0.5%五档，而分值同样从0到100分均分为五档。具体评分标准如下：金融机构不良贷款率超过2.0%则直接为0分，25分评分标准为金融机构不良贷款率不足2.0%，50分评分标准为金融机构不良贷款率不足1.5%，75分评分标准为金融机构不良贷款率不足1.0%，100分评分标准为金融机构不良贷款率不足0.5%（见表3—25）。机构按照最高可得分进行评定，本评价内容的分值为2分。

表3—25　　　　　　　　数字普惠金融机构成熟度指标说明

数字普惠金融机构成熟度			
评价内容	评价标准	得分	最终得分
资产回报率	金融机构资产回报率不足0%	0分	0分
	金融机构资产回报率超过0%	25分	0.5分
	金融机构资产回报率超过0.5%	50分	1.0分
	金融机构资产回报率超过1.0%	75分	1.5分
	金融机构资产回报率超过1.5%	100分	2.0分
信息披露度	金融机构信息披露完整度不足20%	0分	0分
	金融机构信息披露完整度超过20%	25分	0.5分
	金融机构信息披露完整度超过40%	50分	1.0分
	金融机构信息披露完整度超过60%	75分	1.5分
	金融机构信息披露完整度超过80%	100分	2.0分
不良贷款率	金融机构不良贷款率超过2.0%	0分	0分
	金融机构不良贷款率不足2.0%	25分	0.5分
	金融机构不良贷款率不足1.5%	50分	1.0分
	金融机构不良贷款率不足1.0%	75分	1.5分
	金融机构不良贷款率不足0.5%	100分	2.0分

第三节　数字普惠金融评价指标
体系推广步骤

一　评级分析步骤

金融机构或相关部门在应用数字普惠金融评价体系时，首先一步需要对机构或行业的相关情况进行分析摸底，把握整体的宏观情况和发展方向。其次，要对数字普惠金融评价体系进行深入学习，全面了解评价体系的评价细则和评判规定，为进一步对机构或行业评价奠定基础。再次，要将数字普惠金融评价体系与机构或行业的发展状况相结合，要考虑到机构或行业的发展阶段和环境变化等外部因素，要因时而变，机构可以根据发展状况和具体情况对评价体系的评价标准进行恰当的调整，让数字普惠金融评价指标体系更加符合实际的发展情况。另外由于各个机构发展的侧重点不同，机构或部门还可以根据自身的发展实情对评价指标的评分比例进行调整。对机构的发展重点，特别是战略性重点要重点评价，适当增加分项的评分比重，但为了真实反映机构的发展状况，在操作过程中需要严格把握客观公正的评判态度，不能因为机构在某方面发展状况好就增加该方面的得分比重，而是应当真实地以机构发展规划为标准，对评分比重进行修改。到目前为止，所有评价前的准备工作已全部完成，下一步将会正式开展普惠金融发展评价。

对于数字普惠金融发展情况的评价，第一步就是要根据之前所搜集的机构经营状况资料，以数字普惠金融发展评价指标的六大一级指标内容进行分类。第二步则是要将各大一级指标的评价内容细分，分解到各个二级指标。第三步要将各细分的机构情况严格按照所附的量化标准进行量化，将机构的具体经营信息转化为数字表示，使抽象的信息具体化。第四步则是按照根据机构实际情况调整的定分标准对机构或行业的普惠金融发展状况给分，这一步骤要注意客观性和真实性。第五步是要对第四步所得出的分数加以累计，计算出总分，以此为发展状况评定的标准。普惠金融评价指标体系的具体评分步骤就分为这五步，通过以上五个步骤的操作，机构或部门可以得出相应区域的整体得分和分项得分。在完成普惠金融评价指标体系的评分之后，并没有完成整个评价的全过程，后续还需要对评价的结果进行分析。

分析的第一步是以评价体系所给出的行业整体得分情况为参考值，评价机构在整个行业中所处的位次，也可以通过现在行业发展现状与往期的对比分析出行业近期的发展趋势。分析的第二步则是要找到症结所在，将各细分项的得分情况与机构的得分情况相比较，找出机构的发展薄弱环节和优势所在。分析的第三步是要补足短板、发扬优势，结合对比的最终结果，以机构自身的发展实情为依据，找出落后的具体原因，或是制订优势的发展计划，为进一步普惠金融发展提供数据依据。至此，数字普惠金融评价指标体系的所有流程都已完成。

二　地域推广步骤

本书研究中国数字普惠金融评价指标体系重视的评价侧重点设定在普惠金融地区分布情况，设定的评价二级指标主要关于地区客户群体的组成，而这也符合近年来中国普惠金融发展的整体情况。中国居民收入持续增加，根据城乡一体化住户抽样调查，2017 年中国居民人均可支配收入 32070 元，比上年增长 8.6%。按常住地分，城镇居民人均可支配收入 40152 元，增长 8.0%；农村居民人均可支配收入 17606 元，增长 8.3%。全省居民人均可支配收入中位数为 27436 元，增长 9.3%。这仅是城乡差距的体现，中国呈现出区域的发展差异。中国经济发展呈现出三大区域的发展阶梯，东部地区由于历史、文化、社会等多方面的因素，无论是发展绝对数值还是相对速度都以绝对的优势领跑全国，而中部地区的经济发展则居次，西部地区则位列末尾，中部、西部地区的经济总量难以与东部地区相匹敌。

中国数字普惠金融评价指标体系已经实现了区域发展的近期目标，而远期目标则是要实现全国范围内的覆盖，以实现全国普惠金融评价指标体系的统一，方便机构的行业分析与比较。由于全国范围太大，因此在推广过程中也要遵从一定的顺序方法。按照地域分布情况，全国可以分为华东、华南、华中、华北、西北、西南、东北和港澳台地区八大块，考虑到中国经济发达地区多集中在东部沿海地区。因此，可以由华东向北方延伸，扩张至华北地区，而华北地区的扩张可以选择北京作为先行点，而后布局整个华北，在完成东部沿海地区的覆盖后，可以逐步向西推进，按照华中、华南、西北、西南、东北的步伐向西延伸，而每个地区同样可以选择一个经济社会较发达的先行点进行试点扩张，再辐射到全地区。考虑到港澳台地区经济社会结构与大陆地区有一定差异。因此，在短时间内对布局港澳台先不做计划。另外考虑到全国各地经济社会发展水平参差不齐，如果严格套用一套评价体系适用全国显然不合理。因此各地区在进行推广的同时可以根据自身的发展特点与发展实情进行相应调整。

三　行业推广步骤

中国数字普惠金融评价指标体系在设计之初就确定了体系整体的发展目标即推广普惠金融业务、促进数字普惠金融发展。因此，中国数字普惠金融评价指标体系针对普惠金融行业。中国数字普惠金融评价指标体系主要的服务对象是金融机构，金融机构可以通过以本经营单位的实际情况与评价体系相对比，综合量化分析，客观地给出经营单位的经营情况，以此来确定经营单位的发展状态和行业位次。而除了金融机构，相关部门同样可以运用评价体系来分析行业的发展，与金融机构不同的是，部门需要从宏观数据入手，以区域内所有经营单位的相关数据为基础，以评价体系的相关指标为依据，研究区域内行业发展的现状和预测未来发展的方向。除此之外，评价体系同样可以在消费者群体中发挥作用，消费者可以根据金融机构公布的相关数据，运用中国数字普惠金融评价指标体系的整体指标或个别指标，分析金融机构的实际经营状况，为后来进一步确定消费提供鉴别基础。

目前中国数字普惠金融评价指标体系所运用的领域大致有这三部分，待后期评价体系羽翼逐渐丰满，会适当整合评价体系的专业性指标，将评价体系作用于其他一些金融领域的发展评价。后面的研究将会引入部分绿色金融、数字金融的相关指标，并保留相关的金融基础指标，将运用领域扩张到绿色金融方面。而对于逐步丰富的金融基础的评价指标，可以单独作为一个体系，而这一体系就可以直接作用于金融行业内的各项金融服务的评价。

第四节　数字普惠金融评价指标体系的作用

一　数字普惠金融评价指标体系对机构的作用

数字普惠金融评价指标体系最主要的受益群体就是金融机构，特别是专业从事普惠金融的金融机构，评价体系可以为机构提供科学客观的经营评价。整体上看，数字普惠金融评价指标体系可以为金融机构提供对经营情况的判定标准，以实际经营情况为依据，以评价指标为标准，金融机构可通过对总分的分析及与平均水平的对比，了解机构整体的发展情况和在行业内的位次排名，而对于单个二级指标，机构也可以将得分比相对较低的指标剔出来，寻找到机构的发展弱项，或是将得分与单个指标平均水平作对比，挑选出差距较大的指标，并以此为重点进行经营复盘，寻找落后的具体因素。另外，金融机构可以将往期数据合并，形成一套数列，通过数据分析，预测机构的发展趋势，并重点关注存在异动的二级指标。

从分项指标来看，各个分项指标的设立对普惠金融机构的发展都具有指导意义。数字普惠金融发展深度指标能够体现出金融机构的纵向发展状况，从区域来看，普惠金融机构应当将经营侧重点放在农村地区，而从这一指标中就可以略见一二；另外产品的纵向指标则可以反映金融机构产品结构的抗风险能力。而数字普惠金融发展广度指标则可以反映出机构经营的横向覆盖面，对于中国金融机构，应当加强对中部、西部地区的投资力度，地域分布广度则可以检验金融机构是否践行了普惠的理念；而在产品广度指标上，则可以从中了解机构金融产品分布情况，在信贷、保险、投资等多个领域侧重在哪一个，或是机构个人产品和企业产品各占多少。在数字普惠金融发展使用度指标上，金融机构可以了解机构过去一段时间的使用人数和次数，了解机构该段时间内整体的客流情况；同时也可以从网站客流量和 APP 客流量所占客流总量的比重，分析机构的客户来源和经营渠道，以此为依据调整机构各经营渠道的侧重点。在数字普惠金融发展规模度方面，可以从中获取本机构的市场扩张情况，机构可以清晰地了解机构在农村和乡镇地区的网点比重，可以分析机构过去一段时间的业务量的分布，是哪一业务领域占比最重。最重要的一点就是可以了解机构在时间段内的营业收入以及网络营收所占比重，同时机构可以将近几年的数据纵向观察，了解机构近年来在哪一方面增长最猛，以此来调整机构的资源配比。在数字普惠金融发展涉入度方面，机构主要考虑消费者对于本机构业务产品的依赖度，使用频率反映出消费者的购买力情况和产品忠诚情况，而客户满意度则可以为机构调整服务水平提供基本依据。在普惠金融发展成熟度方面，可以对机构本身的成熟度开展自查自纠，了解机构的发展阶段与不足，同时可以对行业和客户等进行分析，以此来调整机构的发展速度。

二　数字普惠金融评价指标体系对部门的作用

中国数字普惠金融评价指标体系主要的服务对象是普惠金融机构，但是相关的职能部门、监管部门同样也可以运用此体系来进行分析总结，只不过区别在于金融机构是以单个机构的经营情况为评价依据，而相关部门则多是以行业的发展总体数据为依据。总体来看，部门对于数字普惠金融评价指标体系的应用主要是对行业的发展情况进行分析预测，通过将区域内行业的发展实际情况与评价体系各评价指标相匹配，依据所给出的量化标准，将抽象的质量信息转化为具体的数量信息，再依照评分标准进行给分，通过最后累分得出行业发展的总体得分。对于总体得分较低的地区，相关部门则需要关注普惠金融行业的发展情况，特别是对于得分低的各分项，正是区域发展不得力的症结所在；而对于总体得分较高的，同样也可以寻找出得分项与失分项，即行业发展的优势所在和不足之处；另外行业同样也可以将往年的经营情况按照评分细则进行评判给分，将计算出的总分和各分项得分分别以时间轴排序，或制作成柱状图、折线图，更加清晰地观察出近年来区域内普惠金融总体的发展趋势和各细分点的发展态势，寻找出其中的规律，以进一步预测将来市场的发展动向，为合理的调整政策引导和监管措施提供数据依据。

而将视野转移到各二级指标上，相关部门可以从普惠金融发展深度指标中了解行业的市场总体开拓情况、农村地区金融客户情况，并且以此为依据，可以决定是否要对市场发展方向进行引导，是否要加强对农村金融市场的开发支持力度等。而对于数字普惠金融发展广度指标，相关部门可以观察到东部、中部、西部三个区域的普惠金融行业发展差距，以最直观的客户数量反映行业的地区分布，相关部门可以凭此来调节三地各市的政策扶持力度，并与三地的普惠金融服务供给量相结合，判定市场是否已趋于饱和。同时相关部门还可以从行业的产品广度指标上看出普惠金融对于小微企业的扶持力度，计算出普惠金融贷款对于经济增长的贡献率、拉动点数等经济指标。在数字普惠金融发展使用度方面，相关部门可以通过对使用人数和使用次数指标获得行业整体的市场活跃度；而通过网站交易人数和 APP 注册人数与总体使用人数的比较，可以看出区域内互联网金融对于普惠金融的客户渗透度，了解互联网金融的发展趋势。在数字普惠金融发展规模度方面，从网点数上可以看出行业内农村市场的金融布点情况，以调节对农村金融市场的扶持力度；在产品数上可以了解行业经营额的分布情况，从中对金融机构的业务配比进行引导调控；在交易总额上不仅可以看出行业整体的发展状况，也可以看出中国各个区域的市场配比，以及农村地区的市场比重，同时可以配合互联网交易比重的相关数值，观察互联网对于金融发展的重要性，还可以对农村地区互联网实际普及率进行预估。数字普惠金融发展涉入度对相关部门显得尤为重要，在当前互联网金融混乱的大环境中，相关部门一定要对机构平台的经营行为进行切实监管，保障消费的权益不受侵害，而客户满意度则是对机构经营行为直观的反映。在数字普惠金融发展成熟度方面，相关部门可以通过对机构、客户、市场等多方面的成熟度测评，了解普惠金融行业的发展现处于哪一阶段，机构与市场、客户三个模块之间是否能够耦合，如果不能，则要根据相关的发展现状制定相应的调整措施，促进三者间的协同共进。

三　数字普惠金融评价指标体系对社会的作用

普惠金融市场除了经营者以外，消费者也是最为重要的组成部分。因此，中国数字普惠金融评价指标体系在注重机构的实用性的同时，也应当要兼顾到消费者的指标运用。虽然中国数字普惠金融评价指标体系对于消费者的作用不像对于机构行业那么明显，但只要消费者能够触类旁通、灵活运用各项评价指标，也可以从中获得较为全面的市场或机构信息，特别是在有普惠金融投资需求时，这一作用尤为显著。从总体来看，消费者可以凭借机构发布的相关经营信息，依据评价体系的相关指标对信息进行处理量化，并客观地给定分数，最后算出机构累计得分，与行业的整体得分水平相比较，如果远低于行业水平，那么在进行该机构的投资时，则要格外谨慎小心；如果得分情况较好，则可以从一定程度上说明机构的经营状况良好。消费者也可以选择相关部门颁布的行业整体数据，处理方法与机构数据大致相同，最后将总得分与往年对比，如果处于下降阶段则要重新考虑投资时机是否得当；如果处于上升阶段则说明行业近期发展态势良好。

而从各二级指标来看，消费者同样可以从中获得大量有价值的数据。对数字普惠金融发展深度指标，消费者主要关注点应在产品服务深度，如果机构该项得分较高，则说明机构产品抗风险能力较强，较为适合进行投资。对数字普惠金融发展广度指标，同样应当关注产品服务广度，从中可以得到机构的产品服务侧重点，如果侧重点与自己的金融行为相吻合，那么则可以考虑投资。对于普惠金融发展使用度指标，消费者关注的应当是使用人数和使用次数，得分较高可以在一定程度上说明机构的市场客户源较为广阔，特别是使用次数指标，从中更能得出机构的客户黏合度。相比较而言，黏合度越高，金融投资越安全。对于数字普惠金融发展规模度指标，消费者能够很直观地从中获取金融机构多方面的资质情况，并以此为依据选择资质较好的机构进行普惠金融投资。对于数字普惠金融发展涉入度指标，则应当重点了解客户满意度，这一指标从客户层面反映出了金融机构的产品服务质量，消费者应当选择客户满意度较高的机构进行投资，而这也应当是决定消费者投资行为的首要因素。对于数字普惠金融发展成熟度指标，首先消费者应当结合客户成熟度指标客观地评价自身的成熟情况，了解自己的金融专业程度和不足；其次再将机构信息量化，计算出机构成熟度，选择成熟度较高的，或是与自己成熟度相匹配的金融机构进行投资。

第四章

数字普惠金融的网贷平台
监管与金融风险

目前，中国普惠金融的覆盖率还不够高，且存在经营风险、道德风险、征信体系不健全等问题。尤其是中国 P2P 网贷平台非法集资、庞氏骗局、跑路，使成千上万的投资者遭受严重损失，加大了中国中小微企业"融资难、融资贵"问题的解决难度。之所以出现这些问题平台，主要原因在于网络借贷的有关法律法规制定滞后和不完善以及网贷平台的评级工作不到位，导致金融监管部门对网贷平台监管不力。近些年来，学术界关于问题网贷平台的研究文献越来越多，但问题网贷平台仍旧不断出现。为深入研究网贷行业的风险防范、采取哪些措施加强监管，本书将通过构建一个金融监管部门、资金供给方与资金需求方的网络借贷市场三方博弈演化模型进行探究，利用复制动态方程以资金供需双方收益最大化为出发点，分析博弈双方动态化的决策，在此基础上，基于数字普惠金融视角为网贷平台的合规化发展提出建议，以促进普惠金融健康持续发展。

第一节　文献概览及简要述评

中国网贷行业的监管先后经历了"监管真空期""软法监管期""专项整治期"以及"细则严管期"。监管的实践表明：基于数字普惠金融的监管，是利用现代互联网技术降低交易成本、动态跟踪、防范及规避各种风险，实现信息对称，从而促进互联网金融活动的可持续性。其具体体现在移动支付、网银、手机银行、P2P 网贷、互联网众筹等方面。吕家进认为，数字普惠金融运用数字化手段，让普惠金融的发展打破时空的限制，从而增强普惠金融的触达能力。邱兆祥和向晓建研究表明，数字普惠金融具有降低金融服务成本、提升金融服务触达能力的主要特征和基本优势。①② 曾之明认为数字普惠金融利用数字技术创新普惠金融服务模式，有效降低金融服务门槛和成本，有利于缩小城乡居民收入差距。③ 董玉峰、赵晓明从数字普惠金融的利益相关者视角来看，负责任的数字普惠金融是金融机构、监管部门和金融消费者等共同承担相应责任的一种金融行为。④ 张贺和白钦先呼吁数字普惠金融的发展应当继续秉承普惠金融的"普""惠"，通过金融科技创新，进一步拓展金融服务的深度和广度，构建可惠及社会所有人的金融体系。⑤ 姚金楼认为数字普惠金融可以克服传统金融体系固有的不足之处，有效弥补农村金融服务的短板。⑥ 由此可见，数字普惠金融凭借现代金融科技降低了金融服务成本，不断推动普惠金融快速发展。

这些年来，中国网贷行业因金融监管部门监管滞后或不到位而频频出现各种问题，如提现困难、跑路失联等，问题网贷平台有可能引发区域性风险和系统风险。王紫薇认为中国现有的 P2P 网贷运行模式存在不完善的风险管理机制、不合理的利率水平以及缺乏保障制度等方面的不足。⑦ 许荣等剖析了网贷平台信息不对称风险、道德风险、操作风险和流动性风险，认为制约互联网金融发展的关键问题，重点在相关法律、

---

① 吕家进：《发展数字普惠金融的实践与思考》，《清华金融评论》2016 年第 12 期。

② 邱兆祥、向晓建：《数字普惠金融发展中所面临的问题及对策研究》，《金融理论与实践》2018 年第 1 期。

③ 曾之明：《论数字普惠金融发展对城乡居民收入差距影响》，《商学研究（双月刊）》2018 年第 5 期。

④ 董玉峰、赵晓明：《负责任的数字普惠金融：缘起、内涵与构建》，《南方金融》2018 年第 1 期。

⑤ 张贺、白钦先：《数字普惠金融减小了城乡收入差距吗？——基于中国省级数据的面板门槛回归分析》，《经济问题探索》2018 年第 10 期。

⑥ 姚金楼、王承萍、张宇：《"三农"领域发展数字普惠金融的调研与思考——基于供给侧结构性改革背景》，《金融纵横》2016 年第 6 期。

⑦ 王紫薇、袁中华、钟鑫：《中国 P2P 网络小额信贷运营模式研究》，《新金融》2012 年第 2 期。

法规的滞后。① 尹海员和王盼盼认为中国网贷行业在发展过程中存在虚假操作和欺诈、分散投资者的利益保护、交易信息不安全、信用风险时有发生、产品及平台机构的法律地位界定不明确等问题。② 常振芳认为网络借贷行业的信用市场环境不佳、投资者缺乏风险教育、大数据信息建设滞后以及法制环境落后等市场秩序问题。③ 另外，于瑾和杨泽锋通过研究得出，出借人和借款人的行为特征在 P2P 借贷利率的变化中是非常重要的因素。④

国外学者，如 Ivatury 和 Lyman 等提出，建设无网点银行的代理点可以迅速扩大贫困人口金融服务的范围，覆盖偏远贫困地区，满足贫困人口获取金融服务的需求；Ivatury 和 Mas 认为，发展数字普惠金融，构建全民金融服务系统，降低金融供给成本，以低廉价格满足贫困人口的金融服务需求。⑤⑥ 国外的监管在运行模式上，主要专注于流程中每个环节的精细控制，通过网络借贷平台对整个流程加以控制，进而可以降低网贷风险，降低坏账率。⑦⑧

国内学者如王慧认为规范互联网金融的技术体制及强化技术监管是互联网金融健康发展的必要保证。⑨ 张晓朴、廖愉平从加强行业监管、动态比例监管、原则性监管与规则性监管相结合等方面提出互联网金融

---

① 许荣、刘洋、文武健、徐昭：《互联网金融的潜在风险研究》，《金融监管研究》2014年第 3 期。

② 尹海员、王盼盼：《中国互联网金融监管现状及体系构建》，《财经科学》2015 年第 9 期。

③ 常振芳：《P2P 网贷创新与监管问题研究》，《经济问题》2017 年第 7 期。

④ 于瑾、杨泽锋：《P2P 金融借贷利率与逾期行为研究——基于 A 网贷平台数据追踪的实证检验》，《广西大学学报》（哲学社会科学版）2018 年第 1 期。

⑤ Ivatury G, Lyman T, Staschen S, 2006, "Use of Agents in Branchless Banking for the Poor: Rewards, Risks and Regulation", *Focus Note*, No. 10.

⑥ Ivatury G, Mas I, 2012, *The Early Experience with Branchless Banking*, Washington DC: CGAP. Press.

⑦ Michael Klafft, 2008, "Online Peer-to-peer Pending: A Lender Perspective", *Proceedings of the International Conference on E-Learning*, *E-Business*, Las Vegas CSREA Press.

⑧ Dongyu Chen, Chaodong Han, 2012, "A Comparative Study of Online P2P Lending in the USA and China", *Journal of Internet Banking and Commerce*, Vol. 17, No. 2.

⑨ 王慧：《履行央行职能，强化互联网金融科技监管》，《时代金融》2014 年第 4 期。

监管原则和具体措施。①② 俞林等提出了网络借贷行业的监管措施，包括建立行业内的统一信用评级系统、提倡理性投资、引入保险制度、鼓励监管创新、建立适宜的利率定价机制和市场进入、运行、退出机制等。③ 刘志阳和黄可鸿指出中国互联网金融监管应坚持"适度监管、分类监管、依法监管和负面清单管理"等基本准则，并在"一行三会"的监管框架下，分类逐步推进互联网金融微观审慎监管。④ 焦瑾璞深入研究了移动货币在账户开立、现金存取、支付转账、储蓄、信贷、保险等普惠金融相关领域中发挥的作用。⑤ 朱家祥等基于 2800 家网络借贷平台的数据建立了平台风险预警模型，为数字监管和实时监管提供了参考。⑥ 纵观以上参考文献，不难发现中国网贷平台出现、迅猛成长乃至发展壮大，有利于资源配置效率的提高。基于数字普惠金融的网贷平台，可以快速、便捷地服务中国社会各个阶层，尤其是弱势群体。但是目前中国网贷行业存在信息不对称、非法集资、欺诈及跑路等问题，一些国内外学者从不同的视角，从消费者权益保护、金融科技、新金融制度制定以及金融体系完善等方面做出了贡献。本书基于数字普惠金融的发展，以求防范网贷行业风险、促进网贷行业的健康发展进行剖析。

第二节　中国网贷平台发展及监管演进

一　中国网贷平台发展

2007 年，拍拍贷在上海成立，标志着中国第一家网贷平台的出现。

---

① 张晓朴：《互联网金融监管原则：探索新金融监管范式》，《金融监管研究》2014 年第 2 期。

② 廖愉平：《中国互联网金融发展及其风险监管研究》，《经济与管理》2015 年第 3 期。

③ 俞林、康灿华、王龙：《互联网金融监管博弈研究：以 P2P 网贷模式为例》，《南开经济研究》2015 年第 5 期。

④ 刘志阳、黄可鸿：《梯若尔金融规制理论和中国互联网金融监管思路》，《经济社会体制比较》2015 年第 2 期。

⑤ 焦瑾璞、孙天琦、黄亭亭、汪天都：《数字货币与普惠金融发展——理论框架、国际实践与监管体系》，《金融监管研究》2015 年第 7 期。

⑥ 朱家祥、沈艳、邹欣：《网络借贷：普惠？普骗？与监管科技》，《经济学（季刊）》2018 年第 4 期。

网贷平台中，P2P 网络借贷平台最为常见。早在 2006 年"P2P"这个概念引入中国，并迅速发展起来，通过这些年的发展，其收益性与稳定性已经得到了客户与市场的认可，但是也暴露出诸多弊端。网络平台的活动始终处于法律的边缘，缺乏对其监管的依据，借贷双方的资信状况难以完全认证，风险主要靠自己承担。此外，网贷平台疏于自律，可能出现非法集资现象。由于传统金融机构受到"二八"定律的约束，加之中小微企业"融资难，融资贵"问题日趋复杂，为网贷行业弥补传统金融机构的服务提供了巨大的机遇。网贷行业经过"野蛮生长"已成为普惠金融的重要组成部分。值得关注的是，网络借贷行业整体交易规模逐年剧增，但是增长率呈下降趋势（如图 4—1 所示）。

全国正常运营的网贷平台主要集中在广东、北京、上海、浙江等经济较发达的省市，每个地区的网贷平台数量均在 200 家以上，总数超过 1253 家，约占全国平台总量的 70%。据网贷之家数据显示，2017 年 12 月底累计出问题的 P2P 平台总数，已经超过了仍在运营的平台数量，P2P 网贷行业正在加速洗牌，集中度将进一步提升。2013—2018 年中国问题平台停业数量如图 4—2 所示。

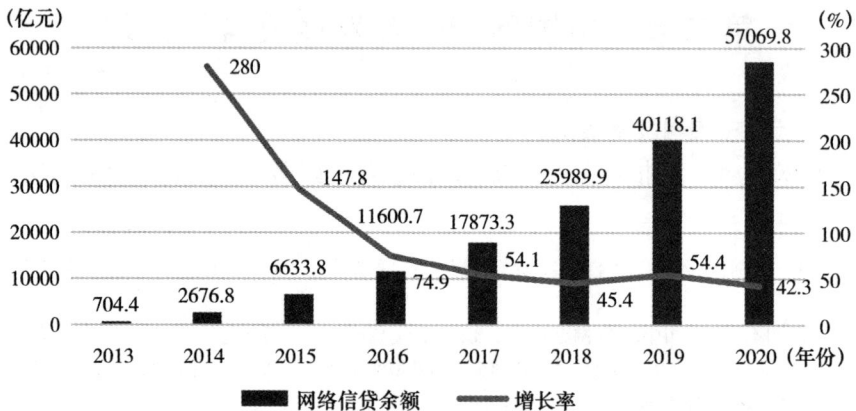

图 4—1　2013—2020 年中国网络信贷余额规模

数据来源：艾瑞咨询。

(家)

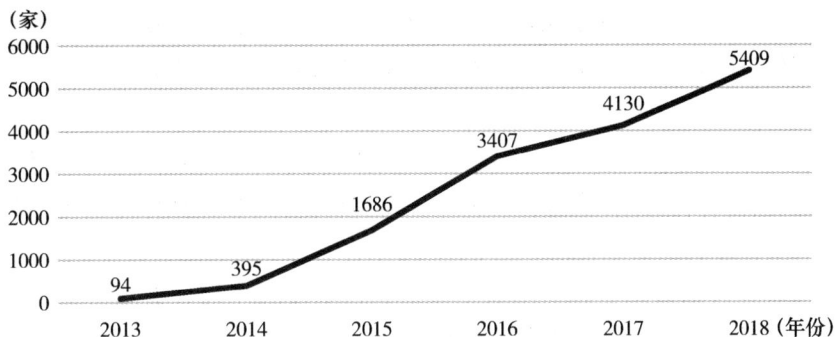

图 4—2　2013—2018 年中国问题平台停业数量

数据来源：网贷之家研究中心。

二　中国网贷业"强监管"的演进

2014 年，国务院将网贷监管纳入银监会的监管职责。2015 年国家相关金融监管部门明确了网贷平台的信息中介定位、业务规范和监管框架。2016 年 4 月国务院开始对 P2P 网贷行业进行全面整治。2016 年 8 月，银监会联合相关部门发布《网络借贷信息中介机构业务活动管理暂行办法》，明确了网贷平台的权利义务和违规风险，尤其是 13 条监管红线。2017 年 2 月，银监会正式下发《网络借贷资金存管业务指引》，明确规定委托人、存管人的责任与义务，要求存管人不承担借贷违约责任。2018 年有 848 家网贷平台出现问题（391 家跑路失联、277 家提现困难、85 家经侦介入、54 家暂停运营、29 家存在争议、7 家良性退出以及 5 家清盘），比 2017 年的问题网贷平台多了 254 家。2018 年对网贷行业积极开展了整顿验收工作。2018 年 8 月，国务院金融稳定发展委员会研究制定了网贷行业一些必要的监管标准，加快形成网贷行业的长效监管机制。2018 年国家相关金融监管部门对网贷行业进行了良性指引。

2019 年年底新冠肺炎疫情暴发，国内金融机构承担更加重要的稳经济、稳就业等任务，金融监管强化趋势有所放缓。中国金融监管体系充分发挥监督保障和服务经济发展等功能，较好地应对了新冠肺炎疫情的冲击，较好地保障了金融系统的稳定，较好地服务了疫情防控、复工复产和经济复苏。

（1）网络借贷领域风险持续收敛，互联网金融风险专项整治及互联网借贷风险监管取得决定性成果，截至 2020 年 11 月中旬实际运营网贷机构已完全归零。

（2）互联网平台及其业务监管进一步强化，反垄断监管实践深化，平台金融业务监管规范基本确立，网络互助平台领域整体面临重组，互联网贷款监管不断强化。

（3）多措并举有效应对大宗商品价格非理性上涨，着重打击异常交易与投机行为，以维持市场基本稳定。

（4）金融机构公司治理准则发布，党的领导与现代公司治理原则有效融合。

（5）第三方支付监管强化。自互联网金融风险专项整治开展以来，第三方支付领域已实现了客户备付金集中存管，非银行支付机构网络支付清算平台建设取得积极进展。

（6）房住不炒政策强化。房地产金融审慎管理制度出台，明确了重点房地产企业资金监测和融资管理规则，即"三条红线"，对于控制房地产开发商的有息负债规模、防控房地产泡沫化风险以及限制房企风险传染效应发挥了重要作用。

（7）金融法律制度持续完善。《金融控股公司监督管理试行办法》于 2020 年 11 月 1 日起实施，建立了金融控股公司监管框架，填补了金控监管的法律制度建设的不足，将有效遏制过度投资金融机构、监管套利、脱实向虚等，有利于防范化解关联性等金融风险。《系统重要性银行评估办法》于 2020 年 12 月 3 日正式颁布，对于把控系统重要性银行风险、保障金融体系稳定、防范化解系统性金融风险是重要的制度保障。

第三节　网贷市场三方演化博弈模型构建及阐释

一　网络借贷市场三方演化博弈模型构建

随着中国互联网金融不断发展，网贷平台问题频现，政府也逐步加强监管力度，使其从无序正在走向有序。首先某些网贷平台的服务缺乏诚信，屡屡失信，不能达到资金供给者的信用等级。其次，金融监管部门对网贷平台的严格监管力度不足，不能对网贷平台的诚信程度提供有效保证。在金融监管部门的"强监管"下，一些网贷平台提升其诚信程度和服务质量，达到金融监管部门的要求、满足资金供给者的信用等级。但资金供给者和网贷平台的平衡是动态的，因此金融监管部门的监管力度也是动态的，本书利用有限理性条件下的演化博弈理论分析金融监管部门、网贷平台、资金供给者三者之间的演化博弈问题，通过构建博弈模型进行探讨。

（一）模型假设

在网络借贷市场博弈模型中博弈参与主体为金融监管部门、网贷平台和资金供给者。金融监管部门的策略空间为严格监管程度：高等、中等和低等，网贷平台的策略空间为诚信服务程度：高等、中等和低等，资金供给者的策略空间为合作意愿程度：高等、中等和低等。

本书根据金融监管部门、网贷平台和资金供给者之间的关系建立如下假设：

基本假设一：博弈方是三方，即金融监管部门、网贷平台和资金供给者。其均为有限理性的经济人，为追求各自预期收益的最大化而不断努力，且收益是用某个效用尺度衡量。

基本假设二：在博弈过程中，资金供给者因信息不对称而处于劣势地位，出于本金收益高低的权衡考虑而选择自己相应的策略。由于网贷平台相对于资金供给者处于信息优势位置，所以网贷平台可以利用自身的信息优势，权衡不同策略的收益大小，先于资金供给者做出谋取最大收益的选择。由于资金供给者对网贷平台存在信息不对称，理性的网贷平台更重视资金供给者合作意愿、满意度和再投资率的提升，所以投入一定的时间和资金用于对资金供给者满意度的调查，以获得资金供给者合作意愿的依据，进而投入更多的资金用于提高或者维持资金供给者对网贷平台的满意度和再投资率。

基本假设三：在尚未健全的网贷平台服务体系措施下，网贷平台服务质量与资金供给者的满意度和再投资率是正相关的。如果没有金融监管部门的监督，网贷平台的服务质量不能逐步提升，资金供给者满意度和再投资率越来越低，如此循环往复，就必然导致网贷平台服务质量越来越差，信用等级越来越低，资金供给者合作的意愿越来越低，势必导致资金供给者再投资率将越来越低。

基本假设四：一方面，如果网贷平台服务盈利，网贷平台提供服务质量根据服务盈利空间无限上升；另一方面，如果网贷平台提供的服务质量达不到资金供给者的满意程度，或资金安全程度不能获得资金供给者的信任，资金供给者的再投资率下降，网贷平台就会逐渐失去资金供给者，造成损失以一定资金供给者数量为限。

基本假设五：如果金融监管部门严格监管网贷平台，金融监管部门的监管成本具体为：高严格监管程度 C_1，中严格监管程度 C_1'，低严格监管程度 0（在模型中视为不严格监管）。金融监管部门严格监管为自身带来的公信力提升具体为高严格监管程度 R_1，中严格监管程度 R_1'，金融监管部门不严格监管（即低严格监管程度）公信力损失 S_1''。其中，$C_1 > C_1' > 0$，$R_1 > R_1' > 0$。

基本假设六：资金供给者为满足自身需求愿意接受网贷平台的服务成本为 P，在网贷平台诚信服务能够保证服务质量的前提下，资金供给者获得收益具体为高意愿程度 Q_1，中意愿程度 Q_2，以及低意愿程度 0（即网贷平台不诚信合作，视为违约，在模型中资金供给者不能确定网贷平台是否诚信，所以视为被动不接受服务，也即被违约），其中，$Q_1 > Q_2 > 0$。

基本假设七：网贷平台诚信服务提供金融服务的成本可依据诚信程度具体分为，高诚信服务程度 C_2，中诚信服务程度 C_2'，以及低诚信服务程度 C_2''（在模型中视为不诚信服务，即不诚信合作，也即违约）。其中，$C_2 > C_2' > C_2'' > 0$。网贷平台提供金融服务不论其诚信程度如何，收益均为 P，诚信服务为自己带来的有利影响为 R_2；诚信程度不足为自己带来的不利影响根据程度分别为中诚信服务程度 S_2' 和低诚信服务程度 S_2''，并且要接受金融监管部门罚金 G' 和 G''，以及赔偿资金供给者 K' 和 K''。其中，$S_2' > S_2'' > 0$，$K' > K'' > 0$。

根据以上假设，我们可以构建出金融监管部门、网贷平台和资金供给者之间的博弈策略矩阵（如表 4—1 所示）。

表4—1　　金融监管部门、网贷平台和资金供给者之间的博弈策略矩阵

金融监管部门	网贷平台	资金供给者		
		高意愿程度	中意愿程度	低意愿程度（被动不接受，即被违约）
高严格监管程度	高诚信服务程度	$P-C_2+R_2$, Q_1-P, R_1-C_1	$P-C_2-R_2$, Q_2-P, R_1-C_1	$0,0,R_1-C_1$
	中诚信服务程度	$P-C_2{}'-S_2{}'-K'-G'$, Q_1-P+K', R_1-C_1+G'	$P-C_2{}'-S_2{}'-K'-G'$, Q_2-P+K', R_1-C_1+G'	$0,0,R_1-C_1+G'$
	低诚信服务程度（不诚信合作，即违约）	$P-C_2{}''-S_2{}''-K''-G''$, Q_1-P+K'', R_1-C_1+G''	$P-C_2{}''-S_2{}''-K''-G''$, Q_2-P+K'', R_1-C_1+G''	$0,0,R_1-C_1+G''$
中严格监管程度	高诚信服务程度	$P-C_2+R_2$, Q_1-P, $R_1{}'-C_1{}'$	$P-C_2+R_2$, Q_2-P, $R_1{}'-C_1{}'$	$0,0,R_1{}'-C_1{}'$
	中诚信服务程度	$P-C_2{}'-S_2{}'-K'-G'$, Q_1-P+K', $R_1{}'-C_1{}'+G'$	$P-C_2{}'-S_2{}'-K'-G'$, Q_2-P+K', $R_1{}'-C_1{}'+G'$	$0,0,R_1{}'-C_1{}'+G'$
	低诚信服务程度（不诚信合作，即违约）	$P-C_2{}''-S_2{}''-K''-G''$, Q_1-P+K'', $R_1{}'-C_1{}'+G''$	$P-C_2{}''-S_2{}''-K''-G''$, Q_2-P+K'', $R_1{}'-C_1{}'+G''$	$0,0,R_1{}'-C_1{}'+G''$
低严格监管程度	高诚信服务程度	$P-C_2+R_2$, Q_1-P, $-S_1{}''$	$P-C_2+R_2$, Q_2-P, $-S_1{}''$	$0,0,-S_1{}''$
	中诚信服务程度	$P-C_2{}'-S_2{}'$, Q_1-P, $-S_1{}''$	$P-C_2{}'-S_2{}'$, Q_2-P, $-S_1{}''$	$0,0,-S_1{}''$
	低诚信服务程度（不诚信合作，即违约）	$P-C_2{}''-S_2{}''$, Q_1-P, $-S_1{}''$	$P-C_2{}''-S_2{}''$, Q_2-P, $-S_1{}''$	$0,0,-S_1{}''$

（二）模型构建

假设网贷平台选择"诚信服务"策略的概率分别为高诚信服务程度 x_1，中诚信服务程度 x_2，以及低诚信服务程度（不诚信，即违约）x_3；资金供给者选择"接受服务"的概率分别为高意愿程度 y_1，中意愿程度 y_2，以及低意愿程度（不接受服务，即被违约）y_3；金融监管部门选择"严格监管"的概率分别为高严格监管程度 z_1，中严格监管程度 z_2，低严格监管程度（不严格监管）z_3。其中，$x_1 + x_2 + x_3 = 1$，$y_1 + y_2 + y_3 = 1$，$z_1 + z_2 + z_3 = 1$。下面分别计算网贷平台、资金供给者与金融监管部门的期望收益及平均收益。设网贷平台选择"高诚信服务程度""中诚信服务程度"和"低诚信服务程度"策略的期望收益分别为式（4.1）—式（4.3），网贷平台的平均收益为式（4.4）；资金供给者选择"高意愿程度""中意愿程度"和"低意愿程度"策略的期望收益分别为式（4.5）—式（4.7），资金供给者的平均收益为式（4.8）；金融监管部门选择"高严格监管程度""中严格监管程度"和"低严格监管程度"策略的期望收益分别为式（4.9）—式（4.11），金融监管部门的平均收益为式（4.12）。

$$
\begin{aligned}
U_1 &= (P - C_2 + R_2) \times (1 - y_3)z_1 + (P - C_2 + R_2) \times \\
&\quad (1 - y_3)z_2 + (P - C_2 + R_2) \times (1 - y_3)z_3 \\
&= (P - C_2 - R_2) \times (1 - y_3)
\end{aligned}
\tag{4.1}
$$

$$
\begin{aligned}
U_2 &= (P - C_2' - S_2' - K' - G') \times (1 - y_3)z_1 + \\
&\quad (P - C_2' - S_2' - K' - G') \times (1 - y_3)z_2 + \\
&\quad (P - C_2' - S_2') \times (1 - y_3)z_3 \\
&= (P - C_2' - S_2' - K' - G') \times (1 - y_3) \times \\
&\quad (1 - z_3) + (P - C_2' - S_2') \times (1 - y_3)z_3
\end{aligned}
\tag{4.2}
$$

$$
\begin{aligned}
U_3 &= (P - C_2'' - S_2'' - K'' - G'') \times (1 - y_3)z_1 + \\
&\quad (P - C_2'' - S_2'' - K'' - G'') \times (1 - y_3)z_2 + \\
&\quad (P - C_2'' - S_2'') \times (1 - y_3)z_3 \\
&= (P - C_2'' - S_2'' - K'' - G'') \times (1 - y_3) \times \\
&\quad (1 - z_3) + (P - C_2'' - S_2'') \times (1 - y_3)z_3
\end{aligned}
\tag{4.3}
$$

$$U_{需} = x_1 U_1 + x_2 U_2 + x_3 U_3 = (P - C_2 - R_2)x_1(1 - y_3) +$$
$$x_2(1 - y_3)[(P - C_2' - S_2' - K' - G') \times (1 - z_3) + (P - C_2' - S_2')z_3] +$$
$$x_3(1 - y_3)[(P - C_2'' - S_2'' - K'' - G'') \times (1 - z_3) + (P - C_2'' - S_2'')z_3]$$
$$(4.4)$$

$$U_4 = (Q_1 - P(x_1(z_1 + z_2 + z_3(+ (Q_1 - P + K'(x_2(1 - z_3(+ $$
$$(Q_1 - P(x_2 z_3 + (Q_1 - P + K''(x_3(1 - z_3(+ (Q_1 - P(x_3 z_3$$
$$= (Q_1 - P(x_1 + (Q_1 - P((x_2 + x_3(z_3 + $$
$$(1 - z_3)[(Q_1 - P + K')x_2 + (Q_1 - P + K'')x_3]$$
$$= (Q_1 - P)[x_1 + (x_2 + x_3)z_3] + $$
$$(1 - z_3)[(Q_1 - P + K')x_2 + (Q_1 - P + K'')x_3] \qquad (4.5)$$

$$U_5 = (Q_2 - P)x_1(z_1 + z_2 + z_3) + (Q_2 - P + K')x_2(1 - z_3) +$$
$$(Q_2 - P)x_2 z_3 + (Q_2 - P + K'')x_3(1 - z_3) + (Q_2 - P)x_3 z_3$$
$$= (Q_2 - P)[x_1 + (x_2 + x_3)z_3] +$$
$$(1 - z_3)[(Q_2 - P + K')x_2 + (Q_2 - P + K'')x_3] \qquad (4.6)$$

$$U_6 = 0 \qquad (4.7)$$

$$U_{供} = y_1 U_4 + y_2 U_5 + y_3 U_6$$
$$= y_1\{(Q_1 - P)[x_1 + (x_2 + x_3)z_3] + (1 - z_3)[(Q_1 - P + K')x_2 +$$
$$(Q_1 - P + K'')x_3]\} + y_2\{(Q_2 - P)[x_1 + (x_2 + x_3)z_3] +$$
$$(1 - z_3)[(Q_2 - P + K')x_2 + (Q_2 - P + K'')x_3]\} \qquad (4.8)$$

$$U_7 = (R_1 - C_1)x_1 + (R_1 - C_1 + G')x_2 + (R_1 - C_1 + G'')x_3$$
$$= (R_1 - C_1) \times (x_1 + x_2 + x_3) + G'x_2 + G''x_3$$
$$= R_1 - C_1 + G'x_2 + G''x_3 \qquad (4.9)$$

$$U_8 = (R_1' - C_1')x_1 + (R_1' - C_1' + G')x_2 + (R_1' - C_1' + G'')x_3$$
$$= (R_1' - C_1') \times (x_1 + x_2 + x_3) + G'x_2 + G''x_3$$
$$= R_1' - C_1' + G'x_2 + G''x_3 \qquad (4.10)$$

$$U_9 = -S_1'' \qquad (4.11)$$

$$U_{管} = z_1 U_7 + z_2 U_8 + z_3 U_9$$
$$= z_1(R_1 - C_1 + G'x_2 + G''x_3) +$$
$$z_2(R_1' - C_1' + G'x_2 + G''x_3) - z_3 S_1'' \qquad (4.12)$$

根据 Malthusian 动态方程，用上述 U_1、U_2、U_3、$U_{需}$ 和 U_4、U_5、U_6、$U_{供}$ 以及 U_7、U_8、U_9 和 $U_{管}$ 得出网贷平台、资金供给者和金融监管部门三

个群体交往随时间演化的动力学方程过于复杂，故将模型简化为：

假设网贷平台选择"诚信服务"策略的概率分别为诚信服务 x 和不诚信服务 $(1-x)$；资金供给者选择"接受服务"的概率分别为接受服务 y 和不接受服务 $(1-y)$；金融监管部门选择"严格监管"的概率分别为严格监管 z 和不严格监管 $(1-z)$。再计算出网贷平台、资金供给者与金融监管部门的期望收益及平均收益。设网贷平台选择"诚信服务"和"不诚信服务"策略的期望收益分别为 U_1' 和 U_3'，网贷平台的平均收益为 $U_需'$；资金供给者选择"高意愿"和"无意愿"策略的期望收益分别为 U_4' 和 U_6'，资金供给者的平均收益为 $U_供'$；金融监管部门选择"严格监管"和"不严格监管"策略的期望收益分别为 U_7' 和 U_9'，金融监管部门的平均收益为 $U_管'$。根据以上假设，再构建出金融监管部门、网贷平台和资金供给者之间的简化博弈策略矩阵（如表4—2所示）。

表4—2　　　　金融监管部门、网贷平台和资金供给者之间的
简化博弈策略矩阵

金融监管部门	网贷平台	资金供给者	
		高意愿（接受服务）	无意愿（被动不接受服务，即被违约）
严格监管	诚信服务	$P - C_2 + R_2$, $Q_1 - P$, $R_1 - C_1$	0, 0, $R_1 - C_1$
	不诚信服务（不诚信合作，即违约）	$P - C_2'' - S_2'' - K'' - G''$, $Q_1 - P + K''$, $R_1 - C_1 + G''$	0, 0, $R_1 - C_1 + G''$
不严格监管	诚信服务	$P - C_2 + R_2$, $Q_1 - P$, $-S_1''$	0, 0, $-S_1''$
	不诚信服务（不诚信合作，即违约）	$P - C_2'' - S_2''$, $Q_1 - P$, $-S_1''$	0, 0, $-S_1''$

$$U_1' = (P - C_2 + R_2)yz + (P - C_2 + R_2)y(1 - z)$$
$$= (P - C_2 - R_2)y$$
$$U_3' = (P - C_2'' - S_2'' - K'' - G'')yz + (P - C_2'' - S_2'')y(1 - z)$$
$$= (P - C_2'' - S_2'')y - (K'' + G'')yz$$
$$U_{需}' = xU_1' + (1 - x)U_3'$$
$$= (P - C_2 - R_2)xy + (1 - x)$$
$$[(P - C_2'' - S_2'')y - (K'' + G'')yz]$$
$$U_4' = (Q_1 - P)xz + (Q_1 - P + K'')(1 - x)z +$$
$$(Q_1 - P)x(1 - z) + (Q_1 - P)(1 - x)(1 - z)$$
$$= (Q_1 - P)x + (Q_1 - P)(1 - x) + K''(1 - x)z$$
$$U_6' = 0$$
$$U_{供}' = yU_4' + (1 - y)U_6'$$
$$= (Q_1 - P)xy + (Q_1 - P)(1 - x)y + K''(1 - x)yz$$
$$U_7' = (R_1 - C_1)x + (R_1 - C_1 + G'') \times (1 - x)$$
$$= R_1 - C_1 + G''(1 - x)$$
$$U_9' = - S_1''$$
$$U_{管}' = zU_7' + (1 - z)U_9'$$
$$= z[R_1 - C_1 + G''(1 - x)] - S_1''(1 - z)$$

根据上述 U_1'、U_3'、$U_{需}'$ 和 U_4'、U_6'，$U_{供}'$以及 U_7'、U_9' 和 $U_{管}'$，基于 Malthusian 动态方程得出网贷平台、资金供给者和金融监管部门 3 个群体交往随时间演化的动力学方程：

$$
\begin{cases}
F = \dfrac{dx}{dt} = x(U_1' - U_{需}') \\
\quad = x\{(P - C_2 - R_2)y - (P - C_2 - R_2)xy - (1 - x) \\
\quad\quad [(P - C_2'' - S_2'')y - (K'' + G'')yz]\} \\
\quad = x(1 - x)[C_2 - R_2 + C_2'' + S_2'' + (K'' + G'')z]y \\
G = \dfrac{dy}{dt} = y(U_4' - U_{供}') \\
\quad = y[(Q_1 - P)x + (Q_1 - P)(1 - x) + K''(1 - x)z - (Q_1 - P)xy - \\
\quad\quad (Q_1 - P)(1 - x)y - K''(1 - x)yz] \\
\quad = y(1 - y)[(Q_1 - P)x + (Q_1 - P)(1 - x) + K''(1 - x)z] \\
\quad = y(1 - y)[Q_1 - P + K''(1 - x)z] \\
H = \dfrac{dz}{dt} = z(U_7' - U_{管}') \\
\quad = z[R_1 - C_1 + G''(1 - x) - z[R_1 - C_1 + G''(1 - x)] + S_1''(1 - z)] \\
\quad = z(1 - z)[R_1 - C_1 + G''(1 - x) + S_1'']
\end{cases}
$$

$$(4.13)$$

设上述动力学方程的雅克比矩阵为 $J = \begin{vmatrix} J_1 & J_2 & J_3 \\ J_4 & J_5 & J_6 \\ J_7 & J_8 & J_9 \end{vmatrix}$，其中，

$$J_1 = \frac{\partial F}{\partial x} = (1 - 2x)y[C_2 - R_2 + C_2'' + S_2'' + (K'' + G'')z]$$

$$J_2 = \frac{\partial F}{\partial y} = x(1 - x)[C_2 - R_2 + C_2'' + S_2'' + (K'' + G'')z]$$

$$J_3 = \frac{\partial F}{\partial z} = x(1 - x)y(K'' + G'')$$

$$J_4 = \frac{\partial G}{\partial x} = -y(1 - y)K''z$$

$$J_5 = \frac{\partial G}{\partial y} = (1 - 2y)[Q_1 - P + K''(1 - x)z]$$

$$J_6 = \frac{\partial G}{\partial z} = K''(1 - x)y(1 - y)$$

$$J_7 = \frac{\partial H}{\partial x} = -z(1 - z)G''$$

$$J_8 = \frac{\partial H}{\partial y} = 0$$

$$J_9 = \frac{\partial H}{\partial z} = (1 - 2z)[R_1 - C_1 + G''(1 - x) + S_1'']$$

二　模型的渐进稳定性

由复制动态方程（1）可知，该系统的均衡点为 $E_1(1,1,1), E_2(1, 0,0), E_3(0,1,0), E_4(0,0,1), E_5(1,1,0), E_6(1,0,1), E_7(0,1,1), E_8(0, 0,0)$ 及 $E_9(x^*, y^*, z^*)$ 其中 (x^*, y^*, z^*) 是方程组（2）的解。[①]

$$\begin{cases} C_2 - R_2 + C_2'' + S_2'' + (K'' + G'')z = 0 \\ Q_1 - P + K''(1 - x)z = 0 \\ R_1 - C_1 + G''(1 - x) + S_1'' = 0 \end{cases} \quad (4.14)$$

由于多群体演化博弈复制动态系统的渐进的稳定解一定是严格的纳

---

① 谢识予：《有限理性条件下的进化博弈理论》，《上海财经大学学报》2001 年第 5 期。

什均衡，因此我们只需考虑均衡点 E_1—E_8，当 $y=0$ 时，资金供给者不到网贷平台接受服务，没有实质性的经济活动发生，因此不需要考虑点 E_2、E_4、E_6、E_8。

我们首先分析均衡点 E_1 $(1, 1, 1)$，此时，

$$J = \begin{vmatrix} -(C_2 - R_2 + C_2'' + S_2'' + K'' + G'') & 0 & 0 \\ 0 & P - Q_1 & 0 \\ 0 & 0 & -(R_1 - C_1 + S_1'') \end{vmatrix}$$

根据李雅普诺夫间接法，得命题1。

命题1：（1）当 $-(C_2 - R_2 + C_2'' + S_2'' + K'' + G'')$，$P - Q_1$，$-(R_1 - C_1 + S_1'')$ 都是负数时，均衡点 $E_1(1,1,1)$ 是演化稳定策略；（2）当 $-(C_2 - R_2 + C_2'' + S_2'' + K'' + G'')$，$P - Q_1$，$-(R_1 - C_1 + S_1'')$ 都是正数时，$E_1(1,1,1)$ 是不稳定点；（3）当 $-(C_2 - R_2 + C_2'' + S_2'' + K'' + G'')$，$P - Q_1$，$-(R_1 - C_1 + S_1'')$ 有 1 个或 2 个是正数时，$E_1(1,1,1)$ 是鞍点。

当网贷平台选择诚信服务（合作）的成本与不诚信服务（违约）的成本之差小于一个定值时，网贷平台选择诚信服务（合作，即不违约）；资金供给者接受网贷平台提供的服务获得的各种收益比预期的旅行成本大时，资金供给者有意愿接受服务；当金融监管部门选择严格监管的成本小于一个定值时，金融监管部门会选择严格监管。

依据相同方法分析 E_3、E_5、E_7。得到：

当均衡点取 E_3 $(0, 1, 0)$ 时，

$$J = \begin{vmatrix} C_2 - R_2 + C_2'' + S_2'' & 0 & 0 \\ 0 & P - Q_1 & 0 \\ 0 & 0 & R_1 - C_1 + G'' + S_1'' \end{vmatrix}$$

当均衡点取 $E_5(1,1,0)$ 时，

$$J = \begin{vmatrix} -(C_2 - R_2 + C_2'' + S_2'' + K'' + G'') & 0 & 0 \\ 0 & P - Q_1 & 0 \\ 0 & 0 & R_1 - C_1 + S_1'' \end{vmatrix}$$

当均衡点取 $E_7(0,1,0)$ 时，

$$J = \begin{vmatrix} C_2 - R_2 + C_2{}'' + S_2{}'' & 0 & 0 \\ 0 & P - Q_1 & 0 \\ 0 & 0 & -(R_1 - C_1 + G'' + S_1{}'') \end{vmatrix}$$

同理可得命题2—命题4。

命题2：(1) 当 $C_2 - R_2 + C_2{}'' + S_2{}''$ ，$P - Q_1$ ，$R_1 - C_1 + G'' + S_1{}''$ 都是负数时，均衡点 $E_3(0,1,0)$ 是复制动态系统的演化稳定策略；(2) 当 $C_2 - R_2 + C_2{}'' + S_2{}''$ ，$P - Q_1$ ，$R_1 - C_1 + G'' + S_1{}''$ 都是正数时，$E_3(0,1,0)$ 是不稳定点；(3) 当 $C_2 - R_2 + C_2{}'' + S_2{}''$ ，$P - Q_1$ ，$R_1 - C_1 + G'' + S_1{}''$ 中有1个或2个正数时，$E_3(0,1,0)$ 是鞍点。

当网贷平台诚信服务（合作）为自己带来的有利影响与成本之差小于一个定值时，网贷平台选择不诚信服务（违约）；资金供给者接受网贷平台提供的服务获得的各种收益比预期的旅行成本大时，资金供给者则有高意愿接受服务；当金融监管部门在严格监管的情况下给自己带来的有利影响与罚金之和小于一个定值时，金融监管部门选择不严格监管。

命题3：(1) 当 $-(C_2 - R_2 + C_2{}'' + S_2{}'' + K'' + G'')$ ，$P - Q_1$ ，$R_1 - C_1 + S_1{}''$ 都是负数时，均衡点 $E_5(1,1,0)$ 是复制动态系统的演化稳定策略；(2) 当 $-(C_2 - R_2 + C_2{}'' + S_2{}'' + K'' + G'')$ ，$P - Q_1$ ，$R_1 - C_1 + S_1{}''$ 都是正数时，$E_5(1,1,0)$ 是不稳定点；(3) 当 $-(C_2 - R_2 + C_2{}'' + S_2{}'' + K'' + G'')$ ，$P - Q_1$ ，$R_1 - C_1 + S_1{}''$ 中有1个或2个正数时，$E_5(1,1,0)$ 是鞍点。

当网贷平台诚信服务为自己带来的有利影响与成本之差大于一个定值时，网贷平台选择诚信服务（合作）；资金供给者接受网贷平台提供的服务获得的各种收益比预期的旅行成本大时，资金供给者有意愿接受服务；当金融监管部门选择严格监管的成本大于一个定值时，金融监管部门会选择不严格监管。

命题4：(1) 当 $C_2 - R_2 + C_2{}'' + S_2{}''$ ，$P - Q_1$ ，$-(R_1 - C_1 + G'' + S_1{}'')$ 都是负数时，均衡点 $E_7(0,1,0)$ 演化稳定策略；(2) 当 $C_2 - R_2 + C_2{}'' + S_2{}''$ ，$P - Q_1$ ，$-(R_1 - C_1 + G'' + S_1{}'')$ 都是正数时，$E_7(0,1,0)$ 是不稳定点；(3) 当 $C_2 - R_2 + C_2{}'' + S_2{}''$ ，$P - Q_1$ ，$-(R_1 - C_1 + G'' + S_1{}'')$ 中有1

个或 2 个正数时，$E_7(0,1,0)$ 是鞍点。

当网贷平台选择诚信服务的成本与不诚信服务的成本之差大于一个定值时，网贷平台选择不诚信服务（违约）；当资金供给者接受网贷平台提供的服务获得的收益与获得软性的心理信任以及硬性的如金融监管部门对网贷平台因违约而受到的惩罚措施等之和大于服务价格时，即资金供给者仍对网贷平台怀有信心时，资金供给者选择接受网贷平台提供的服务；当金融监管部门在严格监管的情况下给自己带来的有利影响与罚金之和大于一个定值时，金融监管部门选择严格监管。本书在假定网贷平台的诚信服务质量不高与金融监管部门的监管不力的情形下进行了博弈分析，构造了金融监管部门、网贷平台、资金供给者三方演化博弈的策略矩阵，并以此为依据建立了复制动态系统，求出了均衡点，并对均衡点的稳定性进行了分析（如图 4—3 所示）。

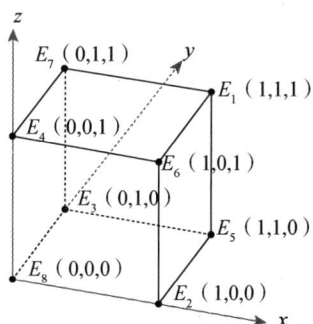

图 4—3　复制动态系统均衡点变动空间

经过分析发现，当条件发生变化时，均衡点的稳定性也随之发生变化。如果 $y=0$，即资金供给者对服务不接受则复制动态系统是无意义的，因此舍去 $y=0$ 的均衡点，对不同的条件，该系统有可能收敛于四种模式：(1, 1, 1)，(0, 1, 0)，(1, 1, 0)，(0, 1, 1)，是系统的演化稳定策略。其中第一种模式 (1, 1, 1)，即网贷平台诚信服务（不违约）、资金供给者愿意接受服务、金融监管部门严格监管是系统的理想模式。因此，应通过参数的变动引导系统朝理想化的模式演化（如图 4—4 所示）。

基于金融监管部门、网贷平台、资金供给者三方演化博弈模型的构

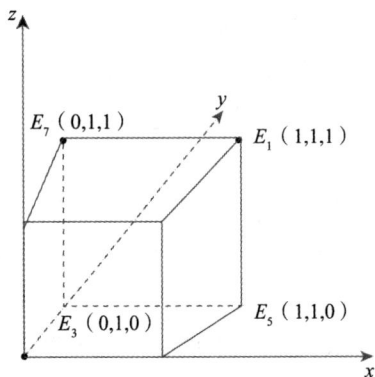

图4—4　复制动态系统的动态演进路线

建。表明：网贷平台应在恪守合法合规底线的同时，不断提高自身的金融服务水平。网贷平台的服务态度、服务水平、履约程度及口碑直接影响着资金供给者对其的信任程度以及是否会选择该网贷平台。因此，网贷平台要重视服务质量和履约水平，使资金供给者信赖；金融监管部门要对网贷平台加强监管。金融监管部门应加大惩罚力度，并要严格执行，提高网贷平台的违约成本，使网贷平台慑于金融监管部门的惩罚。同时要对诚信服务的网贷平台进行奖励，帮助其扩大宣传力度，从侧面降低其履约成本，以提高网贷平台诚信服务的积极性。

另外，如果网贷平台诚信合作的资金获取成本大于其违约的资金获取成本，加上金融监管部门相应的法律法规滞后给资金需求者提供违约的空间，导致网贷平台能够通过违约获得比诚信履约更多的收益，这是部分网贷平台非法集资的缘由。

第四节　研究结论

基于以上博弈模型分析，得出以下几点结论：

（一）网贷平台与资金供给方均选择诚信合作（不违约），才有可能达到均衡点，产生协同效应。网贷平台诚信服务（不违约）、资金供给方愿意接受服务（诚信合作）、金融监管部门严格监管，是该博弈的纳什均衡，也是资金供给方与网贷平台双方展开合作的均衡点。这样才能保证网贷平台经营者获得收益。

（二）基于货币当局对利率水平设置的波动区间，网贷平台提供适度收益率，达到资金供给方期望的收益，资金供给方才愿意提供资金。如果网贷平台盲目地对资金供给方提高利息率，会吸引资金供给者，必然给资金需求方带来高成本的资金。如果金融监管部门相应的法律法规滞后给资金需求方提供违约的空间，势必导致资金需求方违约铤而走险，受到非法集资的利诱，网贷平台出现问题呈现常态化趋势。

（三）金融监管部门应在不断加大监管处罚力度的同时，注重对力度的把握，该力度的把握的关键在于满足唯一的必要条件：资金供给方付出的本金小于或等于资金需求方因违约而支付的违约金，只有这样资金需求方才不敢违约，违约产生的"利"才不足以吸引资金需求方做出违约或非法行为。因此，货币当局应对网贷平台的利率水平加以控制，保持在一个合理的利率波动区间，使资金供给者获得正当合理的收益，资金需求者获得适度成本的资金。金融监管部门应不断出台相应的监管细则，最大限度保护资金供给者的合法权益。

第五章

中国数字普惠金融的省域
差异及影响因素

近年来，互联网金融的急速发展，拓宽了数字普惠金融的服务范围，提高了普惠金融的触及能力。本书汇总并分析了 2006 年至 2015 年期间中国各省、市、自治区的面板数据，选择科学的指标，构建数字普惠金融体系，运用变异系数法和加权几何平均法，实证分析三大经济带互联网使用状况对数字普惠金融发展水平的影响。研究表明，互联网的使用显著提升了中国数字普惠金融指数，经济发展水平、人口因素、金融认知程度都与此有着密切的关系，城乡收入差距扩大会减小数字普惠金融的发展程度。中国有必要从实际国情出发，构建起完善的数字普惠金融指标体系，充分运用好信息技术与计算机技术，健全各项相关金融法规，实现数字普惠金融的健康发展。

第一节　数字普惠金融指数的编制解释

基于 2016 年 G20 杭州峰会提出的《G20 数字普惠金融高级原则》，本书拟采用中国 31 个省份 2006—2015 年的面板数据，构建 2011—2015 年中国数字普惠金融指标体系，并在此基础上使用回归模型，找出数字普惠金融的影响因素。

一　数据来源和指标选取

本书主要依照普惠金融全球合作伙伴（GPFI）制定的普惠金融指标体系，结合 2016 年北京大学互联网金融研究中心发布的《北京大学数字普惠金融指数（2011—2015）》，在这一过程中，综合了普惠金融在中国的发展实情，充分考虑了数据的可靠性及可获得性，从覆盖广度、使用深度和数字支持服务程度三个一级维度，构建起相应的指标体系，所涉及的指标数量为 16 个，就全国各省、市、自治区的数字普惠金融发展状况而构建起指标，从而更为详尽而全面地体现出数字普惠金融的现实状况。具体指标体系见表5—1。

表 5—1　　　　　　　　　　数字普惠金融指标体系①

一级维度	二级维度	具体指标
覆盖广度	账户覆盖率	每万人可获得的金融机构数
		金融从业人员数
		每万平方公里拥有的金融机构数
使用深度	支付业务	人均存贷款余额与人均城乡居民储蓄
		人均支付金额
		高频度活跃用户数（年活跃 150 次以上占比）
	保险业务	每万人被保险用户数
		人均保险笔数
		人均保险金额
	投资业务	每万人支付宝用户中参与互联网投资理财人数
		人均投资笔数
		人均投资金额
数字支持服务程度	便利性	移动支付笔数占比
		移动支付金额占比
	金融服务成本	小微经营者平均贷款利率
		个人平均贷款利率

---

① 本书选取的样本涵盖中国 31 个省（市、自治区），时间跨度为 2011—2015 年，统计数据来源于历年《中国区域经济统计年鉴》、各省《区域金融运行报告》以及历年各省市统计年鉴、Wind 数据库、中国经济与社会发展统计数据库等，文章还借助新浪财经以及"蚂蚁金服金融研究院"（https：//research. antgroup. com）等第三方机构公开的网络数据。香港、澳门、台湾地区由于指标体系口径不一、数据缺失，因此在此不作相关分析。

二　指标的无量纲化处理和权重的确定

由于原始数据的计量单位、计算口径不一致，因此在实际指标计算前，需要对各项数据进行无量纲化处理，引入优化后的功效函数从而实现这一过程。这和大部分学者提出的主观权重赋值法有很大不同，如果变异程度比较大，则意味着这一指标所对应的体系值更具有解释力，获得更大的权重。计算过程如下：

第一步：计算指标变异系数。

$$CV_i = \frac{S_i}{\bar{x}_i}, i = 1,2,3\cdots \qquad (5.1)$$

其中，S_i 为各指标标准差，$\bar{x}_i$ 为各指标均值。然后，对各个指标变异系数进行归一化处理，计算各指标权重。

第二步：各指标权重计算。

$$q_i = \frac{CV_i}{\sum\limits_{i=1}^{n} CV_i}, i = 1,2,3\cdots \qquad (5.2)$$

第三步：归一化处理。

$$d_i = \frac{q_i \times (x_i - MIN_i)}{MAX_i - MIN_i} \qquad (5.3)$$

x_i 为指标的实际观测值，MIN_i 为第 i 个指标的最小观测值，MAX_i 为第 i 个指标的最大观测值。

指标权重的计算结果如表 5—2 和表 5—3 所示。从指标体系权重角度分析，账户覆盖率占比最高，支付业务和保险业务占比相当，差异性不明显，投资业务稍稍落后。对于数字支持服务程度而言，便利性指标的权重远高于金融服务成本指标。由权重值的比较，首先可以发现，在数字普惠金融发展的过程中，每万人可获得金融机构数权重最高，表明提高金融机构覆盖度可以显著增强数字普惠金融发展水平，账户覆盖率仍然是影响数字普惠金融发展指标的重要因素。其次，中国保险指标权重占比较银行指标占比较低，发展空间较大，通过提高农户被保险率有利于发展数字普惠金融。最后，数字支持服务程度虽然在三个指标中占比最低，但随着中国互联网金融的普及以及数字技术的不断进步，数字普惠金融的重要性日益显现。

表5—2　　　　　　　　　　　各维度权重值

一级维度	二级维度	具体指标	权重
覆盖广度 (0.337)	账户覆盖率 (0.337)	每万人可获得的金融机构数	0.157
		金融从业人员数	0.101
		每万平方公里拥有的金融机构数	0.079
使用深度 (0.516)	支付业务 (0.195)	人均存贷款余额与人均城乡居民储蓄	0.066
		人均支付金额	0.027
		高频度活跃用户数（年活跃150次以上占比）	0.102
	保险业务 (0.197)	每万人被保险用户数	0.067
		人均保险笔数	0.079
		人均保险金额	0.051
	投资业务 (0.124)	每万人支付宝用户中参与互联网投资理财人数	0.001
		人均投资笔数	0.058
		人均投资金额	0.065
数字支持 服务程度 (0.156)	便利性 (0.111)	移动支付笔数占比	0.059
		移动支付金额占比	0.052
	金融服务成本 (0.45)	小微经营者平均贷款利率	0.030
		个人平均贷款利率	0.015

三　数字普惠金融指数的合成

本书在对指标进行合成处理的时候运用了几何加权平均法，不仅能够有效消除主观赋权所产生的随意性，还能够使评价值不高的指数对数字普惠金融指标的影响得以凸显，同时也方便拉开各省数字普惠金融指标的差异。具体指标如表5—3所示。

根据本书借鉴上述联合国文件的研究成果，使用联合国开发计划署UNDP编制的人类发展指数的方法（欧氏距离法）对各省数字普惠金融指数进行测算：

$$DIFI_{it} = 1 - \frac{\sqrt{(w_{1t} - d_{1t})^2 + (w_{2t} - d_{2t})^2 + \cdots + (w_{kt} - d_{kt})^2}}{\sqrt{w_{1t}^2 + w_{2t}^2 + \cdots + w_{kt}^2}} \quad (5.4)$$

　　其中，k 表示选取指标的维度，t 表示年份，下同；$DIFI_{it}$ 为第 i 个省份普惠金融指数，$DIFI_{it} \in [0, 1]$，数字普惠金融指数越大表明其发展状况越好；w_{kt} 表示第 t 年的权重；d_{kt} 为第 k 个维度第 t 年的测度值。

表 5—3　　　　2006—2015 年中国 31 省（直辖市、自治区）普惠金融指数（DIFI）

区域划分	行政区划	2006	2007	2008	2009	2010	2011	2012	2013	2014	2015
东部	上海	0.685	0.743	0.760	0.779	0.774	0.762	0.788	0.749	0.755	0.769
	北京	0.780	0.816	0.842	0.886	0.910	0.901	0.914	0.927	0.894	0.901
	天津	0.553	0.594	0.604	0.613	0.625	0.671	0.709	0.740	0.746	0.735
	浙江	0.621	0.636	0.678	0.675	0.677	0.669	0.670	0.657	0.669	0.784
	江苏	0.401	0.422	0.439	0.518	0.581	0.614	0.666	0.680	0.717	0.746
	广东	0.447	0.484	0.484	0.498	0.542	0.537	0.541	0.535	0.549	0.562
	辽宁	0.448	0.510	0.500	0.498	0.545	0.532	0.532	0.468	0.500	0.500
	福建	0.375	0.416	0.439	0.452	0.476	0.472	0.491	0.494	0.483	0.512
	山东	0.351	0.379	0.370	0.401	0.433	0.438	0.456	0.441	0.439	0.448
	海南	0.441	0.444	0.416	0.420	0.478	0.494	0.550	0.567	0.580	0.593
	河北	0.340	0.373	0.376	0.420	0.442	0.449	0.442	0.435	0.442	0.438
中部	山西	0.300	0.353	0.365	0.409	0.444	0.453	0.494	0.419	0.456	0.473
	湖北	0.367	0.391	0.392	0.414	0.451	0.447	0.487	0.536	0.547	0.561
	吉林	0.389	0.394	0.390	0.438	0.434	0.423	0.428	0.433	0.428	0.430
	河南	0.310	0.331	0.323	0.354	0.381	0.404	0.406	0.410	0.407	0.408
	安徽	0.359	0.375	0.387	0.411	0.431	0.432	0.429	0.417	0.425	0.423
	黑龙江	0.349	0.369	0.369	0.408	0.445	0.428	0.458	0.443	0.435	0.451
	江西	0.326	0.353	0.364	0.369	0.405	0.391	0.404	0.403	0.397	0.404
	湖南	0.345	0.352	0.360	0.397	0.414	0.399	0.408	0.402	0.400	0.405
西部	重庆	0.417	0.412	0.446	0.489	0.518	0.538	0.536	0.539	0.546	0.547
	宁夏	0.414	0.464	0.454	0.487	0.490	0.505	0.515	0.529	0.531	0.532
	陕西	0.413	0.435	0.461	0.469	0.504	0.486	0.499	0.505	0.521	0.532
	四川	0.398	0.416	0.430	0.468	0.497	0.493	0.481	0.465	0.482	0.493
	青海	0.374	0.442	0.370	0.433	0.489	0.491	0.509	0.508	0.499	0.504

续表

区域 划分	行政 区划	2006	2007	2008	2009	2010	2011	2012	2013	2014	2015
西部	内蒙古	0.337	0.360	0.325	0.372	0.399	0.404	0.443	0.429	0.417	0.436
	新疆	0.438	0.452	0.420	0.447	0.499	0.492	0.509	0.511	0.504	0.532
	甘肃	0.415	0.408	0.417	0.483	0.468	0.482	0.491	0.504	0.539	0.546
	云南	0.269	0.357	0.370	0.397	0.435	0.411	0.425	0.420	0.430	0.425
	贵州	0.274	0.320	0.316	0.334	0.389	0.038	0.409	0.398	0.218	0.404
	广西	0.271	0.282	0.270	0.312	0.364	0.367	0.386	0.382	0.374	0.384
	西藏	0.189	0.192	0.247	0.268	0.294	0.330	0.348	0.374	0.394	0.402

计算各地区普惠金融指数均值后，得出的柱状图如图5—1所示。

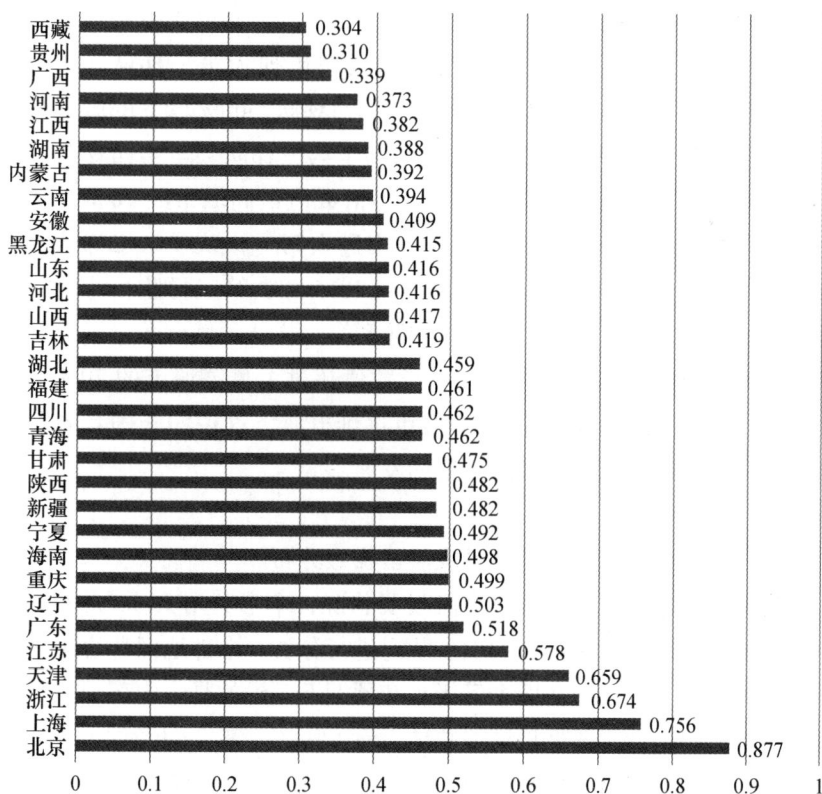

图5—1　2006—2015年各省份普惠金融均值

第二节　数字普惠金融发展差异性

普惠金融测度值是一个相对指数，指数本身的数值不代表普惠金融程度的具体大小，而是侧重纵向时间序列和横向地区之间的比较，而说明在所分析的区域或时期之间普惠金融发展水平的差距。通过对数据的分析，得出普惠金融发展情况。

一　数字普惠金融差异逐年缩小

从表5—3可知，省域间普惠金融差距逐渐缩小，边远城市数字普惠金融的快速发展，缩小了城市间发展差距。由于普惠金融指数绝对值差异较大，因此在拟定分类标准时，以当年指数最高的城市指数值为基准，将排序在基准值80%以上范围内的城市列为第一梯队，70%—80%范围内为第二梯队，60%—70%为第三梯队，60%以下的城市列为第四梯队。在2006年，大部分城市都属于第三梯队甚至第四梯队，说明这些城市数字普惠金融指数不足当年指数值最高城市的70%，甚至不足最高城市的60%；只有少部分城市进入第一梯队或第二梯队，且其中绝大部分位于东部地区。然而，到2015年，第三梯队，特别是第四梯队的城市，大大减少，而第一梯队和第二梯队的城市数量则大幅度增加，大部分城市的数字普惠金融指数值超过了最高城市的70%，甚至80%，发展相对落后的梯队的城市逐渐升级。这说明全国各省、各城市正在逐渐地重视数字普惠金融的发展。

二　东、中、西部普惠金融发展呈梯级分布

为深入分析全国省域普惠金融发展状况，本书利用Jenks自然间断点分级法对中国省际普惠金融发展状况进行分类，东部地区普惠金融发展等级主要处于较高与高两个等级；和预期不一致的是，中部地区普惠金融指数分布略低于西部地区。总体上看，中国普惠金融经过了十余年的发展，中国普惠金融发展"东高西低"的格局仍然没有改变。西部地区的普惠金融有所改善；中部地区部分省份如河南、湖南等省的普惠

金融发展不进反退，"中部塌陷"现象逐渐凸显。这可能与当地人的金融服务意识相对滞后、金融基础设施不健全、经济发展水平等现状有关。

从区域层面分析，东部地区的普惠金融发展明显好于中、西部地区，2006 年东部地区的 DIFI 均值为 0.742，分别是中、西部地区均值的 4.02 倍、4.62 倍，到 2015 年，东部地区与中、西部地区的差距仍然较大。普惠金融指数呈现由东到西递减的趋势，这与陈银娥、孙琼和徐文赟①的研究结果一致。中国普惠金融发展程度较高的地区主要集中于东部沿海地区，并且东部地区普惠金融指数长期保持较高数值，尤其是北京、上海以及杭州。在对省域普惠金融排名后可以看出，中部 8 省除安徽与江西两省的普惠金融发展水平在这 10 年内有小幅度上升，其他 6 省皆呈持稳或下降态势。西部各省（市、自治区）普惠金融整体发展水平虽然较低，但各省的发展趋势呈逐渐增强态势。在考察期内，取 2006 年和 2015 年两个截面对各省普惠金融的发展状况进行省域层面比较分析，发现北京、天津、河北、辽宁、浙江、江苏、山东、宁夏、新疆、山西、吉林、黑龙江、河南、湖北、湖南等 15 个省（市、自治区）的普惠金融呈现"波动下跌"态势。其中，河南、湖北、山西、黑龙江、北京的下跌幅度已逾 24%；北京的 DIFI 值下跌 0.165，居 10 个下跌省份之首。福建、云南、陕西 3 省的普惠金融发展呈"波动趋稳"态势，普惠金融指数在考察期内小幅度波动，但没有显著的攀升或下降。上海、广东等其他 12 个省市的普惠金融发展状况呈"波动攀升"态势，广东省的攀升幅度最高达 66%。中国已有逾一半地区的普惠金融发展呈上升态势。

三　数字技术推动普惠金融发展

表 5—4 分别列出普惠金融发展的三大类维度排名前 10 的省份。数字支持服务维度反映出来的较小地区差异，主要源于经济相对落后地区的数字支持服务发展更快。例如，通过细分省份和城市普惠金融指数及

---

① 陈银娥、孙琼、徐文赟：《中国普惠金融发展的分布动态与空间趋同研究》，《金融经济学研究》2015 年第 6 期。

其排名，可以看出数字技术在促进普惠金融发展的作用在发达城市和发达省份比较显著。

表5—4　　　　　　　　　各分类指标省域排名情况

排名	总指数	覆盖广度	使用深度	数字支持服务程度
1	北京	北京	上海	浙江
2	上海	上海	北京	上海
3	浙江	浙江	浙江	北京
4	天津	福建	广州	江苏
5	江苏	广州	重庆	天津
6	广东	江苏	江苏	广东
7	辽宁	湖南	福建	海南
8	重庆	重庆	辽宁	湖北
9	海南	辽宁	湖北	辽宁
10	宁夏	海南	四川	宁夏

第三节　数字普惠金融的影响因素研究

一　变量选择及指标说明

下面运用灰色关联分析、面板数据模型等方法，大多从经济、社会、文化及地理等维度作为解释变量。借鉴国外学者的普遍研究结果以及中国的实际情况，本书选取的变量如下：

（一）经济发展水平（GNI）：金融发展与经济发展密切相关，两者相辅相成。经济发展速度快的城市或地区，产出贡献率相对较高，资金流入效率提高，数字技术更新较快，数字普惠金融指数提高。考虑到本书的时序效应，在选择指标的时候必须考虑通货膨胀的因素，所以选择了人均国民收入水平作为指标。

（二）地理因素（CR）：交通便利、通信畅通、地理距离的远近影响金融领域供需双方接触的便利性，降低金融机构网点设立成本，城郊居民享受到金融服务的可能性提高，金融产品的通达性增强。从统计学角度，人口密度综合了地域环境、地理、交通等各方面的因素，因此本书选取有代表性的人口密度作为衡量依据。

（三）金融意识（SE）：金融意识是一个地区或国家金融发展的强劲驱动力，也是反映地区或国家互联网发展潜力的重要因素。但是，金融意识是一个相对空泛且主观的概念，不易量化，在参阅大量文献后，根据本书分析的实证情况以及数据的可获得性，本书沿用宋晓玲[①]的指标选取方法，采用国民受教育程度即高等教育院校的入学率来代替。

（四）城乡收入差距（GAP）：城乡居民收入差距拉大会促使数字技术的普及存在差异，很难惠及广大农村地区的金融机构，资本、技术流向城市，而农村地区居民难以享受到金融"普惠"，数字普惠金融指数将处于较低水平。目前国内大多数学者都将收入差距作为衡量普惠金融差异性的指标。金融发展本质上是消除贫困差异。因此，本书用城乡居民人均可支配收入之比来反映这一指标，数据易于获取且较为直观。

（五）互联网使用情况（IU）：吴本健等用互联网企业数量和金融机构网点数的乘积与总人口量相除作为互联网发展情况的代理变量。宋晓玲等[②]采取每100人中的互联网使用人数作为衡量互联网使用情况的指标。考虑到数据的可获得性，本书沿用宋晓玲等人使用的参考指标进行研究，选用每100人中的互联网使用人数作为衡量互联网使用情况的指标。特别说明的是，本指标数据来自新浪财经及Wind数据资源库。

根据影响因素的说明，本书做出如下假设：

H1：在其他条件不变的情况下，人均国民收入水平与数字普惠金融的发展有正相关性。

H2：在其他条件不变的情况下，人口密度和数字普惠金融的发展呈正相关性。

---

① 宋晓玲：《数字普惠金融缩小城乡收入差距的实证检验》，《财经科学》2017年第6期。

② 宋晓玲：《数字普惠金融缩小城乡收入差距的实证检验》，《财经科学》2017年第6期。

H3：在其他条件不变的情况下，金融意识和数字普惠金融发展呈正相关性。

H4：在其他条件不变的情况下，城乡收入差距和数字普惠金融发展有负相关性。

H5：在其他条件不变的情况下，互联网使用情况和数字普惠金融发展有正相关性。

二　实证研究和结果分析

（一）单位根检验

在数据检验的过程中，笔者运用面板单位根检验方法。最终发现，DIFI、IU、GNI、CR、GAP 都是一阶平稳，金融意识（SE）则显示是非平稳序列，借助差分法对 SE 取一阶导数，以此去除单位根，最终检验平稳性方面符合要求，能够被认定为平稳序列。具体结果如表5—5 所示。

表5—5   面板单位根检验结果

变量名称	平稳性	检验类型	显著性
数字普惠金融指数（DIFI）	通过 LLC、IPS、ADF、PP 检验	$(c, 0)$	ADF **；其余 ***
互联网使用情况（IU）	通过 LLC、ADF、PP 检验	$(0, 0)$	全部 **
经济发展水平（GNI）	通过 LLC、IPS、ADF、PP 检验	$(c, 0)$	全部 ***
地理因素（CR）	通过 LLC、ADF、PP 检验	$(c, 0)$	IPS、ADF **；其余 ***
金融意识（SE）	通过 LLC、ADF、PP 检验	$(0, 0)$	IPS *；其余 ***
城乡收入差距（GAP）	通过 LLC、IPS、ADF、PP 检验	$(c, 0)$	IPS *；其余 ***

注：检验类型 (c, t) 中的"c"代表截距项，为 0 表示不含截距项；"t"代表趋势项，为 0 表示不含趋势项。***、**、* 分别表示 1%、5%、10% 的显著性水平。

（二）总体回归分析

基于前面各部分的分析，初步设定面板数据模型如下：

$$DIFI_{it} = \alpha_i + \beta_1 IU_{it} + \beta_2 GNI_{it} + \beta_3 CR_{it} + \beta_4 SE_{it} + \beta_5 GAP_{it} + \mu_{it}$$

$$(5.1)$$

$$i = 1,2,\cdots,31;t = 2011,2012,\cdots,2015$$

对模型进行 Hausman 检验，选择随机效应模型。借助面板数据而进行回归，将不具备显著性的变量逐一剔除。拟合结果表明，模型控制变量均显著，且模型拟合度较好，故保留模型数据，不作指标剔除。具体结果详见表5—6。

表5—6　　　　　　　　　　31 省模型初步回归结果

解释变量（模型1）	系数	t 值	Prob.
常数项 C	0.0667 ***	35.6687	0.0000
互联网使用情况（IU）	0.7946 ***	9.7456	0.0000
经济发展水平（GNI）	0.03347 ***	3.1438	0.0173
地理因素（CR）	0.00298 ***	8.1563	0.0000
金融意识（SE）	0.63769 ***	1.9856	0.0092
城乡收入差距（GAP）	− 0.3234 ***	3.9382	0.0329
调整的 R^2	0.5485		
F 统计值	65.8646		

注：*** 表示在1%的置信水平下显著。

模型1表明，中国数字普惠金融指数、互联网使用情况、经济发展水平、地理因素、金融意识、城乡收入差距在1%的显著性水平上显著，其中，除城乡收入差距指标系数为负外，其余系数都是正数，R^2 相对要高一些，模型具有良好的拟合度，较为稳健。解释变量的互联网使用情况和控制变量的经济发展水平、地理因素、金融意识对数字普惠金融发展有显著的正向影响，但是城乡收入差距对数字普惠金融发展有显著的负影响，即城乡收入差距扩大对数字普惠金融产生不利影响，这可能是由于城乡收入差距会使得金融资源向城镇流动，而农村的金融服务无法得到进一步改善，数字普惠金融成果效应得不到提升。

（三）三大经济带城市回归分析

为进一步比较中国三大经济带数字普惠金融发展的影响因素以及相互间的差异性，将所有省市分为东部、中部、西部三大经济带，划分情况见表5—7。

表5—7　　　　　　　　　　三大经济带划分

东部地区	北京、天津、河北、辽宁、浙江、上海、江苏、福建、山东、广东、海南
中部地区	山西、吉林、安徽、江西、河南、湖北、湖南、黑龙江
西部地区	广西、四川、云南、西藏、陕西、贵州、甘肃、青海、宁夏、新疆、重庆、内蒙古

同样地，首先比较数字普惠金融 DIFI 的差异。和预期的一致，数字普惠金融在经济发达地区的发展好于经济欠发达地区。接下来对数据进行单位根检验。对于一阶不平稳序列进行处理后，二阶单位根检验后数据平稳。具体检验结果如表5—8所示。

表5—8　　　　　　　　　三大经济地带变量单位根检验结果

地区	DIFI 平稳性	DIFI 显著性	IU 平稳性	IU 显著性	GNI 平稳性	GNI 显著性	CR 平稳性	CR 显著性	SE 平稳性	SE 显著性
东部地区	LLC IPS ADF PP	全部***	LLC IPS ADF PP	ADF** 其余***	LLC ADF PP	LLC** 其余***	IPS ADF PP	PP** 其余***	ADF LLC	ADF***
中部地区	IPS ADF PP	PP** 其余***	LLC IPS ADF PP	ADF** 其余***	LLC IPS ADF PP	IPS* 其余***	LLC IPS ADF PP	ADF** 其余***	IPS ADF PP	全部***
西部地区	LLC ADF PP	全部***	LLC IPS ADF PP	ADF* 其余**	LLC ADF PP	PP* 其余**	LLC ADF	全部**	LLC IPS ADF PP	IPS、ADF** 其余***

注：***、**、*分别表示1%、5%、10%的显著性水平。

接着采用固定效应的面板模型对三大经济带的数据分别进行 Hausman 检验。由于三大经济带各自经济状况复杂，为排除异方差性，拟采用加权广义回归法对数据进行回归分析。

对各经济带的数据展开回归处理，最终结果如表5—9所示。三大经济带的回归模型 R^2 均为50%以上，且模型稳定，因此变量不作删除。

三个模型中，互联网使用情况（IU）对数字普惠金融均有显著的正向影响，且在经济发达、资源集中的东部地区影响更显著，这表明互联网金融技术的发展可以拓宽金融服务渠道，缩小贫困地区同经济发达地区的金融服务差距，让农户也能够享受到更多的金融服务。毋庸置疑，经济发展水平（GNI）对数字普惠金融发展产生影响。但是，这种影响同其他因素相比，显著性不够，说明经济发展程度并不对数字普惠金融产生绝对的影响。地理因素 CR 在模型 2（东部地区）中系数为正，但显著性不高，但在中、西部地区，该指标对数字普惠金融影响为正且显著，这说明在经济较发达地区人口差异因素对普惠金融影响较小。金融意识（SE）对数字普惠金融均有正向影响，且在经济欠发达地区影响更为显著，这说明中、西部金融意识还亟须提高，金融知识的普及性有待加强，提升认知水平对数字普惠金融发展贡献更大。城乡收入差距（GAP）对数字普惠金融的影响在经济欠发达、金融体系不完善的西部地区更显著，这表明在经济欠发达地区，降低收入差距能够显著提升数字普惠金融的发展程度，而在经济发达地区，金融机构大多不愿意将触角伸向"长尾"客户。

表 5—9　　　　　　　　　三大经济带模型回归结果

变量	模型 2		模型 3		模型 4	
	系数	t 值	系数	t 值	系数	t 值
常数项 C	0.0453***	67.5738	0.0667***	34.2738	0.0867***	23.9843
互联网使用情况（IU）	0.6946***	8.9483	0.4324***	10.8394	0.5372***	7.9940
经济发展水平（GNI）	0.03232***	4.3948	0.00147***	-5.4932	0.007122***	-6.4930
地理因素（CR）	0.6323	7.3827	0.34532***	11.8374	0.27868***	2.3984
金融意识（SE）	0.46328***	4.8372	0.54349***	7.8934	0.89382***	5.9283
城乡收入差距（GAP）	-0.1849***	-9.2319	-0.3339**	3.3829	-0.5920***	6.3940
调整的 R^2	0.5443		0.73545		0.6543	
F 统计值	69.9384		49.8473		54.8473	

注：*** 表示 1% 的显著性水平。

三　稳健性检验

为进一步确定模型的合理性，从两个方面对模型进行稳定性检验。第一，替换控制变量，即用社会零售商品销售总额（TRS）对经济发展水平（GNI）进行替换，回归结果见模型5；使用普通高等学校在校人数比（CS）代替普通高校入学率来反映金融意识（SE）指标，结果见模型6；模型7则是把上述两个指标变量全部进行替换的结果。第二，剔除具有特殊经济地位的直辖市数据指标，以及新疆地区的特殊性，剔除新疆和直辖市数据，利用剩下的25个省（区）进行回归，可得模型8。详细结果见表5—10。由此可见，人均GDP、互联网使用情况与地区人口密度对普惠金融的发展影响高度稳健；人口地理因素、金融意识、城乡收入差距对数字普惠金融发展的影响较为稳健。总体而言，变量的选择较为合理。

表 5—10　　　　　　　　　数字普惠金融模型稳健性检验

变量	模型 5		模型 6		模型 7		模型 8	
	系数	t 值	系数	t 值	系数	t 值	系数	t 值
C	0.0273 ***	43.873	0.0458 ***	53.834	0.0124 *	28.3748	0.0321 **	32.3921
IU	0.532 ***	10.9483	0.235 ***	16.8394	0.6283 ***	22.9940	0.3738 *	14.3728
TRS	0.0432 ***	16.3728	0.00267 ***	8.3726	0.00246 ***	21.3867	0.0893 ***	-3.3872
CR	0.9827 **	46.8473	0.1637 ***	17.293	0.173 ***	11.4632	0.7849 **	22.7273
CS	0.3623 ***	12.122	0.4738 ***	4.1832	0.6323 ***	12.7632	0.7382 ***	19.3748
GAP	-0.2341 ***	-10.382	-0.3721 **	-6.7382	-0.8392 ***	-8.2837	-0.1382 *	-12.3829
R^2	0.6153		0.8593		0.7832		0.8323	
F	70.1284		66.3728		56.3123		59.3843	
IU	0.532 ***	10.9483	0.235 ***	16.8394	0.6283 ***	22.9940	0.3738 *	14.3728

注：*** 表示1%的显著性水平。

第四节　研究结论

本书用2006—2015年省际面板数据测度了中国内地各省（市、自治区）的面板数据，运用变异系数法和加权几何平均法，实证研究中国各经济带的数字普惠金融发展状况，得出结论：一是自东至西，中国数字普惠金融发展呈现出从东至西递减的发展状况，而且随着时间的推移，这样的状况有所改善，但效果不明显；二是互联网使用、经济发展水平、地理因素和金融意识对数字普惠金融有显著的正向影响，而城乡差距扩大会使得数字普惠金融水平下降；三是分区域来看，城乡收入差距在经济不发达地区对数字普惠金融发展影响更为显著。基于以上结论，政策建议如下。

第一，综合中国各地经济发展现实状况，绘制出普惠金融发展的整体框架。各地区的数字普惠金融发展状况不一样，相关政府部门应制定出差异化的发展政策，通过实施乡村振兴和城镇化战略尽快缩小城乡差距和中国东、中、西部之间的差距。同时，东部地区普惠金融发展水平较高，应侧重于服务创新性，积极促进新业态的发展；西部地区要大力加强金融基础设施建设，尽量增加金融服务的网点，扩大金融服务的覆盖面及提高金融服务的可得性，适当给予必要的金融技术与资金扶持。

第二，优化外部经济环境，推动数字普惠金融的发展。经济发展水平、金融意识和地理因素对数字普惠金融有正向作用。中国各地数字普惠金融的发展存在差异，各地对数字普惠金融的敏感程度不一样。因此，发展数字普惠金融，必须因地制宜，缩小贫富差距，普及金融经济知识，改善西部地区外部环境，为普惠金融发展创造内在驱动力。

第三，以"互联网＋"为抓手积极发展农村数字普惠金融。一是充分发挥市场、政府和农村社区的作用，构建包括中国农业银行、农业发展银行、农村信用社、邮政储蓄银行、村镇银行、小额信贷公司和农村资金互助合作社在内的多层次、多元化的农村普惠金融发展体系。二是合理布局农村金融机构网点。这不仅要考虑当地的经济发展程度，还要考虑当地的基础设施建设、人口密度、人均收入及其他金融机构网点的分布状况等相关因素。三是在中、西部地区，加强涉农金融机构信息技术的投入，优化电话银行、手机银行等业务的操作程序，使之简易、方便，真正适合农村居民使用。同时，安排专人指导农户日常使用互联网，提高农村居民对互联网金融的认知度。

第六章

数字普惠金融发展对中国地区
贫富差距的影响效应

大力发展普惠金融,实现金融的"普"和"惠",增加社会各阶层尤其是弱势群体获得金融服务的发展机会,进而可以逐步缩小贫富差距。目前中国的贫富悬殊问题严重,为剖析中国数字普惠金融发展对贫富差距缩小的影响效应,通过构建农村普惠金融扶贫效应模型和推算中国数字普惠金融发展指数,本书基于2007—2016年全国31个省份的相关数据分东部、中部和西部三个地区进行实证检验,阐释中国数字普惠金融发展对贫富差距的影响。研究结果表明:数字普惠金融发展对中国贫富差距的改善作用不显著、缺乏可持续性且存在地区差异。在上述研究结果的基础上,中国应当从完善金融体系、优化金融服务和创新服务工具等方面入手,不断扩大数字普惠金融对中国贫富差距缩小的正面影响效应。

第一节 文献概览及简要述评

一 文献概览

我国贫富差距形成的原因是多种多样的。简新华认为,私有制经济的快速发展和占比的大幅提高、垄断和不正当竞争、金融市场投机、资本短缺推升资本回报率等是我国居民财产和收入扩大的重要原因,并且由于我国劳动力总体素质不高、产业结构不合理、长期处于世界产业价值链低端,使得工薪收入偏低。[①] 收入分配领域"马太效应"的存在则

---

① 简新华:《中国财富和收入差距扩大的原因、利弊和对策》,《湘潭大学学报》(哲学社会科学版)2018年第6期。

进一步加剧了贫富差距问题。[①] 而在我国经济增长过程中，贫困人口的受益程度小于非贫困人口。[②]

金融发展对贫富差距存在正面与负面"双重"影响。国外学者如Greenwood 和 Jovanovic 提出 G – J 模型以研究金融发展和贫富差距的关系，认为高度发达的金融市场能够使贫富差距不断缩小。[③] Clarke 和Beck 等通过相关研究得出相似的结论。[④][⑤] 但也有学者持相反观点，本书将从正反两方面对已有研究进行归纳。

（一）数字普惠金融难以缩小贫富差距

Maurer 和 Haber 分析认为金融的发展并没有普及穷人，因此会加大贫富差距；[⑥] Jeanneney 和 Kpodar 分析认为穷人难以适应金融的不稳定性从而会使自身权益受损，进而得出金融发展并不能缩小收入差距的结论。[⑦] 在中国，金融对居民收入、贫富差距的影响也十分显著。Wei 基于中国金融系统特点的分析，认为中国金融发展模式会扩大贫富差距。[⑧] 杨胜刚等从金融发展、金融资产价格等方面分析了金融发展对中国居民收入分配的影响。[⑨] 宁光杰基于中国家庭金融普查的数据分析认为金融发展会增加中国居民财产性收入，而财产性收入的增加会引起收

---

① 徐强、张开云：《我国收入差距现状及社会保障的调节效应》，《福建论坛》（人文社会科学版）2016 年第 7 期。

② 王中华、岳希明：《收入增长、收入差距与农村减贫》，《中国工业经济》2021 年第9 期。

③ Greenwood J, Sanchez J M, Wang C, 2013, "Quantifying the Impact of Financial Development on Economic Development", *Review of Economic Dynamics*, Vol. 16, No. 1.

④ Clarke, G.; Xu, L. X. and Zou, H. F, 2006, "Finance and Income Inequality: Test of Alternative Theories", World Bank Policy Research Working Paper, No. 2984.

⑤ Beck T. Demirgue-Kunt, A. and Levine, R., 2004, "Finance, Inequality, and Poverty: Cross-country Evidence", National Bureau of Economic Research Working Paper, No. 10979.

⑥ Maurer, N. and Haber, S., 2007, "Related Lending and Economic Performance: Evidence from Mexico", *Journal of Economic History*, Vol. 67, No. 3.

⑦ Jeanneney, S. G. and Kpodar, K., 2011, "Financial Development and Poverty Reduction: Can There Be a Benefit without a Cost?", *The Journal of Development Studies*, Vol. 47, No. 1.

⑧ Wei S, Wang T, 1997, "The Siamese Twins : Do State-owned Banks Favor State-owned Enterprises in China?", *China Economic Review*, Vol. 8, No. 1.

⑨ 杨胜刚、侯振兴：《金融对收入分配影响研究进展》，《经济学动态》2013 年第 4 期。

入差距的扩大;[1] 周晓蓉、王婷认为居民财产性收入不能有效缩小居民收入差距;[2][3] 迟巍分析认为财产性收入对基尼系数贡献度最高,且在中国东部这一现象更明显;[4] 聂强则是直接得出中国金融规模的扩大拉大了贫富差距的结论。[5]

（二）数字普惠金融有效缩小贫富差距

但与上述结论相反的是,陈志刚基于中国省级面板数据分析认为金融发展缩小了城乡收入差距。[6] 刘玉光基于对金融发展影响城乡收入差距的传递机制的分析,认为非农化与城镇化相脱节是城乡收入差距扩大的根本原因,而金融发展势必改善收入差距;[7] 于潇从货币角度分析认为金融的发展抑制了贫富分化;[8] 师荣蓉翔实地分析出金融发展和贫富差距之间具有门槛效应特征。[9] 唐青生分析认为中国农村金融服务的发展和完善对解决"三农"问题十分重要;[10] 张兵基于中国省级面板数据分析得出农村金融发展水平与农村居民内部收入差距两者之间呈倒"U"形关系;[11] 依布拉音·巴斯提和严继先分别基于恩施州和新疆南疆

---

[1]　宁光杰:《居民财产性收入差距:能力差异还是制度阻碍?——来自中国家庭金融调查的证据》,《经济研究》2014年第1期。

[2]　周晓蓉、杨博:《城镇居民财产性收入不平等研究》,《经济理论与经济管理》2012年第8期。

[3]　王婷:《增加财产性收入对居民收入差距的影响评析》,《当代经济研究》2012年第7期。

[4]　迟巍、蔡许许:《城市居民财产性收入与贫富差距的实证分析》,《数量经济技术经济研究》2012年第2期。

[5]　聂强:《中国金融发展对贫富差距影响的实证研究》,《学术界》2010年第4期。

[6]　陈志刚、师文明:《金融发展、人力资本和城乡收入差距——基于中国分省面板数据的实证研究》,《中南民族大学学报》(人文社会科学版)2008年第2期。

[7]　刘玉光、杨新铭、王博:《金融发展与中国城乡收入差距形成——基于分省面板数据的实证检验》,《南开经济研究》2013年第5期。

[8]　于潇、王学龙、白雪秋:《金融发展对贫富分化抑制作用的研究》,《财经研究》2011年第37期。

[9]　师荣蓉、徐璋勇、赵彦嘉:《金融减贫的门槛效应及其实证检验——基于中国西部省际面板数据的研究》,《中国软科学》2013年第3期。

[10]　唐青生、陈爱华、袁天昂:《云南省贫困地区农村金融服务与网点覆盖建设的财政金融扶持政策研究》,《经济问题探索》2010年第8期。

[11]　张兵、刘丹、郑斌:《农村金融发展缓解了农村居民内部收入差距吗?——基于中国省级数据的面板门槛回归模型分析》,《中国农村观察》2013年第3期。

三地州的相关数据分析认为金融发展是缩小贫富差距的必经之路，这些都体现出发展数字普惠金融以改善贫富悬殊问题的迫切性。①② 数字普惠金融的发展目的部分在于缩小贫富差距，改善人民生活，但目前普惠金融是否能够改善中国贫富悬殊问题还值得商榷。张德贤通过对普惠金融发展与城乡收入差距之间关系的研究，认为普惠金融对城乡收入差距的影响在中国具有地方差异。③ 韩晓宇基于省级面板数据的分析认为普惠金融减贫效应相对较弱；④ 徐敏也得出相似的结论，即普惠金融发展能缩小城乡居民收入差距，但效果不明显。⑤ 杨文华基于对重庆市普惠金融发展的研究，认为农村普惠金融的发展对城乡收入差距的改善作用明显。⑥

二 简要述评

数字普惠金融的发展初衷之一就是改善人民生活水平并在一定程度上缓解贫富差距悬殊的问题，但目前学术界仍未对数字普惠金融能否缩小贫富差距达成共识。在上述研究中，相关学者普遍采用数据分析的方法，可能由于选取数据指标的不同进而导致所得结论的不一致，同时，在一定程度上轻视了从理论建模角度分析数字普惠金融对城乡贫富差距的影响，因此，基于上述研究，通过构建农村数字普惠金融扶贫效应理论模型并测算中国数字普惠金融发展指数，基于对中国 31 个省 2007—2016 年相关数据的实证研究，进一步分析中国数字普惠金融发展对贫

---

① 依布拉音·巴斯提：《金融发展是缩小贫富差距的必要之路——以新疆南疆三地州为例》，《中国外资》2012 年第 8 期。

② 严继先：《贫富差距与金融发展关系分析——恩施实证》，《金融经济》2016 年第 10 期。

③ 张德贤：《普惠金融发展对我国城乡收入差距的影响研究》，硕士学位论文，首都经济贸易大学，2018 年。

④ 韩晓宇：《普惠金融的减贫效应——基于中国省级面板数据的实证分析》，《金融评论》2017 年第 9 期。

⑤ 徐敏、张小林：《普惠制金融对城乡居民收入差距的影响》，《金融论坛》2014 年第 9 期。

⑥ 杨文华：《普惠金融视角下的农村金融发展与城乡收入差距关系研究》，《统计与决策》2016 年第 17 期。

富差距的影响，得出结论并提出相关建议。

第二节　农村数字普惠金融扶贫
效应模型构建

一　农村数字普惠金融扶贫效应模型

数字普惠金融对贫富差距的改善作用可以从农村数字普惠金融的扶贫效果上得以体现，[①] 本书借鉴 Deininger 构建的农村家庭模型并加以调整、完善，构建出中国农村普惠金融扶贫效应理论模型。[②]

基本假设 1：农村数字普惠金融业务包括传统金融业务 N 和扶贫金融业务 F 两种，扶贫金融业务比传统金融业务更能够有效服务贫困人口，提高扶贫效果。

基本假设 2：存在两种贫困主体：贫困主体 A 为传统金融业务的使用客户，贫困主体 B 难以获得传统金融业务。贫困主体 A 和贫困主体 B 都是扶贫金融业务的使用客户。

基本假设 3：生产要素包括劳动力和资金两项。贫困主体 A 生产所需劳动力依靠从外部雇佣，生产所需资金通过传统金融渠道获取；贫困主体 B 生产所需劳动力依靠家庭人口，但资金渠道匮乏，难以获得传统金融业务的资金支持。

基本假设 4：缩小贫富差距最直接的措施就是提高贫困人口的生产利润。

贫困主体 A 的生产函数为：

$$Q_A = T_A \left[\min(C_A, L_A/\eta) \right]^{\mu} \quad (0 < \mu < 1) \tag{6.1}$$

其中，Q_A 代表贫困主体 A 的生产水平，C_A 和 L_A 分别代表贫困主体 A 的生产要素——资金的投入量和劳动力的投入量。T_A 代表贫困主体 A

---

① 王薇、孙健：《金融支持脱贫攻坚的实证分析——基于普惠金融发展的视角》，《武汉金融》2018 年第 11 期。

② Deininger, K., 2003, *Land Policies for Growth and Poverty Reduction*, World Bank and Oxford University Press.

的技术水平，η 和 μ 都是固定参数，$0 < \mu < 1$ 表示可变要素投入量（资金和劳动力）的边际收益递减。

贫困主体 A 的生产利润函数为：

$$\pi_A = v_A Q_A - r_A C_A - s_A L_A$$
$$= v_A T_A \left[\min(C_A, L_A / \eta) \right]^{\mu} - r_A C_A - s_A L_A$$

$$(6.2)$$

其中，v_A 代表贫困主体 A 生产的产品价格，r_A 代表贫困主体 A 的贷款利率水平，s_A 代表贫困主体 A 的工资水平。

贫困主体 B 的生产函数为：

$$Q_B = T_B C_B{}^{\gamma} L_B{}^{1-\gamma} \quad (0 < \gamma < 1)$$

$$(6.3)$$

其中，Q_B 代表贫困主体 B 的生产水平，C_B 和 L_B 分别代表贫困主体 B 的生产要素——资金的投入量和劳动力的投入量。T_B 代表贫困主体 B 的技术水平，γ 是固定参数，$0 < \gamma < 1$ 表示可变要素投入量（资金和劳动力）的边际收益递减。

贫困主体 B 的生产利润函数为：

$$\pi_B = v_B Q_B - r_B C_B = v_B T_B C_B{}^{\gamma} L_B{}^{1-\gamma} - r_B C_B$$

$$(6.4)$$

其中，v_B 代表贫困主体 B 生产的产品价格，r_B 代表贫困主体 B 的贷款利率水平。

传统金融业务 N 的利润函数为：

$$\pi_N = r_N C_N - f_N C_N$$

$$(6.5)$$

其中，r_N 为传统金融业务的贷款利率，相关成本为 f_N，资金发放量为 C_N。

扶贫金融业务 F 的利润函数要区分为向贫困主体 A 提供服务的利润函数 π_{FA} 和向贫困主体 B 提供服务的利润函数 π_{FB}：

向贫困主体 A 提供服务的利润函数为：

$$\pi_{FA} = r_{FA} C_{FA} - f_{FA} C_{FA}$$

$$(6.6)$$

向贫困主体 B 提供服务的利润函数为：

$$\pi_{FB} = r_{FB} C_{FB} - f_{FB} C_{FB}$$

$$(6.7)$$

其中，r_{FA} 和 r_{FB} 分别表示贫困主体 A 和贫困主体 B 获得资金的利率水平，C_{FA} 和 C_{FB} 分别表示扶贫金融业务对贫困主体 A 和贫困主体 B 的资金发放量，f_{FA} 和 f_{FB} 分别表示扶贫金融业务对贫困主体 A 和贫困主体 B 提供服务的成本。

基本假设 5：在扶贫金融业务 F 开始提供服务之前，贫困主体 A 只能通过传统金融业务 N 获取资金 C_A，而贫困主体 B 由于渠道匮乏，无法获得传统金融业务 N 的服务，此时，传统金融业务 N 垄断了贫困人口的金融服务，可以通过采取制定合适的利率 r_N 的方式实现利润 π_N 最大化。

通过对（6.2）式求导得到贫困主体 A 的资金需求函数：

$$C_\text{A} = \left(\frac{\mu v_\text{A} T_\text{A}}{r_\text{A} + s_\text{A} \eta} \right)^{\frac{1}{1-\mu}} \tag{6.8}$$

通过对（6.5）式求一阶得到：

$$C_\text{N} + r_\text{N} \frac{\partial C_\text{N}}{\partial r_\text{N}} - f_\text{N} \frac{\partial C_\text{N}}{\partial r_\text{N}} = 0 \tag{6.9}$$

进而得到资金供给函数 $C_\text{N} = C_\text{N}$（r_N）。

供需平衡即满足 $C_\text{N} = C_\text{A}$，$r_\text{N} = r_\text{A}$。于是得到此时全部贫困主体的总利润函数 π_1：

$$\pi_1 = v_\text{A} Q_\text{A} - r_\text{A} \left(\frac{\mu v_\text{A} T_\text{A}}{r_\text{A} + s_\text{A} \eta} \right)^{\frac{1}{1-\mu}} - s_\text{A} L_\text{A} \tag{6.10}$$

推论 1：贫困人口的生产利润大小主要取决于产品价格、生产技术水平、提供的工资水平和获取资金的利率水平。产品价格和生产技术水平与贫困人口的利润成正比关系，提供的工资水平和获取资金的利率水平与贫困人口的利润成反比关系。

基本假设 6：扶贫金融业务 F 提供服务后对贫困主体 A 和贫困主体 B 都产生了不同的影响，改变了原来由传统金融业务 N 垄断的局面，此时，贫困主体 A 的贷款利率与扶贫金融业务 F 对贫困主体 A 提供服务的成本 f_{FA} 相等，即 $r_\text{A} = f_{\text{FA}}$。得到此时贫困主体 A 获取资金函数为：

$$C_\text{A}{}' = \left(\frac{\mu v_\text{A} T_\text{A}}{f_{\text{FA}} + s_\text{A} \eta} \right)^{\frac{1}{1-\mu}} \tag{6.11}$$

于是得到此时贫困主体 A 的生产利润函数：

$$\pi_2 = v_\text{A} Q_\text{A} - f_{\text{FA}} \left(\frac{\mu v_\text{A} T_\text{A}}{f_{\text{FA}} + s_\text{A} \eta} \right)^{\frac{1}{1-\mu}} - s_\text{A} L_\text{A} \tag{6.12}$$

推论 2：当扶贫金融业务开展之后，贫困人口 A 的生产利润就不再简单地与贷款利率相关，而是取决于获取资金的综合成本。

基本假设 7：在之前由于贫困主体 B 无法享受到传统金融业务 N 提供的服务，所以当扶贫金融业务 F 开展后，扶贫金融业务 F 对贫困主体 B 提供的服务是垄断的。

通过对（6.4）式求一阶得到：

$$\gamma v_B T_B C_B{}^{\gamma-1} L_B{}^{1-\gamma} - r_B = 0 \tag{6.13}$$

得到贫困主体 B 的资金需求函数为：

$$C_B = \left(\frac{\gamma v_B T_B}{r_B}\right)^{\frac{1}{1-\gamma}} L_B \tag{6.14}$$

对（6.7）式求导可得：

$$C_{FB} + r_{FB}\frac{\partial C_{FB}}{\partial r_{FB}} - f_{FB}\frac{\partial C_{FB}}{\partial r_{FB}} = 0 \tag{6.15}$$

供需平衡即满足 $C_B = C_{FB}$，$r_B = r_{FB}$。于是得到此时贫困主体 B 的生产利润函数：

$$\begin{aligned}
\pi_3 &= v_B T_B \left\{\left(\frac{\gamma v_B T_B}{r_B}\right)^{\frac{1}{1-\gamma}} L_B\right\}^{\gamma} L_B{}^{1-\gamma} - r_B \left(\frac{\gamma v_B T_B}{r_B}\right)^{\frac{1}{1-\gamma}} L_B \\
&= v_B T_B \left(\frac{\gamma v_B T_B}{r_B}\right)^{\frac{\gamma}{1-\gamma}} L_B - r_B \left(\frac{\gamma v_B T_B}{r_B}\right)^{\frac{1}{1-\gamma}} L_B
\end{aligned} \tag{6.16}$$

此时贫困人口总生产利润函数 π_4 为：

$$\begin{aligned}
\pi_4 &= \pi_2 + \pi_3 \\
&= v_A Q_A - f_{FA}\left(\frac{\mu v_A T_A}{f_{FA} + s_A \eta}\right)^{\frac{1}{1-\mu}} - s_A L_A + \\
&\quad v_B T_B \left(\frac{\gamma v_B T_B}{r_B}\right)^{\frac{\gamma}{1-\gamma}} L_B - r_B \left(\frac{\gamma v_B T_B}{r_B}\right)^{\frac{1}{1-\gamma}} L_B
\end{aligned} \tag{6.17}$$

可以得到 $\pi_4 > \pi_1$。

推论 3：扶贫金融业务开展后，提高了金融业务的普及程度，提高了贫困人口的总利润水平。

推论 4：扶贫金融业务与传统金融业务对于贫困主体 A 来说可以相互替代，有利于降低贫困主体 A 获得资金的成本，进而提高贫困主体 A 的利润。

推论5：扶贫金融业务拓宽了贫困主体 B 的资金获取渠道，且该业务发展程度越高，对于贫困主体 B 来说其获取资金的成本就越低，进而提高贫困主体 B 的利润。

二　数字普惠金融指数的构建与推算

目前国际上公用三种普惠金融指标体系，分别为 GPFI 的 G20 普惠金融指标体系、世界银行普惠金融指标体系和国际货币基金组织普惠金融指标体系。

GPFI 的 G20 普惠金融指标体系是从供需两个方面，基于金融服务使用情况、金融服务可获得性与金融服务和产品质量等三个维度形成了19 大类 35 个指标，其数据均来自国际组织现有指标和数据。世界银行普惠金融指标体系出自全球普惠金融调查（Global Findex——在世界范围内通过盖洛普全球调查开展的抽样问卷调查），形成了 474 个普惠金融指标。国际货币基金组织普惠金融指标体系出自金融服务可得性调查（Financial Access Survey，FAS），从供给端评估普惠金融。

但中国国情与国际情况又有区别，因此借鉴上述三种指标体系试图构建一个适合衡量中国数字普惠金融发展现状的指标体系，后文称为"数字普惠金融指数"，具体构建步骤如下：

（一）衡量维度划分

根据上文中提到的三个国际普惠金融指标体系，可以看出三者均从供需角度来考量指标设定，因此，从供给和需求的角度，将普惠金融衡量维度划分为：金融服务规模度、金融服务可得性和金融服务使用度。在此基础上同时考虑地理和人口因素，进一步完善成为立体的衡量维度，在金融服务规模度和金融服务可得性的衡量中加入人口和地理指标。而在需求方面，则在金融服务使用度中重点考量存款服务和贷款服务的使用情况。

（二）具体指标及其权重确定

考虑到中国普惠金融发展的实际情况和数据的可得性，将主要选择六种指标（具体见表6—1）。在权重确定方面，考虑到"等权重"法的不足，采用变异系数法来确定各个指标的权重，具体步骤如下：

首先确定 6 项指标的平均数和标准差，分别为 $\bar{x}_1$、$\bar{x}_2$、$\bar{x}_3$、$\bar{x}_4$、$\bar{x}_5$、

$\bar{x}_6$，用$\bar{x}_i$表示第i个指标的平均数，对应的标准差用σ_i表示第i个指标的标准差，那么变异系数和权重为：

$$V_i = \sigma_i / \bar{x}_i \qquad (6.18)$$

$$p_i = V_i / \sum_{i=1}^{n} V_i (i = 1,2,3,4,5,6) \qquad (6.19)$$

但是不同指标的量纲不同，因此，再进行归一化处理，假定第i个指标归一化处理后为m_i：

$$m_i = p_i \frac{(A_i - \min_i)}{(MAX_i - \min_i)} \qquad (6.20)$$

根据（6.20）式可以得出，$0 \leq m_i \leq p_i$，m_i越大说明该指标代表的普惠程度越高。综上，对于包含6个变量的普惠金融指数来说，每一期的普惠金融指数都可以用一个6维笛卡尔空间的点来表示，显然，在这个空间中，点$M = (0, 0, 0, 0, 0, 0)$是最坏的情况，而点$P = (p_1, p_2, p_3, p_4, p_5, p_6)$则是可能出现的最好情况，数字普惠金融指数（IFI）可以表示为点M和点P之间的归一化反欧几里得距离：

$$IFI = \frac{\sqrt{(p_1 - m_1)^2 + (p_2 - m_2)^2 + (p_3 - m_3)^2 + (p_4 - m_4)^2 + (p_5 - m_5)^2 + (p_6 - m_6)^2}}{\sqrt{p_1{}^2 + p_2{}^2 + p_3{}^2 + p_4{}^2 + p_5{}^2 + p_6{}^2}}$$

$$(6.21)$$

根据2007—2016年的《中国区域金融运行报告》和《中国统计年鉴》测算出 2007—2016 年中国数字普惠金融指数，具体结果见表6—2。

表6—1　　　　　　　　　　中国数字普惠金融指标

衡量维度	描述性指标	具体指标
金融服务规模度	地理维度网点密度	每万平方公里的银行业金融机构数量
		每万平方公里的银行业金融机构从业人员数量
金融服务可得性	人口维度网点密度	每万人拥有的银行业金融机构数量
		每万人拥有的银行业金融机构从业人员数量

续表

衡量维度	描述性指标	具体指标
金融服务 使用度	存款服务使用情况	人均存款总额占人均 GDP 的比值
	贷款服务使用情况	人均贷款总额占人均 GDP 的比值

表6—2　　　　　2007—2016 年中国数字普惠金融指数测算结果

城市	2007	2008	2009	2010	2011	2012	2013	2014	2015	2016
东部										
上海	0.507	0.538	0.558	0.608	0.659	0.687	0.694	0.740	0.763	0.795
北京	0.260	0.278	0.304	0.326	0.362	0.399	0.414	0.456	0.496	0.537
天津	0.142	0.147	0.153	0.163	0.171	0.174	0.181	0.194	0.239	0.292
浙江	0.074	0.082	0.086	0.093	0.098	0.107	0.113	0.116	0.126	0.137
江苏	0.073	0.078	0.080	0.087	0.090	0.092	0.097	0.104	0.111	0.12
广东	0.062	0.066	0.069	0.075	0.079	0.081	0.084	0.083	0.090	0.101
山东	0.057	0.058	0.066	0.068	0.069	0.068	0.074	0.078	0.084	0.091
辽宁	0.051	0.054	0.052	0.058	0.057	0.056	0.064	0.065	0.073	0.079
河北	0.041	0.045	0.049	0.052	0.050	0.051	0.054	0.058	0.065	0.072
福建	0.036	0.040	0.043	0.046	0.047	0.049	0.056	0.057	0.062	0.067
海南	0.029	0.030	0.033	0.036	0.038	0.041	0.043	0.048	0.057	0.061
平均	0.121	0.129	0.136	0.146	0.156	0.164	0.170	0.182	0.197	0.214
中部										
河南	0.045	0.047	0.049	0.052	0.053	0.053	0.055	0.057	0.060	0.070
山西	0.037	0.042	0.042	0.043	0.048	0.050	0.051	0.052	0.061	0.065
安徽	0.037	0.042	0.042	0.043	0.048	0.050	0.051	0.052	0.061	0.065
湖北	0.033	0.035	0.038	0.040	0.039	0.040	0.042	0.045	0.049	0.054
吉林	0.028	0.030	0.032	0.034	0.033	0.033	0.035	0.039	0.044	0.049
湖南	0.031	0.034	0.036	0.038	0.039	0.040	0.041	0.043	0.047	0.051
江西	0.027	0.028	0.031	0.033	0.033	0.033	0.036	0.039	0.044	0.047
黑龙江	0.021	0.024	0.027	0.029	0.027	0.030	0.031	0.036	0.039	0.045
平均	0.035	0.038	0.038	0.040	0.041	0.041	0.044	0.047	0.051	0.057

城市	2007	2008	2009	2010	2011	2012	2013	2014	2015	2016
					西部					
重庆	0.041	0.047	0.052	0.056	0.059	0.063	0.065	0.067	0.071	0.074
陕西	0.030	0.032	0.037	0.040	0.039	0.040	0.042	0.045	0.051	0.057
四川	0.027	0.029	0.033	0.036	0.035	0.037	0.039	0.041	0.045	0.052
宁夏	0.029	0.030	0.032	0.034	0.034	0.036	0.039	0.042	0.047	0.052
贵州	0.020	0.021	0.023	0.025	0.026	0.027	0.030	0.032	0.034	0.038
新疆	0.018	0.020	0.022	0.024	0.024	0.026	0.028	0.030	0.033	0.037
甘肃	0.019	0.020	0.023	0.024	0.023	0.025	0.026	0.029	0.033	0.036
广西	0.019	0.019	0.023	0.024	0.025	0.027	0.028	0.029	0.032	0.036
内蒙古	0.015	0.017	0.020	0.022	0.022	0.023	0.024	0.026	0.030	0.034
云南	0.019	0.020	0.023	0.025	0.024	0.025	0.026	0.028	0.030	0.032
青海	0.014	0.014	0.018	0.020	0.020	0.022	0.022	0.026	0.029	0.032
西藏	0.011	0.012	0.012	0.013	0.016	0.017	0.020	0.022	0.024	0.028
平均	0.022	0.023	0.026	0.029	0.029	0.031	0.033	0.035	0.039	0.042

第三节　数字普惠金融对中国贫富差距影响的实证

一　模型设定及变量选取

由于中国东部、中部和西部在数字普惠金融发展水平和贫富差距问题严重程度上都有明显差异，因此，基于中国东部、中部和西部的相关数据分别构建误差修正模型（VEC）。

根据上文，综合各方面因素，选取上文测算出的 2007—2016 年中国数字普惠金融指数表示各年中国数字普惠金融发展水平，具体用表 6—3 中东部、中部和西部发展指数的均值分别表示不同地区的数字普惠金融发展水平，分别用 eastifi 表示东部数字普惠金融发展水平、

centreifi 表示中部数字普惠金融发展水平及 westifi 表示西部数字普惠金融发展水平；用"城乡收入差距"表示贫富差距水平，具体通过计算各年各省的城镇居民平均收入与农村居民平均收入的比值而来，分别用 eastig 表示东部贫富差距水平、centreig 表示中部贫富差距水平及 westig 表示西部贫富差距水平。

二　东部地区实证结果

（一）单位根检验

本书采用 ADF 单位根检验法检验东部普惠金融发展水平和贫富差距水平两个序列的平稳性，检验结果见表6—3。

表6—3　　　　　　　　　东部地区 ADF 检验结果①

变量	ADF 检验值	5% 显著水平	P 值
eastifi	1.727070	-4.582648	0.9976
一阶差分	-3.254866	-4.582648	0.0546
二阶差分	-4.616954	-4.803492	0.0123
eastig	-0.156122	-4.420595	0.9126
一阶差分	-2.937958	-4.582648	0.0831
二阶差分	-4.946202	-4.803492	0.0086

从表6—3的数据可以看出，eastifi 和 eastig 两个变量序列为二阶单整序列。

（二）协整检验并建立 VEC 模型

基于上文 ADF 检验结果，运用 Engle-Granger 两步法对 eastifi 和 eastig 两个变量序列进行协整检验（结果见表6—4）。如果检验结果为平稳，则说明变量存在协整关系。本书采用误差修正项表示一个协整系统，即：

$$\Delta y_t = \alpha ecm_{t-1} + \sum_{i=1}^{p-1} \Gamma_i \Delta y_{t-i} + \varepsilon_t \tag{6.22}$$

---

① 检验类型为含有截距项，滞后阶数由 SIC 确定（下同）。

本书是一个两变量的 VEC 模型，且不存在滞后差分项，故本书 VEC 模型表达式为：

$$\Delta y_t = \alpha ecm_{t-1} + \varepsilon_t \tag{6.23}$$

表 6—4   **残差稳定性检验结果**

外源性：无			
滞后长度：3（基于 SIC 且 maxlag = 3）			
增强 D – F 检验统计		T 值	P 值*
		– 4. 678416	0. 0114
测试临界值	1% 水平	– 4. 803492	
	5% 水平	– 3. 403313	
	10% 水平	– 2. 841819	

根据表 6—4 可以得出结论：在显著性水平为 5% 的情况下，残差稳定性通过检验，即变量间存在协整关系。进一步得到误差修正项：

$$eastig = -3.646845 eastifi + 3.041534 \tag{6.24}$$

可以得出，中国东部贫富差距与数字普惠金融发展水平之间存在长期稳定的均衡关系。根据（6.24）式可以进一步得出：东部数字普惠金融发展水平每上升 1%，中国东部贫富差距就缩小 3.646845%。

（三）脉冲响应分析

本书构建 VAR 模型的脉冲响应函数来分析在不同的阶段，数字普惠金融发展水平变量受到一个标准差的冲击后，对贫富差距变量产生的影响。脉冲响应模拟结果见图 6—1，其中横轴表示冲击作用的滞后期间数，纵轴表示冲击水平的变化率，实线代表了东部贫富差距对冲击的反应，追踪期为 30 期。

从图 6—1 中可以看出，东部贫富差距受到数字普惠金融发展的冲击后的反应呈波动变化，在初期，东部数字普惠金融的发展对东部贫富差距有轻微拉动作用，但随着数字普惠金融发展力度的增加，贫富差距变化不明显。

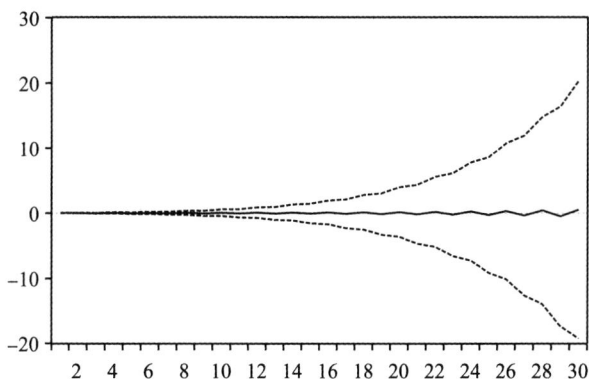

图6—1　东部地区贫富差距对东部数字普惠金融发展水平的脉冲函数反应

三　中部地区实证结果

（一）单位根检验

同理，检验中部数字普惠金融发展水平和贫富差距水平两个序列的平稳性，检验结果见表6—5。

表6—5　　　　　　　　　　中部地区 ADF 检验结果

变量	ADF 检验值	5% 显著水平	P 值
centreifi	1.727070	−4.582648	0.9976
一阶差分	−3.254866	−4.582648	0.0546
二阶差分	−4.616954	−4.803492	0.0123
centreig	−0.156122	−4.420595	0.9126
一阶差分	−2.937958	−4.582648	0.0831
二阶差分	−4.946202	−4.803492	0.0086

从表6—5的数据可以看出，centreifi 和 centreig 两个变量序列为二阶单整序列。

（二）协整检验并建立 VEC 模型

方法同上文，协整检验结果见表6—6。

表 6—6   残差稳定性检验结果

外源性：无			
滞后长度：3（基于 SIC 且 maxlag = 3）			
增强 D – F 检验统计		T 值	P 值*
		– 1.964025	0.0430
测试临界值	1% 水平	– 2.886101	
	5% 水平	– 1.995865	
	10% 水平	– 1.599088	

　　根据表 6—6 可以得出结论：在显著性水平为 5% 的情况下，残差稳定性通过检验，即变量间存在协整关系。结合（6.23）式进一步得到误差修正项：

$$centreig = - 0.027458centreifi + 0.115283 \qquad (6.25)$$

　　可以得出，中国中部贫富差距与数字普惠金融发展水平之间存在长期稳定的均衡关系。根据（6.25）式可以进一步得出：中部数字普惠金融发展水平每上升 1%，中国中部贫富差距就缩小 0.027458%。

　　（三）脉冲响应分析

　　方法同上文，脉冲响应模拟结果见图 6—2，其中横轴表示冲击作用的滞后期间数，纵轴表示冲击水平的变化率，实线代表了中部贫富差距对冲击的反应，追踪期为 30 期。

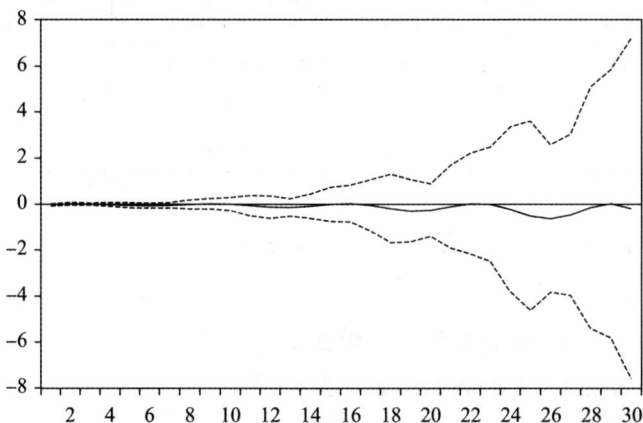

图 6—2　中部地区贫富差距对中部数字普惠金融发展水平的脉冲函数反应

根据图 6—2 可以得出，中部贫富差距对中部数字普惠金融发展的冲击反应程度呈波浪形变化。但幅度比东部的波浪形变化更为显著。同时，中部数字普惠金融发展对贫富差距有缩小作用，但随着时间的推移，效果逐渐减弱。

四　西部地区实证结果

(一) 单位根检验

同理，检验中部数字普惠金融发展水平和贫富差距水平两个序列的平稳性，检验结果见表 6—7。

表 6—7　　　　　　　　　　西部地区 ADF 检验结果

变量	ADF 检验值	5% 显著水平	P 值
westifi	0.988891	− 4.420595	0.9909
一阶差分	− 2.660906	− 4.582648	0.1208
二阶差分	− 3.131450	− 5.119808	0.0466
westig	2.379180	− 4.420595	0.9995
一阶差分	− 2.069739	− 4.582648	0.2578
二阶差分	− 3.485181	− 4.803492	0.0453

从表 6—7 的数据可以看出，westifi 和 westig 两个变量序列为二阶单整序列。

(二) 协整检验并建立 VEC 模型

方法同上文，协整检验结果见表 6—8。

表 6—8　　　　　　　　　　残差稳定性检验结果

外源性：无			
滞后长度：3（基于 SIC 且 maxlag = 3）			
增强 D − F 检验统计		T 值	P 值*
		− 2.312524	0.0283
测试临界值	1% 水平	− 2.886101	
	5% 水平	− 1.995865	
	10% 水平	− 1.599088	

根据表6—8可以得出结论：在显著性水平为5%的情况下，残差稳定性通过检验，即变量间存在协整关系。结合（6.23）式进一步得到误差修正项：

$$westig = -41.74071westifi + 4.635507 \tag{6.26}$$

可以得出，中国中部贫富差距与数字普惠金融发展水平之间存在长期稳定的均衡关系。根据（6.26）式可以进一步得出：西部数字普惠金融发展水平每上升1%，中国西部贫富差距就缩小41.74071%。

（三）脉冲响应分析

方法同上文，脉冲响应模拟结果见图6—3，其中横轴表示冲击作用的滞后期间数，纵轴表示冲击水平的变化率，实线代表了西部贫富差距对冲击的反应，追踪期为30期。

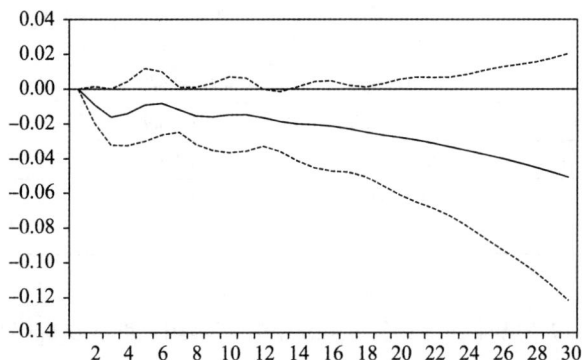

图6—3　西部贫富地区差距对西部数字普惠金融发展水平的脉冲函数反应

根据图6—3，可以看出，西部贫富差距对其普惠金融发展的冲击的反应程度十分显著。在初期，贫富差距随着数字普惠金融的发展变化而变化。随着时间的推移，西部数字普惠金融发展对其贫富差距的改善作用日益明显。

五　东、中、西部地区数字普惠金融改善贫富差距的实证结果

（一）单位根检验

结合上文，将东部、中部和西部数字普惠金融对其贫富差距的作用（east 表示东部、centre 表示中部和 west 表示西部）分别用数字普惠金

融发展指数和城乡收入差距的比值来表示，得到三个序列如下并对其进行单位根检验，结果见表6—9：

$$east = eastifi \div eastig \qquad (6.27)$$

$$centre = centreifi \div centreig \qquad (6.28)$$

$$west = westifi \div westig \qquad (6.29)$$

根据表6—9的结果，east、centre 和 west 三个变量序列是二阶单整序列。

表6—9　　　　　　　　　　ADF 检验结果

变量	ADF 检验值	5% 显著水平	P 值
east	1.760083	-4.582648	0.9978
一阶差分	-2.698245	-4.582648	0.1149
二阶差分	-5.125398	-4.803492	0.0071
centre	2.382880	-4.582648	0.9993
一阶差分	-1.965435	-4.582648	0.2928
二阶差分	-3.806055	-5.119808	0.0369
west	2.569620	-4.420595	0.9996
一阶差分	-1.737602	-4.582648	0.3796
二阶差分	-2.967798	-5.119808	0.0422

（二）协整检验

基于上述单位根检验结果对 east、centre 和 west 三个变量序列进行协整检验并以 west 为被解释变量构建协整方程，结果见表6—10。

表6—10　　　　　　　　　　残差稳定性检验结果

外源性：无			
滞后长度：3（基于 SIC 且 maxlag = 3）			
增强 D - F 检验统计		T 值	P 值*
		-7.233194	0.0088
测试临界值	1% 水平	-7.006336	
	5% 水平	-4.773194	
	10% 水平	-3.877714	

　　根据表6—10可以得出结论：在显著性水平为5%的情况下，残差稳定性通过检验，即变量间存在协整关系。结合（6.23）式进一步得到协整方程：

$$west = 0.043524east + 0.574299centre - 0.002963 \qquad (6.30)$$

　　可以得出，中国东部、中部和西部数字普惠金融对贫富差距的作用之间存在长期稳定的均衡关系。根据（6.30）式可以进一步得出：东部数字普惠金融对贫富差距的作用每上升1%，中国西部数字普惠金融对贫富差距的影响就扩大0.043524%；中部数字普惠金融对贫富差距的作用每上升1%，中国西部数字普惠金融对贫富差距的影响就扩大0.574299%。

　　（三）脉冲响应分析

　　本书构建VAR模型的脉冲响应函数来分别分析在不同的阶段，东部和中部数字普惠金融对贫富差距的作用这两个变量受到一个标准差的冲击后，对西部数字普惠金融对贫富差距的作用这一变量产生的影响。脉冲响应模拟结果见图6—4、图6—5，其中横轴表示冲击作用的滞后期间数，纵轴表示冲击水平的变化率，实线代表了西部数字普惠金融对贫富差距的作用对冲击的反应，追踪期为50期。

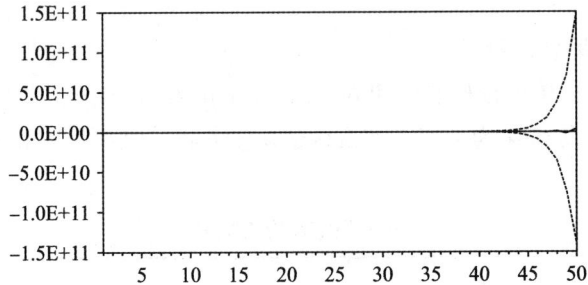

图6—4　西部数字普惠金融对贫富差距的作用对东部冲击的反应

　　根据图6—4可以看出，西部数字普惠金融对其贫富差距的作用受到东部数字普惠金融对其贫富差距的作用的冲击的反应程度十分微弱，呈波浪形，且只有随着时间的推移才逐渐显现。根据图6—5可以看出，中部数字普惠金融对贫富差距的作用对西部数字普惠金融对其贫富差距

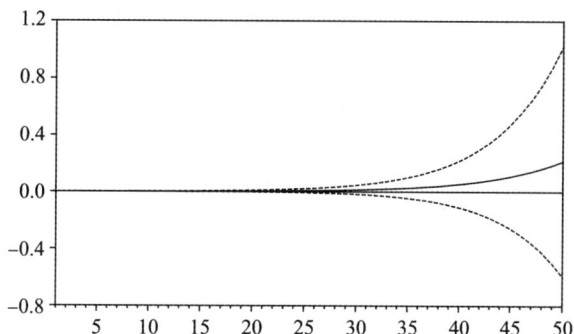

图6—5　西部数字普惠金融对贫富差距的作用对中部冲击的反应

的作用有拉动作用，且随着时间的推移，这一效果更加显著。

第四节　研究结论

第一，数字普惠金融对中国贫富差距的改善作用总体来说尚不显著。根据上述实证结果可以看出，中国数字普惠金融的发展能够在一定程度上改善中国贫富差距问题，但改善作用比较微弱，且具有波动性，无论是东部、中部还是西部，数字普惠金融对贫富差距的改善作用都是在初期较为明显，并随时间的推移逐渐削弱。

第二，数字普惠金融对中国贫富差距的改善作用有地区差异。结合上述研究可以发现，数字普惠金融发展对中国贫富差距的改善作用在西部最明显，中部其次，而东部则最微弱。归咎原因，是因为数字普惠金融在东部发展得最早而在西部发展得最晚，因此当前东部数字普惠金融的发展速度减缓；加上中国西部贫困人口在三个地区中占比最大，所以数字普惠金融的扶贫效果在西部最好。

第三，东、中、西部数字普惠金融对贫富差距的改善作用之间会相互影响。根据上文中的脉冲响应分析可以得出东部、中部和西部的数字普惠金融发展对贫富差距的改善作用之间存在相互影响，同时中部数字普惠金融对贫富差距的改善作用对西部的拉动作用要大于东部对西部的拉动作用，同时这种拉动作用会随时间积累而越发显著。

第七章

数字普惠金融发展对产业
结构升级的影响

  数字普惠金融致力于通过数字技术与金融业的融合，将原本被传统金融排斥在外的群体重新纳入到正规金融服务中来，为社会各阶层提供价格合理、需求匹配的金融服务。数字普惠金融利用"大数据＋人工智能"等技术支持，可以有效降低中小企业的融资成本，改善企业的外部融资环境，为企业提供更加便利、平等、完善的金融服务。那么数字普惠金融发展到底会对产业结构调整产生什么样的影响？影响的机制是怎样的？这些都是值得深入思考的问题。

  随着微信支付、阿里巴巴、京东等电商平台的兴起，网上支付已经成为中国人民的重要支付手段，互联网的广泛应用促进了中国数字普惠金融迅速发展。[①] 国内外越来越多的学者开始关注数字普惠金融对经济社会发展带来的影响，郭峰等从覆盖广度、使用深度、数字化程度三个维度，构建了北京大学数字普惠金融指数，为中国数字普惠金融的研究提供了较为权威的数据依据。[②] 在此基础上，唐文进和李爽等借鉴 Hansen 门槛模型，对中国数字普惠金融发展与产业结构升级之间的关系进行研究后发现，中国东、中、西部地区的数字普惠金融发展均对产业结构升级产生了促进作用，且两者之间呈非线性关系。[③] 随着普惠金融的

---

  ① 宋晓玲：《数字普惠金融缩小城乡收入差距的实证检验》，《财经科学》2017 年第 6 期。

  ② 郭峰等：《测度中国数字普惠金融发展：指数编制与空间特征》，北京大学数字金融研究中心工作论文，2019 年。

  ③ 唐文进、李爽、陶云清：《数字普惠金融发展与产业结构升级——来自 283 个城市的经验证据》，《广东财经大学学报》2019 年第 6 期。

发展，金融服务的覆盖广度不断增加、资本市场上资金在各产业之间的配置效率也逐渐提升，这有利于促进产业结构的优化升级。①

　　基于上述文献可以发现，已有研究大都采用静态面板数据的线性回归或门槛回归，这类模型存在以下两点值得改进的地方：第一，这类模型没有考虑被解释变量与重要解释变量之间的内生性问题，从而采用静态面板数据门槛模型估计出来的参数可能是有偏的、不一致的。第二，这些模型仅考虑了斜率门槛效应，而没有考虑截距门槛效应，这样的估计结果也可能是有偏的。故本书尝试使用加入截距项门槛效应的动态面板门槛模型对数字普惠金融发展与产业结构升级之间的关系进行实证分析。

第一节　机理分析与模型构建

一　数字普惠金融发展对产业结构升级影响的机理分析

　　数字普惠金融对产业结构升级的影响可以分为促进作用和抑制作用。

　　促进机制：第一，金融科技的发展极大丰富了传统普惠金融的产品种类，也为个人金融需求者提供了更多的金融产品，刺激了居民的金融需求，而金融创新与消费需求的多样化可以进一步推动产业结构优化升级。②③ 第二，金融系统的发展通过资本形成信用扩张机制，增加产业内的资本积累从而增加产业规模，在资本市场上，由于资本导向机制的存在使得资本流向发生改变，从而促进产业结构优化。④ 第三，技术进

---

①　Bruhn M, Love I, 2014, "The Real Impact of Improved Access to Finance: Evidence from Mexico", *The Journal of Finance*, Vol. 69, No. 3.

②　彭继增、方仙美：《金融创新、消费需求与产业结构优化升级》，《求索》2016 年第 6 期。

③　易行健、周利：《数字普惠金融发展是否显著影响了居民消费——来自中国家庭的微观证据》，《金融研究》2018 年第 11 期。

④　苏建军、徐璋勇：《金融发展、产业结构升级与经济增长——理论与经验研究》，《工业技术经济》2014 年第 3 期。

步是促进产业结构升级的重要决定性因素，数字普惠金融的发展可以帮助高新技术企业更好地从资本市场上筹措到足够的资金，高新技术企业获得创新项目所需资金后就可以促进技术革新，从而推动产业升级。

抑制机制：第一，"金融过度"问题。金融服务过度扩张，金融业利润明显高于其他行业，挤压其他行业的发展空间。[①] 金融的过度投机会导致产业结构空心化，从而不利于产业结构升级。[②] 第二，如果金融服务的需求由于自身金融知识的匮乏，就会导致有效需求的不足，从而使金融服务与金融服务的需求者之间不能有效对接，最终阻碍产业结构升级转型。第三，一些金融机构为追逐自身利润，可能会存在一定程度上的"使命漂移"，使政府政策预期与现实相背离，这可能会在一定程度上对该地区的产业结构升级产生负面影响。基于以上分析，数字普惠金融对产业结构升级的影响可能是复杂的、非单一性的，故本书假设数字普惠金融对产业结构升级的影响是非线性的。

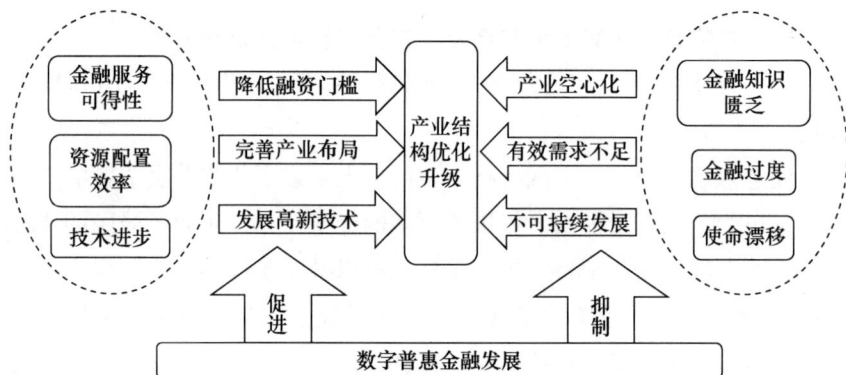

图7—1 数字普惠金融对产业结构升级的影响机制

二 变量选取与数据说明

本书采用中国 31 个省份 2011—2018 年的年度面板数据，大部分数

---

① 刘锡良、文书洋：《中国存在过度金融化吗》，《社会科学研究》2018 年第 3 期。

② 张成思、张步昙：《中国实业投资率下降之谜：经济金融化视角》，《经济研究》2016年第 12 期。

据来源于各省份的统计年鉴、国家统计局、中经网、Wind 数据库。少部分缺失的数据采用已有数据的平均增长率由后向前反推计算所得的值近似替代。

被解释变量：产业结构升级指数（Isy）。本书借鉴徐敏的做法，构建产业结构升级指数来代表产业结构的升级。[①] 计算方式如下：

$$Isy = \sum_{i=1}^{3} i \times y_i = 1 \times y_1 + 2 \times y_2 + 3 \times y_3 \qquad (7.1)$$

其中，y_i 表示第 i 产业的产值占 GDP 的比重。Isy 的值越大说明该地产业结构越高级。

核心解释变量：数字普惠金融指数（dfi）及其各维度指数（dfi_1、dfi_2、dfi_3）。本书采用北京大学数字金融研究中心发布的"北京大学出版社数字普惠金融指数"来衡量该地区的数字普惠金融发展水平。其中 dfi_1、dfi_2、dfi_3 分别代表数字普惠金融的覆盖广度、使用深度以及数字化程度。为防止可能出现的异方差，这里将各指数均除以 100。

控制变量：由于影响产业结构的因素很多，为了避免遗漏变量导致的内生性偏误，本书选择外商直接投资、城乡收入差距、政策制度、城乡收入差距、技术进步、经济发展水平、固定资产投资水平作为控制变量。具体变量见表 7—1，其中，j 表示省份 j。

表 7—1　　　　　　　　　变量选择及定义

变量类型	变量名称	变量符号	变量定义
被解释变量	产业结构升级指数	$Isy_{i,j,t}$	数值增加表示产业结构升级
核心解释变量	数字普惠金融指数	$dfi_{j,t}$	表示该地区数字普惠金融发展水平
	覆盖广度	$dfi_{1,j,t}$	表示该地区数字普惠金融覆盖广度
	使用深度	$dfi_{2,j,t}$	表示该地区数字普惠金融使用深度
	数字化程度	$dfi_{3,j,t}$	表示该地区数字普惠金融数字化程度
控制变量	外商直接投资	$fdi_{j,t}$	各地区外商直接实际投资/生产总值
	城乡收入差距	$gap_{j,t}$	城镇居民可支配收入/农村居民人均纯收入

[①] 徐敏、姜勇：《中国产业结构升级能缩小城乡消费差距吗?》，《数量经济技术经济研究》2015 年第 3 期。

续表

变量类型	变量名称	变量符号	变量定义
控制变量	政策制度	$pol_{j,t}$	各地区财政支出/地区生产总值
	技术进步	$tec_{j,t}$	研究实验发展内部经费支出/地区生产总值
	经济发展水平	$\ln rgdp_{j,t}$	各地区人均生产总值的对数
	固定资产投资水平	$invest_{j,t}$	各地区固定资产投资额/地区生产总值

三　模型构建与估计方法

为探讨数字普惠金融与产业结构升级之间的关系是否存在非线性的数字普惠金融门槛效应，考虑到当期产业结构水平往往受前期产业结构水平的影响，从而导致内生性问题，故本书借鉴 Kremer 构建动态面板数据门限模型的方法，[①] 在控制变量中加入产业结构升级指数的滞后一期项（$Isy_{i,j,t-1}$），以数字普惠金融发展水平及其子维度（$dfi_{j,t}$、$dfi_{1,j,t}$、$dfi_{2,j,t}$、$dfi_{3,j,t}$）为门槛变量，同时将其作为核心解释变量，设定数字普惠金融与产业升级（$Isy_{i,j,t}$）之间的动态面板数据门槛模型为：

$$Isy_{i,j,t} = \beta_0 + \beta_1 dfi_{j,t} I(dfi_{j,t} \leq \gamma) + \beta_2 dfi_{j,t} I(dfi_{j,t} > \gamma) + \varphi X_{j,t} + \mu_{j,t} + e_{j,t} \tag{7.2}$$

其中，下标 i 表示第 i 产业，下标 j 表示省份地区，下标 t 代表年份，$\mu_{j,t}$ 为 31 个省份的个体固定效应；$e_{j,t}$ 为误差扰动项；$I(\cdot)$ 为示性函数，其值决定于门槛变量（dfi）与门槛值（γ）；当 $dfi \leq \gamma$ 时，$I(\cdot)$ 的值为 1，否则，$I(\cdot)$ 的值为 0。X 为控制变量，包括对外商直接投资、城乡收入差距、政策制度、技术进步、经济发展水平以及固定资产投资水平。根据 Bick 的研究，仅考虑斜率门槛效应，而没有考虑截距项的门槛效应，最终模型估计的结果可能是有偏的。因此，本书在模型（1）的基础上加入截距项的门槛效应。其中 δ 表示当 $dfi \leq \gamma$ 时的截距。

$$Isy_{i,j,t} = \beta_0 + \alpha_1 Isy_{i,j,t-1} + \beta_1 dfi_{j,t} I(dfi_{j,t} \leq \gamma) + \delta I(dfi_{j,t} \leq \gamma) + \beta_2 dfi_{j,t} I(dfi_{j,t} > \delta) + \varphi X_{j,t} + \mu_i + e_{j,t} \tag{7.3}$$

---

① Kremer S, Bick A, Nautz D, 2013, "Inflation and Growth: New Evidence from a Dynamic Panel Threshold Analysis", *Empirical Economics*, Vol. 44, No. 2.

　　由于动态面板数据门槛模型（2）中含有31个省份的个体固定效应
（μ_i），因此在估计之前需要先通过固定效应变换来消除固定效应。本
书借鉴 Arellano 和 Bover 提出的前向正交离差变换来消除固定效应。该
方法采用各变量在 t 期的观察值减去 t 期之后所有的观察值的平均值，
以此来解决固定效应变换后产生的误差项序列相关问题。对模型
（7.3）中的各变量进行前向正交离差变换后得到模型（7.4）：

$$Isy_{i,j,t}{}^* = \beta_0 + \alpha_1 Isy_{i,t-1} + \beta_1 dfi_{j,t} I(dfi_{j,t} \leqslant \gamma) + \delta I(dfi_{j,t} \leqslant \gamma) +$$
$$\beta_2 dfi_{j,t} I(dfi_{j,t} > \gamma) + \varphi X_{j,t} + \mu_i + e_{j,t} \qquad (7.4)$$

　　模型（7.4）中变量的前向正交离差变换形式如下：（以产业结构
升级指数 $Isy_{i,j,t}$ 为例，其他变量的变换形式也一样）

$$Isy_{i,j,t}{}^* = \sqrt{\frac{T-t}{T-t+1}} \big[Isy_{i,j,t} - \frac{1}{T-t}(Isy_{i,j,t+1} + \cdots + Isy_{i,j,t}) \big],$$
$$t = 1, \cdots, T-1 \qquad (7.5)$$

　　其中 $e_{j,t}{}^*$ 不存在序列相关且其方差具有单位矩阵的形式：

$$Var(e_{j,t}) = \sigma^2 I_T \Rightarrow Var(e_{j,t}{}^*) = \sigma^2 I_{T-1} \qquad (7.6)$$

　　至此，本书就可以利用估计包含内生自变量的门槛模型程序来估计
模型（7.4）中的参数了。具体而言，模型估计程序包含三个步骤：第
一步，利用最小二乘法估计内生变量与工具变量的简化模型，通过简化
模型估计内生变量的预测值，将预测值带入模型（7.4）；第二步，估
计模型（7.4）中的门槛值；第三步，基于门槛估计值（$\hat{\gamma}$）和工具变
量（$\hat{x}_{j,t}$），运用面板数据广义矩估计（GMM）分别估计斜率门槛系数
和截距门槛系数。

第二节　数字普惠金融对产业结构
升级影响的实证

一　内生性检验与数据处理

　　根据分布理论，门槛变量应为外生性变量。由于本书将产业结构升
级指数的滞后一期作为解释变量放入动态面板数据门槛模型中，导致解
释变量可能与随机干扰项产生内生性。因此在对模型参数进行估计之

前，本书需要对各变量的内生性进行检验。本书将从检验变量的内生性和处理变量的内生性两方面加以说明。

表7—2   面板数据变量的内生性检验[①]

原假设 H0：解释变量为外生性变量						
变量	$dfi_{j,t}$	$fdi_{j,t}$	$pol_{j,t}$	$gap_{j,t}$	$tec_{j,t}$	$\ln rgdp_{j,t}$	$invest_{j,t}$
工具变量	$dfi_{j,t-1}$	$fdi_{j,t-1}$	$pol_{j,t-1}$	$gap_{j,t-1}$	$tec_{j,t-1}$	$\ln rgdp_{j,t-1}$	$invest_{j,t-1}$
F (1, 207)	0.3653	0.0012	0.0032	0.0000	0.0512	0.0000	0.0145
Chi-sq (1)	0.3621	0.0014	0.0027	0.0000	0.0212	0.0000	0.0129

第一，检验动态面板数据门槛模型的内生性问题。本书首先将产业结构升级指数作为被解释变量，其他变量的滞后一期作为工具变量，运用面板数据工具变量的两阶段最小二乘法对各变量逐一回归，然后运用吴—豪斯曼 F 检验（Wu-Hausman F test）杜宾—吴—豪斯曼卡方检验（Durbin-Wu-Hausman chi-sq test）检验各变量的内生性。检验结果如表7—2 所示，除数字普惠金融指数（dfi）之外，其余变量均为内生性变量。

第二，处理面板数据的内生性变量。为了处理面板数据变量的内生性问题，本书将内生性变量的当期值作为解释变量，以各内生性变量的滞后一期值和其他影响该变量的变量作为解释变量，运用面板数据 OLS 法进行估计和预测，将各内生性变量的预测值替代原内生性变量带入动态面板门槛模型（7.3）中进行估计，具体计算过程与内生性检验回归方法相同。

处理完面板数据变量的内生性后，本书在估计动态面板数据门槛效应模型（7.4）中选取经济发展水平滞后一期项（$\ln rgdp_{i,t-1}$）作为工具变量，动态面板数据门槛效应模型的估计结果（表7—3）表明数字普惠金融发展与产业结构升级之间存在非线性的门槛效应。

二 全样本分析

首先，考察数字普惠金融的门槛效应。从表7—3 的 Panel A 可以发

---

① 表中数据分别为的 F 统计量和 Chi-sq 统计量的 P 值。

现，无论门槛变量设为数字普惠金融发展指数还是其子维度，都既存在斜率门槛效应又存在截距门槛效应。当门槛变量设为数字普惠金融指数时，斜率门槛值（γ）的估计值为 0.7587，其 95% 的置信区间为 [0.6853%，0.7629%]，截距门槛值（δ）的估计值为 2.349，且在 1% 的显著性水平下显著。当门槛变量设为数字普惠金融指数的子维度时，斜率门槛值（γ）的估计值分别为 1.6476%、1.2321%、1.0142%。可以看出虽然 γ 与 δ 的估计值略有变化，但变化不大，且均为正数。

其次，考察核心解释变量及其子维度对产业结构升级的影响，从表 7—3 的 Panel B 可以看到，dfi 的系数在门槛前后系数分别为 0.0388 和 0.0485，且均在 1% 的显著性水平下显著，这说明整体上数字普惠金融对产业结构升级的促进作用呈现出由弱到强的非线性变化过程，数字普惠金融的产业升级效应存在瓶颈。观察其子维度在门槛值前后系数的变化可以发现：当门槛变量设置为 $dfi_{1,j,t}$ 时，其系数在门槛前后符号由正转负，且门槛值后的系数显著，这说明数字普惠金融的覆盖广度在超过门槛值后对产业结构升级起抑制作用；当门槛变量设置为 $dfi_{2,j,t}$ 时，其系数在门槛前后均为负数，且均在 1% 的显著水平下显著，但门槛后的数值有所上升，这说明数字普惠金融使用深度对产业结构升级起抑制作用，但在门槛后抑制作用减弱；当门槛变量设置为 $dfi_{3,j,t}$ 时，其系数在门槛前后符号由负转正，且在门槛后显著，这说明数字化程度对产业结构升级起推动作用。

表 7—3　　数字普惠金融发展对产业结构升级的非线性检验结果（全国样本）[①]

全国			
门槛变量	$dfi_{j,t}$	$dfi_{1,j,t}$	$dfi_{2,j,t}$	$dfi_{3,j,t}$
Panel A：门槛值估计				
γ	0.7587	1.6476	1.2321	1.0142

① 表中置信区间的置信水平为 95%；表中 ***、**、* 分别表示统计量在 1%、5%、10% 的显著性水平下显著；表中括号内的数据为标准误。（下同）

续表

门槛变量	$dfi_{j,t}$	$dfi_{1,j,t}$	$dfi_{2,j,t}$	$dfi_{3,j,t}$
置信区间	$[0.6853, 0.7629]$	$[1.5744, 1.6526]$	$[1.2048, 1.2706]$	$[1.0035, 1.0294]$
δ	2.349 ***	2.356 ***	2.355 ***	2.352 ***
	(0.00236)	(0.00446)	(0.00404)	(0.00442)
Panel B：核心解释变量及其子维度（dfi、dfi_1、dfi_2、dfi_3）对产业结构升级的影响				
β_1	0.0388 ***	0.00644	−0.0774 ***	−0.00833
	(0.0116)	(0.00658)	(0.0105)	(0.00879)
β_2	0.0485 ***	0.0193 ***	−0.0257 ***	0.0122 ***
	(0.00221)	(0.00649)	(0.00413)	(0.00330)
Panel C：其他变量对产业结构升级的影响				
$Isy_{i,j,t}$	0.468 ***	0.896 ***	0.876 ***	1.017 ***
	(0.105)	(0.200)	(0.168)	(0.191)
$fdi_{j,t}$	0.0104 ***	0.0261 ***	0.0538 ***	0.0280 ***
	(0.00282)	(0.00504)	(0.00606)	(0.00515)
$pol_{j,t}$	−0.0129	−0.0167	−0.0407 *	0.0356
	(0.0147)	(0.0273)	(0.0239)	(0.0295)
$gap_{j,t}$	−0.0179 ***	−0.0115	−0.0267 ***	0.00960
	(0.00499)	(0.00914)	(0.00817)	(0.00977)
$tec_{j,t}$	0.00399	0.0407 ***	0.0238 **	0.0123
	(0.00661)	(0.0134)	(0.0103)	(0.0126)
$\ln rgdp_{j,t}$	0.0311 ***	0.0359 ***	0.0115	0.0270 **
	(0.00614)	(0.0126)	(0.0102)	(0.0116)
$invest_{j,t}$	0.00248	0.00967 **	0.00113	0.00661
	(0.00248)	(0.00452)	(0.00400)	(0.00456)

最后，考察其他变量对产业结构升级的影响。从表7—3 的 Panel C 的结果可以发现，政策制度（$pol_{j,t}$）对产业结构升级的影响均为负数，但除门槛变量设置为 $dfi_{2,j,t}$ 时在 10% 的显著水平上显著外，其他情况均不显著。这说明目前政府的财政支出政策需要进一步调整以适应产业结构调整升级。城乡收入差距（$gap_{j,t}$）的系数为负，且除门槛变量设置为 $dfi_{3,j,t}$ 时不显著外，其他情况均显著，这说明城乡收入差距抑制了产

业结构升级。如何缩小城乡收入差距成为当前推动产业结构升级亟须解决的问题。表7—3中产业结构升级指数的滞后项、外商直接投资、技术进步、固定资产投资以及地区发展水平的系数均为正数，这与以往的研究结论一致。

三　异质性分析

由于中国各地区经济发展不平衡，因此各地区数字普惠金融发展水平对产业结构升级的影响可能存在异质性。与前文的处理方式类似，本书在对各地区动态面板数据门槛效应模型进行回归前，对各变量的内生性做了相似的处理。在使用处理过后的面板数据对模型（7.4）进行回归后发现，各地区数字普惠金融发展及其子维度与产业结构升级之间均存在斜率门槛效应和截距门槛效应。各地区数字普惠金融发展均对产业结构升级产生了显著的促进作用。

表7—4　　数字普惠金融发展对产业结构升级的非线性检验结果
（东部地区）

门槛变量	东部地区			
	$dfi_{j,t}$	$dfi_{1,j,t}$	$dfi_{2,j,t}$	$dfi_{3,j,t}$
Panel A：门槛值估计				
γ	2.9095	1.2706	1.6007	1.0353
置信区间	[2.8224, 2.9617]	[1.2321, 1.4498]	[1.5498, 1.6076]	[1.0294, 1.2203]
δ	2.439 ***	2.449 ***	2.450 ***	2.442 ***
	(0.00229)	(0.00683)	(0.00631)	(0.00736)
Panel B：核心解释变量及其子维度（$dfi_{j,t}$、$dfi_{1,j,t}$、$dfi_{2,j,t}$、$dfi_{3,j,t}$）对产业结构升级的影响				
β_1	0.0498 ***	0.0673 ***	− 0.0663 ***	− 0.0204
	(0.00222)	(0.0202)	(0.0114)	(0.0271)
β_2	0.0374 ***	0.0112	− 0.00798 *	0.0101 **
	(0.00231)	(0.00745)	(0.00476)	(0.00425)

表7—4展示了东部地区数字普惠金融及其子维度对产业结构升级

的影响。就东部地区来说，数字普惠金融系数在门槛前后均为正数且显著，但数值在变小，这说明东部地区的数字普惠金融发展对产业结构升级的促进作用可能存在边际递减效应。从子维度来看，数字普惠金融覆盖广度的系数在门槛值前后均为正数，这说明数字普惠金融的覆盖广度对产业结构升级产生了促进作用。数字普惠金融使用深度系数在门槛值前后均为负数且在1%的水平下显著，这说明数字普惠金融使用深度对产业结构升级产生了显著的抑制作用，表明中国东部地区存在一定的"金融过度"问题，即接受金融服务的数量超过了需求的数量，金融体系的过度发展不仅不会对实体经济产生促进作用，反而会抑制实体经济发展。数字化程度的系数在门槛值前后由负转正，且显著性由不显著转为显著，这说明数字化程度对产业结构的影响由不显著的抑制作用转化为显著的促进作用。

表7—5   数字普惠金融发展对产业结构升级的非线性检验结果
（中部地区）

中部地区				
门槛变量	$dfi_{j,t}$	$dfi_{1,j,t}$	$dfi_{2,j,t}$	$dfi_{3,j,t}$
Panel A：门槛值估计				
γ	1.6476	1.6476	2.2993	2.6692
置信区间	[1.2373, 1.6562]	[1.2191, 1.6562]	[2.2878, 2.3986]	[2.6112, 2.6717]
δ	2.279 ***	2.295 ***	2.286 ***	2.293 ***
	(0.00509)	(0.01103)	(0.01071)	(0.00442)
Panel B：核心解释变量及其子维度（$dfi_{j,t}$、$dfi_{1,j,t}$、$dfi_{2,j,t}$、$dfi_{3,j,t}$）对产业结构升级的影响				
β_1	0.0324 ***	0.0834 ***	-0.0019	0.0099
	(0.00710)	(0.01838)	(0.01074)	(0.00918)
β_2	0.0826 ***	0.0337 ***	0.0535 ***	0.0165 *
	(0.00271)	(0.01110)	(0.01333)	(0.01660)

表7—5展示了中部地区数字普惠金融及其子维度对产业结构升级的影响。就中部地区来说，数字普惠金融发展指数的系数在门槛前后均为正且显著，同时系数在增大，这说明数字普惠金融发展对产业结构升

级产生了显著的促进作用，且作用效果越来越明显。从子维度来看，数字普惠金融的覆盖广度无疑是产业结构升级的重要积极因素。数字普惠金融使用深度系数在门槛值前后符合由负转正，且显著性由不显著转为显著，这说明中部地区接受金融服务的数量要低于金融服务的供给量，数字普惠金融使用深度有待进一步提高以促进产业结构升级。数字化程度对产业结构升级无明显的促进作用，原因可能是对中部地区而言，信息化与科技水平已经较高，产业结构的合理化才是其产业结构升级的路径。

表7—6 数字普惠金融发展对产业结构升级的非线性检验结果

（西部地区）

西部地区				
门槛变量	$dfi_{j,t}$	$dfi_{1,j,t}$	$dfi_{2,j,t}$	$dfi_{3,j,t}$
Panel A：门槛值估计				
γ	0.7587	1.5304	1.0013	1.015
置信区间	[0.6853, 0.7629]	[1.4837, 1.5462]	[1.0002, 1.1510]	[1.0002, 1.1510]
δ	2.310 ***	2.318 ***	2.323 ***	2.314 ***
	(0.00350)	(0.00684)	(0.00666)	(0.00621)
Panel B：核心解释变量及其子维度（$dfi_{j,t}$、$dfi_{1,j,t}$、$dfi_{2,j,t}$、$dfi_{3,j,t}$）对产业结构升级的影响				
β_1	0.0191	0.0129	−0.0890 ***	−0.00397
	(0.0134)	(0.0117)	(0.0254)	(0.0126)
β_2	0.0431 ***	0.00401	−0.00418	0.0202 ***
	(0.00347)	(0.0103)	(0.00682)	(0.00583)

表7—6展示了西部地区数字普惠金融及其子维度对产业结构升级的影响。就西部地区来说，数字普惠金融发展指数的系数在门槛值前后由不显著转为显著，且数值增大，这说明西部地区的数字普惠金融发展对产业结构升级产生了促进作用。从子维度来看，数字普惠金融的覆盖广度对产业结构升级无明显的促进作用。数字普惠金融使用深度系数在门槛值前后符号均为负，但显著性由显著转为不显著且数值上升，这说明在经济发展水平较为落后的西部地区，金融服务的供给量有待提高。

数字化程度系数由负转正且由不显著转为显著，这说明在西部地区，信息化建设对产业结构升级有显著的促进作用。

四 稳健性分析

本书通过替换核心变量的测算方式（$dfi \rightarrow \ln dfi$）来检验数字普惠金融发展与产业结构升级关系的稳健性。从门槛值和核心解释变量的斜率门槛效应来看，全国样本和各地区样本均存在斜率门槛效应和截距门槛效应，斜率门槛值和截距门槛值的数值虽稍有改变，但符号和显著性并没有改变。从控制变量的系数来看，各控制变量系数的显著性和符号并没有太大变化，产业结构的滞后项和外商直接投资也都至少在 10% 的显著性水平下显著为正，其他控制变量系数也基本与前文一致。因此本书的检验结果基本稳健。

表7—7　　　　　　　　　　稳健性检验估计结果

数字普惠金融发展水平（$dfi \rightarrow \ln dfi$）			
全国	东部	中部	西部
Panel A：门槛值估计			
γ	0.9193	1.2706	1.0142	0.7587
置信区间	[0.8980, 0.9298]	[1.2308, 1.4782]	[0.9663, 1.3836]	[0.7354, 0.7693]
δ	1.760603 ***	1.786892 ***	1.254794 ***	1.861947 ***
	(0.0291705)	(0.0338547)	(0.0511691)	(0.0388635)
Panel B：核心解释变量（dfi）对产业结构升级的影响			
β_1	0.1224165 ***	0.1275408 ***	0.2186998 ***	0.1026747 ***
	(0.0067028)	(0.0072917)	(0.0114727)	(0.010706)
β_2	0.1134826 ***	0.1221311 ***	0.1990561 ***	0.1886406 ***
	(0.0055122)	(0.0061576)	(0.0094482)	(0.0075148)
Panel C：其他变量对产业结构升级的影响			
Isy_{t-1}	0.4565884 ***	0.3284544 ***	0.432656 ***	2877114 *
	(0.105823)	(0.1109605)	(0.1213277)	(0.1685593)
fdi	0.01348648 ***	0.0124094 ***	0.0021868 **	0.0344289 ***
	(0.0028548)	(0.0033771)	(0.0042268)	(0.00932)

续表

数字普惠金融发展水平（$dfi{\rightarrow}\ln dfi$）			
	全国	东部	中部	西部
pol	− 0. 0063727	0190308 ***	0. 0116496 **	− 0. 0855355 ***
	(0. 0144919)	(0. 0054023)	(0. 0051739)	(0. 0154458)
gap	0. 0215116 ***	0. 0001914	− 0. 0180705 **	0. 0502961 ***
	(0. 0049737)	(0. 0022773)	(0. 0069963)	(0. 0089177)
tec	0. 0049409	0. 0025077	0. 0150413 ***	0. 0286979 ***
	(0. 0066)	(0. 0031242)	(0. 0048667)	(0. 0100041)
lnrgdp	0. 0285383 ***	0. 0060099 **	0. 0023359	0. 0595305 ***
	(0. 0061463)	(0. 0028597)	(0. 005287)	(0. 0078064)
lnvest	0. 0039005	0. 0013789	0. 0047889 *	0. 0091112 ***
	(0. 00024215)	(0. 0022276)	(0. 0028335)	(0. 0026329)

第三节　研究结论

基于中国 31 个省份的面板数据，本书以北京大学数字普惠金融指数及其子维度为门槛变量，通过构建动态面板数据的门槛模型，分析了中国数字普惠金融发展对产业结构升级的影响机制。研究表明：第一，中国数字普惠金融发展与产业结构升级之间的关系存在门槛效应。第二，从子维度上看，全国乃至各地区的数字普惠金融覆盖广度对产业结构升级均产生了促进作用，而数字普惠金融使用深度对产业结构升级产生了一定的负面效应，这可能是因为中国存在一定的"金融过度"现象。数字普惠金融的数字化程度对产业结构升级的作用由不显著转为显著，这说明数字化建设能够有效降低金融交易的成本。第三，分地区来看，通过横向比较各地区数字普惠金融的产业结构升级效应可以发现，与东部地区和中部地区相比，西部地区数字普惠金融发展对产业结构升级的促进作用最为明显。

第八章

数字普惠金融发展对农业
全要素生产率的影响

农业发展作为国民经济增长的重要动力来源，受到党和国家的高度重视。2016年《全国农业现代化规划（2016—2020）》报告指出，为加快补齐农业现代化短板，要求坚持走改革创新双轮驱动道路，着力提升农业综合竞争力。随后，党的十九大报告首次提出乡村振兴战略，要求从产业、人才、文化、生态、组织等方面深化农村改革，重塑农村形态。在国家的政策支持和人民共同努力下，中国农村农业发展取得了巨大进步，农业总产值连续五年超过50000亿元。但基于中国农业大而不强、多而不优的现实，生产要素配置不均、农村产业发展缓慢、农业经济发展水平较低、城乡居民收入差距较大等问题仍然是阻碍中国农业现代化进程高效推进的主要原因。新形势下，单纯依靠要素投入的数量型增长难以对农业生产进步起到持续性作用，因此解决"三农"问题，加快农业现代化进程的关键在于质量兴农，即提高农业全要素生产率。[①]

除了加快农业战略科技创新、完善农技推广体系、加大农村人力资本投资和推进制度创新等传统路径外，农业全要素生产率的提升还依赖于充足的资金支持，即通过金融服务缓解融资困境、降低技术改善成本为农业生产提供资金保障。学术界就金融发展对全要素生产率的影响进行了广泛研究，且大量研究成果表明，金融发展可以显著提高农业全要

---

① Cao K H, Birchenall J A, 2013, "Agricultural Productivity, Structural Change, and Economic Growth in Post-reform China", *Journal of Development Economics*, No. 3.

素生产率。①② 随着互联网技术的深入发展，数字普惠金融的出现为优化金融资源配置、提升金融服务效率指引了新的方向，但数字普惠金融概念较新，针对数字普惠金融发展与农业全要素生产率的研究较少。鉴于此，本书围绕农业全要素生产率，探索数字普惠金融发展对农业全要素生产率的影响及作用路径，这对解决"三农"问题，促进农业高质量发展有重要意义。

第一节　数字普惠金融与农业全要素生产率的文献综述

改革开放以来，中国农业生产取得显著成就，为加快构建农业现代化发展道路，提升农业全要素生产率是必要之举。所谓全要素生产率，是指总产出与要素总投入之比，③ 一般利用参数法或非参数法进行测算。④ 不同于一般产出指标，全要素生产率可以被用来反映经济增长来源和经济发展效率。当前中国处于经济高质量发展阶段，农业发展的核心在于优化生产资源配置，减少对要素投入的过度依赖，而农业全要素生产率正是农业发展的关键所在，提高农业全要素生产率，有助于加快农村经济结构转型，促进农业稳定发展。⑤⑥

---

① 徐璋勇、朱睿：《金融发展对绿色全要素生产率的影响分析——来自中国西部地区的实证研究》，《山西大学学报》（哲学社会科学版）2020 年第 1 期。

② 李健、辛冲冲：《金融发展的城市全要素生产率增长效应研究——基于中国 260 个城市面板数据分析》，《当代经济管理》2020 年第 9 期。

③ Jorgensen D W, Griliches Z, 1967, "The Explanation of Productivity Change", *Review of Economic Studies*, No. 3.

④ Gong, Binlei, 2018, "Agricultural Reforms and Production in China: Changes in Provincial Production Function and Productivity in 1978 – 2015", *Journal of Development*, *Economics*, No. 132.

⑤ 赫国胜、张微微：《中国农业全要素生产率影响因素、影响效应分解及区域化差异——基于省级动态面板数据的 GMM 估计》，《辽宁大学学报》（哲学社会科学版）2016 年第 3 期。

⑥ 王璐、杨汝岱、吴比：《中国农户农业生产全要素生产率研究》，《管理世界》2020 年第 12 期。

一　农业全要素生产率的相关分析

农业全要素生产率的提高依赖于现代化机械设备和农业技术进步，陈鸣和邓荣荣采用空间杜宾模型实证发现增加农业 R&D 投入可显著提升农业全要素生产率;① 李欠男和李谷成认为互联网发展有利于打破农业知识传播的时空限制，引领农业技术进步从而提升农业全要素生产率。② 农业技术开发、互联网基础设施建设和农技推广都离不开资金支持，农村金融作为现代农业经济资源配置核心，凭借其自身强大的资源配置能力和风险管控能力可以为农技创新活动创造融资渠道，为中国农业平稳发展提供强有力的支撑。③④ 大量研究表明，农村金融对农业全要素生产率增长起到显著促进作用。⑤⑥⑦ 但随着金融发展，资源要素流动更为频繁，收入差距进一步拉大，传统金融内在的"逐利性"和"嫌贫爱富"的特征使贫困群体无法获得所需的金融服务，⑧ 反而限制了这些地区农业全要素生产率的提升。随着互联网技术不断进步，以数字技术为依托的数字普惠金融可摆脱时间和空间束缚，为农村中小微企业和农村居民提供成本低、惠及面广、高效的金融服务，⑨ 进一步激活

---

① 陈鸣、邓荣荣:《农业 R&D 投入与农业全要素生产率——一个空间溢出视角的解释与证据》,《江西财经大学学报》2020 年第 2 期。

② 李欠男、李谷成:《互联网发展对农业全要素生产率增长的影响》,《华中农业大学学报》(社会科学版) 2020 年第 4 期。

③ 贾蕊蕊、刘海燕、郭琨:《中国农村商业银行经营绩效及其外部影响因素分析》,《管理评论》2018 年第 11 期。

④ 蒋永穆:《中国农村金融改革 40 年:历史进程与基本经验》,《农村经济》2018 年第 12 期。

⑤ 谭霖、邓伟平:《金融发展与全要素生产率互动:农业视角》,《南方金融》2011 年第 8 期。

⑥ 尹雷、沈毅:《农村金融发展对中国农业全要素生产率的影响:是技术进步还是技术效率——基于省级动态面板数据的 GMM 估计》,《财贸研究》2014 年第 2 期。

⑦ 井深、肖龙铎:《农村正规与非正规金融发展对农业全要素生产率的影响——基于中国省级面板数据的实证研究》,《江苏社会科学》2017 年第 4 期。

⑧ 李建军、韩珣:《普惠金融、收入分配和贫困减缓——推进效率和公平的政策框架选择》,《金融研究》2019 年第 3 期。

⑨ Diniz E, Birochi R, Pozzebon M, 2012, "Triggers and Barriers to Financial Inclusion: the Use of ICT-based Branchless Banking in an Amazon County", *Electronic Commerce Research Applications*, No. 5.

了传统金融的发展潜力，有助于优化农村金融资源配置，促进农业部门发展。①

二　数字普惠金融发展促进农业全要素生产率的相关分析

相较传统金融，数字普惠金融在促进农业发展、提高农业全要素生产率方面存在以下优势：第一，融资成本低，服务范围广。一方面，数字普惠金融通过电子设备等移动终端摆脱物理空间限制，减少了对固定资产的需求，金融机构可以以更低的成本为农村企业和居民提供金融服务，② 有助于减少金融排斥；另一方面，借助数字技术的独特优势，数字普惠金融可以将金融服务拓展到传统金融机构难以触及的偏远地区，提高偏远地区农村居民的金融可得性，③ 这有助于缓解农村居民购置高质量农业生产要素的融资约束，为其引进、研发和吸收先进农业技术提供资金支持。第二，信贷配置效率高，风险防控能力强。农村传统金融市场存在严重的信息不对称，金融机构通常采用基于抵押物的信贷技术甄别贷款对象，④ 这种客户选择方式不仅增加了信贷成本，还降低了不具备合格抵押物的农村居民和农村小微企业的金融可得性，导致金融资源扭曲式配置。⑤ 而数字普惠金融的出现可打破信息孤岛、简化信息流动，⑥ 利用数字技术汇总农村居民和小微企业的各项信息数据，搭建信息共享平台，对用户信息进行深度挖掘并分析其交易行为，评判信用状态。通过数字技术创新增信机制，不仅可以减少因硬性信用不足所导致

---

① 陈宝珍、任金政：《数字金融与农户：普惠效果和影响机制》，《财贸研究》2020 年第 6 期。

② 成学真、龚沁宜：《数字普惠金融如何影响实体经济的发展——基于系统 GMM 模型和中介效应检验的分析》，《湖南大学学报》（社会科学版）2020 年第 3 期。

③ 周利、廖婧琳、张浩：《数字普惠金融、信贷可得性与居民贫困减缓——来自中国家庭调查的微观证据》，《经济科学》2021 年第 1 期。

④ 黄滢晓、汪慧玲：《金融资源配置扭曲与贫困关系研究》，《贵州社会科学》2007 年第 12 期。

⑤ 樊文翔：《数字普惠金融提高了农户信贷获得吗?》，《华中农业大学学报》（社会科学版）2021 年第 1 期。

⑥ 李优树、张敏：《数字普惠金融发展对系统性金融风险的影响研究》，《中国特色社会主义研究》2020 年第 1 期。

的融资问题，还能有针对性地进行风险防范，① 这有利于改善农村金融资源配置，提高农业技术效率。

综上所述，现有研究成果主要集中于农业全要素生产率的定义、重要性及影响因素。在金融对农业全要素生产率的影响方面，学者们大多基于传统金融视角，并未考虑数字技术的作用，且鲜有学者直接就数字普惠金融发展对农业全要素生产率的影响进行研究。鉴于此，本书可以产生的边际贡献在于：第一，基于数字普惠金融视角，通过实证分析，探究其对农业全要素生产率的影响。第二，通过将农业全要素生产率分解为农业技术进步和农业技术效率，研究数字普惠金融发展对农业全要素生产率的作用路径，为服务乡村振兴战略，助力农业稳定发展提供现实指导。

第二节　数字普惠金融对农业全要素生产率影响的实证

一　农业全要素生产率的测算

为避免参数法因函数设定有误导致的计算误差，本书利用 DEA-Malmquist 指数法测算农业全要素生产率。以狭义农业为研究对象，农业产出变量以农业总产值（亿元）表示，并利用 GDP 平减指数以 2008年为基期进行平减。农业投入变量包括：农作物总播种面积（千公顷）、种植业从业人员（万人）、种植业机械总动力（万千瓦）、化肥施用折存量（万吨）、有效灌溉面积（千公顷）和农村用电量（亿千瓦小时）。需要注意的是，种植业从业人员、种植业机械总动力无法在统计年鉴查找到具体数字，因此利用农业总产值与农林牧渔总产值的比值进行计算，根据种植业在农林牧渔中的占比衡量种植业从业人员数量和种植业机械总动力。农业全要素生产率的计算公式如下：

---

① 黄倩、李政、熊德平：《数字普惠金融的减贫效应及其传导机制》，《改革》2019 年第 11 期。

$$M_i(x_{t+1}, y_{t+1}, x_t, y_t) = \left[\frac{d_i^t(x_{t+1}, y_{t+1})}{d_i^t(x_t, y_t)} \times \frac{d_i^{t+1}(x_{t+1}, y_{t+1})}{d_i^{t+1}(x_t, y_t)} \right]^{\frac{1}{2}}$$

$$= \frac{d_i^{t+1}(x_{t+1}, y_{t+1})}{d_i^{t+1}(x_t, y_t)} \times \left[\frac{d_i^t(x_t, y_t)}{d_i^{t+1}(x_t, y_t)} \times \frac{d_i^t(x_{t+1}, y_{t+1})}{d_i^{t+1}(x_{t+1}, y_{t+1})} \right]^{\frac{1}{2}}$$

(8.1)

利用 DEAP 2.1 软件计算 2011—2018 年全国 31 个省份的农业全要素生产率（total factor productivity，*tfp*）、农业技术进步（technology progress，*tp*）和农业技术效率（technical efficiency，*te*），考虑到本书研究的是农业全要素生产率的水平值，则需要对 Malmquist 指数的测算结果进行累乘（以 2010 年为基年），计算结果如表 8—1 所示。

表 8—1　　　　　　　2011—2018 年农业全要素生产率测算结果

年份	tfp				tp				te			
	全国	东部	中部	西部	全国	东部	中部	西部	全国	东部	中部	西部
2011	1.0397	1.0375	1.0403	1.0414	1.0181	1.0467	1.0040	1.0037	1.0218	0.9913	1.0366	1.0374
2012	1.1284	1.1129	1.1456	1.1266	1.0454	1.1180	1.0174	1.0009	1.0860	0.9966	1.1296	1.1318
2013	1.2291	1.2193	1.2256	1.2426	1.1076	1.1896	1.0579	1.0754	1.1198	1.0267	1.1680	1.1647
2014	1.3035	1.2799	1.2926	1.3381	1.1400	1.2550	1.0746	1.0905	1.1583	1.0223	1.2154	1.2372
2015	1.3935	1.3611	1.3652	1.4541	1.1969	1.2785	1.1539	1.1582	1.1827	1.0733	1.2072	1.2676
2016	1.4541	1.4205	1.4043	1.5377	1.2217	1.3179	1.1637	1.1834	1.2098	1.0871	1.2327	1.3095
2017	1.5331	1.4386	1.4757	1.6851	1.2555	1.3269	1.1867	1.2528	1.2375	1.0933	1.2571	1.3621
2018	1.6365	1.5244	1.5526	1.8324	1.2861	1.3826	1.1932	1.2825	1.2909	1.1136	1.3167	1.4423
均值	1.3397	1.2993	1.3127	1.4073	1.1589	1.2394	1.1064	1.1309	1.1634	1.0505	1.1954	1.2441

从全国层面看，中国农业全要素生产率、农业技术进步和农业技术效率从 2011 年到 2018 年不断上涨，说明中国农业生产效率逐年提高，生产技术取得进步，要素配置更加高效，有助于增加农业产出，促进农业部门发展。分地区看，中国东、中、西部农业全要素生产率水平值、农业技术进步水平值和农业技术效率水平值从 2011 年到 2018 年也呈上升状态，且中、西部地区的农业全要素生产率水平值和农业技术效率水平值要高于东部地区，可能是因为中、西部地区多为农业大省，农业要

素投入充足且有关农业生产方面的经验更加丰富，要素配置更加有效，相对而言，中、西部地区农业发展水平更高；而中、西部地区的农业技术进步水平值低于东部地区，可能的原因是东部地区经济实力较强，在采购先进农业机械和引进先进农业技术方面，有足够的资金基础，有助于提高农业技术水平。

二　模型构建

（一）基准回归模型。为研究数字普惠金融对农业全要素生产率的影响，构建如下面板模型：

$$Y_{i,t} = \lambda_0 + \lambda_1 DIFI_{i,t} + \sum \lambda_i Control_{i,t} + \mu_i + \varepsilon_{i,t} \qquad (8.2)$$

根据式（8.2），i 表示地区，t 表示时间，$Y_{i,t}$ 表示被解释变量，$DIFI_{i,t}$ 为核心解释标量，$Control_{i,t}$ 为控制变量，μ_i 为不可观测的个体效应，$\varepsilon_{i,t}$ 为随机扰动项。

（二）面板门槛模型。为深入探讨当数字普惠金融处于不同发展阶段时，能否对农业全要素生产率产生不同的影响，本书利用面板门槛模型，对数字普惠金融发展与农业全要素生产率的影响进行实证分析，本书构建的门槛模型如下：

$$Y_{i,t} = \lambda_0 + \lambda_1 Control_{i,t} + \lambda_2 X_{i,t} I(q_{i,t} \leq \gamma) +$$
$$\lambda_2 X_{i,t} I(q_{i,t} > \gamma) + \mu_i + \varepsilon_{i,t} \qquad (8.3)$$

其中，$I(\cdot)$ 为示性函数，函数值取决于门槛变量 $q_{i,t}$，其余变量含义与式（8.2）相同。

（三）变量选取及数据来源

1. 被解释变量。选取前文测算出的 2011—2018 年农业全要素生产率水平值（$tfp_{i,t}$）、农业技术进步水平值（$tp_{i,t}$）和农业技术效率水平值（$te_{i,t}$）作为被解释变量，为消除异方差，对被解释变量进行取对数处理，但考虑到部分 $tfp_{i,t}$、$tp_{i,t}$ 和 $te_{i,t}$ 为小数，为避免取对数后变为负值，本书对被解释变量进行加一后再取对数处理。

2. 核心解释变量。选取北京大学数字普惠金融指数（digital inclusive financial index，$DIFI_{i,t}$）及覆盖广度（coverage breadth，$cb_{i,t}$）、使用深度（use depth，$ud_{i,t}$）和数字化程度（degree of digitization，$dd_{i,t}$）

三个维度作为核心解释变量。

3. 控制变量。农村居民受教育水平（education level，$el_{i,t}$）：用农村居民平均受教育年限表示。受灾率（disaster rate，$dr_{i,t}$）：用受灾面积除以农作物总播种面积表示。财政支持（financial support，$fs_{i,t}$）：用财政支农支出除以总财政支出表示。外资投入水平（foreign investment level，$fil_{i,t}$）：用实际利用外商直接投资除以地区生产总值表示。城镇化水平（urbanization level，$ul_{i,t}$）：用非农人口除以地区总人口表示。

4. 数据来源。本书研究 2011—2018 年 31 个省份的面板数据，数字普惠金融指数及维度指数来源于北京大学数字金融研究中心，农业全要素生产率的产出、投入指标及控制变量所需要的数据来源于《中国统计年鉴》（2011—2018）、《中国农村统计年鉴》（2011—2018）及 Wind 资讯数据库。各变量的描述性统计如表 8—2 所示。

表 8—2　　　　　　　　　　变量描述性统计

变量名称	平均值	标准差	最小值	最大值
$\ln tfp_{i,t}$	0.8434	0.1287	0.5666	1.3817
$\ln tp_{i,t}$	0.7344	0.1036	0.4986	1.1428
$\ln te_{i,t}$	0.7992	0.0742	0.6428	1.0548
$DIFI_{i,t}$	1.8717	0.8508	0.1622	3.7773
$cb_{i,t}$	1.6656	0.8296	0.0196	3.5387
$ud_{i,t}$	1.8254	0.8500	0.0676	4.0039
$dd_{i,t}$	2.6366	1.1640	0.0758	4.5366
$el_{i,t}$	7.7431	0.7710	4.3038	9.8380
$fil_{i,t}$	0.0199	0.01568	0.0001	0.7959
$dr_{i,t}$	0.1619	0.123	0	0.6959
$fs_{i,t}$	0.1147	0.0312	0.0411	0.1897
$ul_{i,t}$	0.5613	0.1324	0.2272	0.8961

三　实证检验

（一）基准回归。本书运用 Stata 15.0 软件，利用混合回归模型和固定效应模型从全国层面上研究数字普惠金融对农业全要素生产率的影响，回归结果如表 8—3 所示。其中，固定效应模型 P 值为 0.0000，说明固定效应模型优于混合 OLS 模型，因此采用固定效应模型。根据表 8—3，列（3）表示未加入控制变量的情况下，数字普惠金融发展对农业全要素生产率影响的回归结果，其估计系数为 0.0968，显著为正。列（4）表示在加入控制变量后，其回归系数为 0.0445，在 1% 水平上显著。回归结果表明，无论加入控制变量与否，数字普惠金融均可对农业全要素生产率产生显著提振作用。表明随着数字普惠金融的不断发展，更多金融资源被用于农业生产，农村居民、企业的金融可得性得到了很大程度的提升。一方面，数字普惠金融不受物理网点束缚，可以有效降低融资成本、缓解农村企业和农村居民的融资困境，满足其对农业技术改善的资金需求，推动农业前沿科技进步，有利于加快突破农业生产核心技术，进而促进农业全要素生产率的提升。此外，数字普惠金融还有助于推动农村实体经济发展，在数字技术的加持下，"乡村物流"和"乡村电商"可有效促进农产品流通体系的建立，有利于加快农业资金回流，实现更加高效的资源配置，提高农业全要素生产率。

表 8—3　数字普惠金融对农业全要素生产率的回归结果（全样本）

变量	OLS（1）	OLS（2）	FE（3）	FE（4）
$DIFI_{i,t}$	0.0863 ***	0.0727 ***	0.0968 ***	0.0445 ***
	(0.0111)	(0.0123)	(0.0103)	(0.0223)
$el_{i,t}$	—	0.0068	—	0.0511
		(0.2013)		(0.1850)
$fil_{i,t}$	—	-1.1072 *	—	-1.2665 ***
		(0.8821)		(0.4523)
$dr_{i,t}$	—	-0.0656	—	-0.0292
		(0.0796)		(0.0498)
$fs_{i,t}$	—	1.8061 *	—	1.4070 **
		(1.0221)		(0.6570)
$ul_{i,t}$	—	0.2807	—	1.3589 **
		(0.2279)		(0.7079)

变量	OLS（1）	OLS（2）	FE（3）	FE（4）
常数项	0.6819 *** （0.1381）	0.3612 （0.4284）	0.6621 *** （0.0193）	-0.2385 * （0.5710）
R^2	0.3256	0.4448	0.6929	0.7438

在控制变量方面，外资投入水平（$fil_{i,t}$）的估计系数为 -1.2665，与农业全要素生产率呈负相关，且在 1% 的水平上显著，可能是因为农村居民与外部经济接触较少，不能有效消化吸收外来技术，外资投入反而对农业全要素生产率增长有抑制作用。财政支农（$fs_{i,t}$）估计系数为 1.4070，与农业全要素生产率呈正相关且在 5% 的水平上显著，表明政府对农村的财政支持可有效缓解农业发展的资金困境，减少农民的财税负担，有利于提高农业全要素生产率。城镇化水平（$ul_{i,t}$）回归系数为 1.3589，显著为正，说明城镇化水平的提高可以改善农村劳动力在城乡之间的配置，有效提升农业全要素生产率。农村居民受教育水平（$el_{i,t}$）与农业全要素生产率呈正相关，但显著性水平较低，表明随着农村居民受教育水平的提升，一方面农村人力资本要素投入可能增加，但另一方面，一些受教育水平较高的农村居民可能会从事非农产业，反而减少要素投入。所以农村居民受教育水平对农业全要素生产率的影响并不显著。受灾率（$dr_{i,t}$）的系数为负，但未通过显著性检验。

表 8—4　　数字普惠金融各维度对农业全要素生产率的影响

变量	OLS（5）	FE（6）	OLS（7）	FE（8）	OLS（9）	FE（10）
$cb_{i,t}$	0.0780 *** （0.0139）	0.0540 ** （0.0261）	—	—	—	—
$ud_{i,t}$	—	—	0.0619 *** （0.0109）	0.0271 *** （0.0182）	—	—
$dd_{i,t}$	—	—	—	—	0.0447 *** （0.0070）	0.0169 ** （0.0062）
$el_{i,t}$	0.0068 （0.2027）	0.0300 （0.1887）	0.0048 （0.1986）	0.0562 （0.1996）	0.0046 （0.1930）	0.1521 （0.1995）

续表

变量	OLS (5)	FE (6)	OLS (7)	FE (8)	OLS (9)	FE (10)
$fil_{i,t}$	-0.9344 *	-1.2215 **	-1.5229 *	-1.4987 ***	-1.3486 **	-1.4780 ***
	(0.8577)	(0.4525)	(0.9385)	(0.4559)	(0.8642)	(0.4817)
$dr_{i,t}$	-0.0654	-0.0291	-0.0901)	-0.0317	-0.1348	-0.0292
	(0.0811)	(0.0496)	(0.0874)	(0.0507)	(0.0807)	(0.0484)
$fs_{i,t}$	1.7820 **	1.3599 **	2.1129 **	1.6174 **	1.5924 *	1.5489 **
	(1.0602)	(0.9647)	(0.9580)	(0.7046)	(0.9647)	(0.7293)
$ul_{i,t}$	0.2292	1.1603 *	0.3727 *	1.8373 ***	0.4247 ***	1.9208 ***
	(0.2440)	(0.6339)	(0.3351)	(0.5716)	(0.2069)	(0.3825)
常数项	0.3955	-0.0862	0.3137	-0.5028	0.3146	-0.7277
	(0.4368)	(0.6086)	(0.4136)	(0.5714)	(0.4049)	(0.4525)
R^2	0.4450	0.7473	0.4105	0.7304	0.4267	0.7340

为使研究结论更具指导意义，本书分析了数字普惠金融各维度对农业全要素生产率的影响，研究过程同上，以固定效应模型为分析模型，回归结果见表8—4。由表8—4列（6），数字普惠金融覆盖广度对农业全要素生产率的估计系数为0.054，显著为正，表明随着数字金融服务覆盖范围的不断扩张，偏远农村地区人民更容易享受到金融发展和科技进步的红利，金融可得性被大幅提高，满足了农村居民因农业生产产生的融资需求，有助于提高农业全要素生产率。由列（8），数字普惠金融使用深度对农业全要素生产率的估计系数为0.0271，在1%的水平上显著，表明随着互联网保险和互联网信贷等服务增加，农村居民可以通过智能手机等基础移动终端设备满足自身的投融资需求。这种低成本、便捷的金融服务方式有助于优化农村金融资源配置，促进农村产业结构升级和经济发展，为农业全要素生产率的提升提供动力。由列（10），数字普惠金融数字化程度对农业全要素生产率的回归系数为0.0169，在5%的水平上显著，数字化是数字普惠金融发展的基础。随着数字化水平的提高，数字普惠金融的优势得以凸显，除可以为农村居民和小微企业提供更高效、透明的金融服务外，还能利用数字技术管控金融风险，使资源配置更加有效，对农业生产有实质性影响。

为深入分析数字普惠金融发展对农业全要素生产率增长的作用路径，本书将农业全要素生产率分解为农业技术进步（$tp_{i,t}$）和农业技术效率（$te_{i,t}$），采用混合 OLS 模型和固定效应模型回归，检验结果同上所述，以固定效应模型为分析模型。

表 8—5　　　数字普惠金融对农业技术进步、技术效率回归结果

变量	技术进步		技术效率	
	OLS（11）	FE（12）	OLS（13）	FE（14）
$DIFI_{i,t}$	0.0688 ***	0.0287 ***	0.0020	0.0149
	(0.0071)	(0.0074)	(0.0117)	(0.0143)
$el_{i,t}$	0.0672	0.0124	− 0.0558	− 0.0495
	(0.0657)	(0.0140)	(0.1399)	(0.1597)
$fil_{i,t}$	− 0.7196 *	− 0.3642 ***	− 0.2736 *	− 1.3003 ***
	(0.5467)	(0.3026)	(0.7418)	(0.4349)
$dr_{i,t}$	− 0.0024	− 0.0228	− 0.0514	0.0022
	(0.3940)	(0.0247)	(0.0659)	(0.0347)
$fs_{i,t}$	1.0579 ***	1.0544 **	2.7717 ***	1.8552 ***
	(0.3512)	(0.2257)	(1.0036)	(0.6463)
$ul_{i,t}$	− 0.3539 ***	0.8854 ***	0.6128 ***	0.3937 *
	(0.1031)	(0.1911)	(0.2231)	(0.4223)
常数项	0.8678 ***	0.2190 *	0.1962	0.3993 **
	(0.1330)	(0.1438)	(0.3217)	(0.4031)
R^2	0.5246	0.7125	0.3627	0.4100

由表 8—5 可知，固定效应模型下，数字普惠金融发展与农业技术进步的估计系数为 0.0287，显著为正，即数字普惠金融发展对农业技术水平提高具有显著促进作用。一个合理的解释是：首先，数字普惠金融通过提高金融可得性和改善收入分配、增加经济机会等路径可有效减缓农村贫困，增加农村居民可支配收入。[①] 为其购置农业生产要素提供

---

① 黄倩、李政、熊德平：《数字普惠金融的减贫效应及其传导机制》，《改革》2019 年第 11 期。

资金基础，例如采购优质种子和农业机械，学习先进的生产技术。其次，数字技术与普惠金融有机结合提高了金融运行效率，延伸金融服务半径，且其不依赖物理网点，可有效降低农村居民和企业融资成本和时间成本，减轻融资负担，为其引进、研发和吸收先进农业技术提供资金支持，进而促进农业技术进步。数字普惠金融发展与农业技术效率的回归系数为 0.0149，但未通过显著性检验，表示数字普惠金融无法显著改善农业技术效率。从理论上讲，数字普惠金融通过发挥减贫增收功能带动地区经济增长，从而优化当地教育水平，教育水平的提高意味着农村人力资本要素的增加，但根据表 8—5 可知，农村受教育水平与农业技术效率改善并无显著关系。数字普惠金融可以借助数字技术汇总农村居民和小微企业的各项信息数据，完善信息共享平台，优化金融资源配置，增加农业小微企业和居民金融可得性，提高农业技术效率。但完善信息平台、分析用户信用状态无法在短时间内完成，数字普惠金融作为一个较新的概念目前还在不断深化、发展之中，且中国农村地区的数字化程度还有待提升。因此，现阶段数字普惠金融发展无法显著改善农业技术效率。

（二）稳健性检验。为进一步验证数字普惠金融发展及其各维度可对农业全要素生产率增长产生显著正向影响，本书构建如下模型，利用动态 GMM 方法进行稳健性检验。回归结果如表 8—6 所示，其中列（15）为数字普惠金融发展对农业全要素生产率影响的估计结果，列（16）到列（18）为数字普惠金融各维度对农业全要素生产率影响的估计结果。

$$Y_{i,t} = \partial + \rho_1 Y_{i,t-1} + \beta_1 X_{i,t} + \sum \beta_i Control_{i,t} + \mu_i + \varepsilon_{i,t} \qquad (8.4)$$

表 8—6   稳健性检验结果

变量	被解释变量			
	tfp_{it}（15）	tfp_{it}（16）	tfp_{it}（17）	tfp_{it}（18）
$\ln tfp_{i,t-1}$	0.5432 ***	0.5463 ***	0.8128 ***	0.6235 ***
	(0.1101)	(0.1267)	(0.0953)	(0.0954)

续表

变量	被解释变量			
	tfp_{it} (15)	tfp_{it} (16)	tfp_{it} (17)	tfp_{it} (18)
$DIFI_{i,t}$	0.0256 ***	—	—	—
	(0.0089)			
$cb_{i,t}$	—	0.0245 **	—	—
		(0.0130)		
$ud_{i,t}$	—	—	0.0094 **	—
			(0.0050))	
$dd_{i,t}$	—	—	—	0.0059 ***
				(0.0038)
控制变量	控制	控制	控制	控制
常数项	0.3540 **	0.4012 *	0.0009 **	0.1755
	(0.1562)	(0.2111)	(0.0602)	(0.2132)
AR (2) 的 P 值	0.2349	0.3179	0.2122	0.2213
$Sargan$ 检验的 P 值	0.6433	0.2473	0.7375	0.4137
$Hansen$ 检验的 P 值	0.8800	0.5250	0.3780	0.4630

根据表8—6，列（15）到列（18）的检验结果可知，回归方程的误差项不存在二阶序列相关，且工具变量有效，各个模型中被解释变量的滞后一期值的回归系数分别为0.5432、0.5463、0.8128、0.6235，并且均在1%的水平上显著，表示本书设定的稳健性检验模型是合理的。根据列（15）到列（18）的估计结果显示，数字普惠金融发展及其各维度指数均可显著提高农业全要素生产率，与前文基准回归结果一致。

（三）分地区检验。中国幅员辽阔，不同省份的农业生产要素数量和质量存在差异，且数字普惠金融发展程度不同。为进一步分析数字普惠金融发展对农业全要素生产率的影响是否存在地域差异，本书按照国家统计局划分标准，将31个省份划分为东部、中部和西部地区，利用混合OLS模型和固定效应模型进行回归。回归过程同上，以固定效应模型为分析模型。

表8—7　　　数字普惠金融对农业全要素生产率的影响（分地区）

变量	东部		中部		西部	
	OLS（19）	FE（20）	OLS（21）	FE（22）	OLS（23）	FE（24）
$DIFI_{i,t}$	0.0848 ***	0.0539 ***	0.0987 ***	0.1179 ***	0.1094 ***	0.1035 ***
	(0.0132)	(0.0271)	(0.0231)	(0.0509)	(0.0192)	(0.0132)
控制变量	控制	控制	控制	控制	控制	控制
常数项	1.1815 **	0.3895	0.1537	2.9561 *	0.2864	− 0.5632
	(0.4554)	(0.7370)	(0.9984)	(0.8859)	(0.3498)	(0.5940)
R^2	0.5174	0.8402	0.7717	0.7247	0.5423	0.8100

根据表8—7可知，在固定效应模型下，数字普惠金融发展与东部、中部、西部地区的农业全要素生产率的估计系数分别为0.0539、0.1179、0.1035，且都在1%的显著性水平上显著，表明数字普惠金融发展对中部地区农业全要素生产率的提振作用最大，其次是西部和东部。一个可能的原因是，中部地区多为农业大省，随着数字普惠金融发展水平的提升，金融机构可以为中部地区农村居民和企业提供低成本、高效率的融资手段，继续深化农业发展，有利于加快农业技术进步，补齐农业现代化短板，最终对农业全要素生产率起到提振作用。而东部地区主要以服务业和高科技产业作为发展重心，农业比重相对较小，西部地区农业比重相对较大但经济落后、金融发展不足，且数字化程度较低。因此，数字普惠金融发展对东部和西部地区农业全要素生产率的促进作用要弱于中部地区。

（四）门槛效应检验。根据前文基准回归和稳健性检验结果，数字普惠金融及其各维度对农业全要素生产率增长起到显著提振作用，为深入研究当数字普惠金融及其各维度处于不同发展水平时，是否对农业全要素生产率产生不同影响，本书利用公式（8.2）构建门槛效应模型。其中，以农业全要素生产率为被解释变量，数字普惠金融指数（$DIFI_{i,t}$）和各维度指数（$cb_{i,t}$、$ud_{i,t}$、$dd_{i,t}$）为解释变量，同时分别选取数字普惠金融及其维度指数为门槛变量，且各门槛变量都通过了外生性检验，证明模型有效，门槛效应检验结果见表8—8。

表 8—8　　　数字普惠金融对农业全要素生产率的门槛检测结果

变量	门槛个数	门槛检验		
		F 统计量（25）	P 值（26）	门槛值（27）
$DIFI_{i,t}$	单一门槛	6.51	0.0833	2.0723 *
	双重门槛	4.2	0.2133	1.3674
$cb_{i,t}$	单一门槛	5.06	0.6067	0.2020
$ud_{i,t}$	单一门槛	5.13	0.2275	1.0729
$dd_{i,t}$	单一门槛	10.10	0.0333	2.2482 **
	双重门槛	4.44	0.2233	2.2793

根据表 8—8，数字普惠金融指数单一门槛下的 P 值为 0.0833，在 10% 的显著性水平上显著，但双重门槛的 P 值为 0.2133，并不显著，所以数字普惠金融发展对农业全要素生产率的影响只存在一个关于数字普惠金融的单门槛效应。覆盖广度指数和使用深度指数在单一门槛下的 P 值分别为 0.6067 和 0.2275，均未通过显著性检验，即金融服务的覆盖广度和使用深度对农业全要素生产率不存在门槛效应。数字化程度指数在单一门槛下的 P 值为 0.0333，在 5% 的显著性水平上显著，但双重门槛的 P 值为 0.2233，不显著，所以数字化程度对农业全要素生产率增长之间只存在一个关于数字化程度的单门槛效应。即数字普惠金融发展对农业全要素生产率增长存在门槛效应，在数字普惠金融指数各维度方面，只有数字化程度对农业全要素生产率增长存在门槛效应，本书运用面板门槛模型进行回归估计，结果见表 8—9。

表 8—9　　　　　　　　门槛回归结果

变量	difi（28）	dig（29）
$DIFI_{i,t}-1$（$DIFI_{i,t}<2.0723$）	0.0753 *** (0.0082)	
$DIFI_{i,t}-2$（$DIFI_{i,t}>2.0723$）	0.0877 *** (0.0056)	
$dd_{i,t}-1$（$dd_{i,t}<2.2482$）	—	0.0156 * (0.0123)

续表

变量	difi（28）	dig（29）
dd_{i,t_2}（$dd_{i,t}>2.2482$）	—	0.0425 *** （0.0049）
控制变量	控制	控制
常数项	0.3455 （0.3344）	− 0.3747 （0.3760）

　　根据表 8—9 列（28）回归结果，当数字普惠金融指数小于门槛值时，回归系数为 0.0753，在 1% 显著性水平上显著，当数字普惠金融指数大于门槛值后，回归系数为 0.0877，在 1% 显著性水平上显著。这意味着无论数字普惠金融发展水平处于较低阶段还是较高阶段，都可对农业全要素生产率产生显著的促进作用，但该作用随着数字普惠金融的发展由弱变强。一个合理的解释是，当数字普惠金融发展水平处于较低阶段时，其作用主要体现在缓解融资约束和减贫增收方面，对优化农业要素配置和促进农业技术进步方面的作用不足。当数字普惠金融发展水平处于较高阶段，金融资源配置效率提升，数字普惠金融对农业全要素生产率的正向效应增强。根据表 8—9 列（29）回归结果，当数字化程度指数小于门槛值时，回归系数为 0.0156，但显著性水平较低，当越过门槛值后，数字普惠金融对农业全要素生产率的回归系数为 0.0425，在 1% 的水平上显著。一个合理的解释是，数字普惠金融凭借互联网、大数据、区块链等数字技术提供范围广、成本低、便捷的金融服务，这正是其区别于传统金融的服务优势。当数字化程度较低时，数字普惠金融与传统金融的差异较小，并不能完全发挥其利用数字技术降低融资成本、缓解融资困境的优势，对农业全要素生产率的促进效果还有待提升。当数字化程度达到一定水平后，数字技术对金融服务的激活作用更强，数字普惠金融的优势更加凸显，金融资源配置更为有效，这有力地缓解了农业生产的资金制约，进而对农业全要素生产率产生更强更显著的提振作用。

第三节　研究结论

本书在梳理农业全要素生产率和数字普惠金融相关文献的基础上，选取 2011—2018 年中国省级面板数据，利用 DEA-Malmquist 指数法测算各省农业全要素生产率，并采用固定效应模型和门槛效应模型实证分析数字普惠金融发展对农业全要素生产率的影响，得出以下研究结论：第一，无论从总体上还是分维度研究，数字普惠金融发展可有效提高农业全要素生产率。第二，数字普惠金融主要通过促进农业技术进步提高农业全要素生产，对农业技术效率改善无显著影响。第三，数字普惠金融对中部地区农业全要素生产率的提振作用最大，其次是西部和东部地区。第四，数字普惠金融发展对农业全要素生产率的提升存在单一门槛，数字普惠金融发展对农业全要素生产率的提振作用随数字普惠金融发展程度的提高而加强。数字普惠金融数字化程度对农业全要素生产率的提升存单一门槛，数字化程度越深，对农业全要素生产率的提振作用越强。

第九章

数字普惠金融对农户收入的
影响效应研究

经过长期的脱贫攻坚战，我国农村居民绝对贫困问题基本解决，但相对贫困问题仍然存在。伴随着数字化的运用，农村普惠金融生态环境得到优化。本书通过个体固定效应模型进行实证检验后发现，数字普惠金融对农村居民具有正向的增收效应，其中对工资性收入、经营性收入和转移性收入的增加均有一定程度的促进作用，而对财产性收入的作用相反。此外，数字普惠金融对我国东、中部地区农户的增收效应相同，而对西部地区农户的影响略小。本书利用空间计量模型检验后发现，促进本地数字普惠金融发展不仅会提升本地区农户的收入水平，也会增加相邻地区农户收入。因此，本书提出加快发展数字普惠金融、优化农村金融生态环境、加强政府监管等建议，进一步提高农户收入，以实现共同富裕。

2021年2月25日，习近平总书记正式宣告我国脱贫攻坚战取得了全面胜利，标志着我国完成了消除绝对贫困这一历史性任务。党的十八大以来，我国取得了一系列卓越的成绩，一是全体居民收入总值不断增加，人均可支配收入由2013年的1.83万元增长到2020年的3.22万元；二是城乡收入差距逐渐缩小，城镇居民与农村居民人均可支配收入的比值由2013年的2.81倍下降到2020年的2.56倍；三是居民收入来源结构更加稳定且多元，居民财产性收入、转移性收入占比从2013年的2%和17.5%增加到了2020年的2.5%和21.4%。

然而，脱贫摘帽不是终点，而是新的起点，消除绝对贫困后，我国相对贫困问题依然严峻并将长期存在，如何巩固脱贫成果、持续增加农村居民收入成为当前全面建设社会主义现代化强国面临的重要问题。良好的农村金融生态环境能够促进农村金融高效运行。Mahjabeen 研究发现，普惠金融的发展能显著促进社会各阶层尤其是农村居民收入的提升。① 数字普惠金融作为普惠金融顺应互联网时代发展而成的新形式，具有低成本、广覆盖、高效率及易操作等优点，能够提供更为简便、快捷的金融服务。那么数字普惠金融的发展能否进一步促进农村居民收入的增长？以何种形式促进其增长？对不同地区的农户收入的影响是否有差异？对这些问题的探究具有重要的现实意义。

第一节　文献概览及简要述评

一　文献概览

（一）农村居民收入的影响因素

对于农村居民收入影响因素的研究，在学术界主要从微观与宏观两个方向进行分析。从微观来说，江帆和吴海涛认为分项收入不均是导致城乡收入差距现象的主要因素。② 黄敬宝认为人口数量多、素质低，地区位置偏僻、环境差，技术、组织方式落后以及制度、政策制定不合理四个方面因素会对农村居民收入造成负面影响。③ 而樊增增指出年龄的增长、教育水平的提高以及家庭与城市密切程度的上升能够对农村居民收入产生正面影响。④ 从宏观来说，崔艳娟和孙刚认为金融波动会对金融发展增加农户收入的影响效应不利。⑤ 而王小鲁和樊纲认为经济稳健发展带来的收入增加和就业扩大，则能够有助于缓解由于资源分配扭曲

---

① Mahjabeen R, 2008, "Microfinancing in Bangladesh: Impact on households, consumption and welfare", *Journal of Policy modeling*, Vol. 30, No. 6.

② 江帆、吴海涛：《分项收入不均等与城乡贫困的实证分析：以内蒙古为例》，《统计与决策》2019 年第 3 期。

③ 黄敬宝：《从根本上解决农村贫困问题——以人力资本投资打破我国农村贫困的恶性循环怪圈》，《财经问题研究》2004 年第 5 期。

④ 樊增增：《中国家庭收入不平等及其影响因素——基于分位数回归模型的实证》，《统计与决策》2020 年第 19 期。

⑤ 崔艳娟、孙刚：《金融发展是贫困减缓的原因吗？——来自中国的证据》，《金融研究》2012 年第 11 期。

和收入分配不公导致的贫困和收入差距过大的现象。[①]

(二) 农村普惠金融生态环境对农村居民收入的影响

"金融生态"一词最早来源于 2004 年周小川提出的"优化金融生态",后期随着相关研究的不断深入开展,逐渐演化出了金融生态主体和金融生态环境两个主要基本概念。良好的金融生态环境可以促进金融系统健康高效发展,从而吸引资本聚集,压缩运行成本,提升金融服务效率,建立良好的金融生态环境评估体系有利于区域金融资源的合理有效分配。农村金融生态环境是农村金融主体赖以生成、运行和发展的经济、社会、文化、制度和地方政府服务等因素综合构成的外部环境。其中,农村经济发展环境是农村金融运行的物质基础,决定着金融运行的规模、结构和质量。

李霞认为农村金融组织环境是构成金融体系运行的重要方面,较高的金融发展水平也会对某一金融环节产生直接的重要影响。[②] 吴庆田和陈伟指出,农村金融生态环境的特征是脆弱性和低效率性,是我国金融业发展最薄弱的短板,不利的金融生态环境将影响农村金融机构的健康发展,增强农村金融体系的脆弱性,进而将影响其反贫困功效的发挥。[③] 随着金融的发展,Beck 等研究发现普惠金融有利于农村居民人口收入的增加。[④] 随着互联网和移动终端普及率的提高,我国开始大力推进普惠金融与数字技术相结合,率先提出了"数字普惠金融"这一概念,将各类新型金融服务作为传统金融服务的补充。一方面,孙继国和谢绚丽等认为数字普惠金融可以通过促进居民创业、缓解信贷约束和化解农业风险来减缓相对贫困,发挥"授之以渔"的作用。[⑤][⑥] 另一方面,

---

[①]　王小鲁、樊纲:《中国收入差距的走势和影响因素分析》,《经济研究》2005 年第 10 期。

[②]　李霞:《宁夏农村金融生态环境:问题挑战与优化路径》,《宁夏社会科学》2021 年第 6 期。

[③]　吴庆田、陈伟:《农村金融生态环境与金融效率相关性实证研究——基于典型相关分析与 Granger 因果检验》,《系统工程》2012 年第 3 期。

[④]　Beck T, Demirguc-Kunt A, Levine R, 2004, "Finance, Inequality, and Poverty: Cross-country Evidence", *National Bureau of Economic Research*.

[⑤]　孙继国、韩开颜、胡金焱:《数字金融是否减缓了相对贫困?——基于 CHFS 数据的实证研究》,《财经论丛》2020 年第 12 期。

[⑥]　谢绚丽、沈艳、张皓星、郭峰:《数字金融能促进创业吗?——来自中国的证据》,《经济学(季刊)》2018 年第 4 期。

在李娜、易行健和周利以及刘锦怡和刘纯阳的研究中指出，数字普惠金融可以通过促进人力资本积累、缓解流动性约束、增加农村居民的金融可得性以及就业机会等方式促进农村居民收入的增加。[1][2][3] 此外，蔡宏宇、阳超和黄倩等人认为数字普惠金融有助于改善居民收入不均等，缓解金融排斥，且在一定程度上实现了居民收入增长的效率与公平，并且贫困群体比富裕群体能从中获益更多。[4][5] 李建军、韩珣和肖懿珊均在其研究中明确指出数字金融对农村贫困的减缓效果要高于城镇。[6][7] 既有文献对数字普惠金融的增收效应几乎都持正面观点，即数字普惠金融的发展能够缓解农村居民的低收入问题，但对贫困程度细分后的研究结果却略有不同。王修华和赵亚雄认为由于"数字鸿沟"和"工具排斥"的存在，数字金融发展在贫困户与非贫困户之间存在明显的马太效应。[8] 朱一鸣和王伟对于贫困群体中的极贫困群体所受普惠金融增收效应影响不足的现象，给出了如下解释：一是贫困地区和贫困人口缺乏经济机会，个体自身的信贷需求不足，即使提高金融可得性，外部的冲击也难以使得金融有效匹配；二是贫困人口难以获得关键性金融资源，由于金融市场中的"财富门槛"效应以及自身的偿债能力等因素的制约，使其不足以得到信贷资金。[9]

① 李娜：《数字普惠金融、人力资本与城乡收入差距》，《金融与经济》2021年第3期。

② 易行健、周利：《数字普惠金融发展是否显著影响了居民消费——来自中国家庭的微观证据》，《金融研究》2018年第11期。

③ 刘锦怡、刘纯阳：《数字普惠金融的农村减贫效应：效果与机制》，《财经论丛》2020年第1期。

④ 蔡宏宇、阳超：《数字普惠金融、信贷可得性与中国相对贫困减缓》，《财经理论与实践》2021年第4期。

⑤ 黄倩、李政、熊德平：《数字普惠金融的减贫效应及其传导机制》，《改革》2019年第11期。

⑥ 李建军、韩珣：《普惠金融、收入分配和贫困减缓——推进效率和公平的政策框架选择》，《金融研究》2019年第3期。

⑦ 肖懿珊：《数字普惠金融减贫效应实证研究》，《金融纵横》2020年第8期。

⑧ 王修华、赵亚雄：《数字金融发展是否存在马太效应？——贫困户与非贫困户的经验比较》，《金融研究》2020年第7期。

⑨ 朱一鸣、王伟：《普惠金融如何实现精准扶贫？》，《财经研究》2017年第10期。

二　简要述评

通过梳理之前的相关文献发现，其研究或聚焦于数字普惠金融对农村居民总收入的影响，或关注数字普惠金融对农户收入的中介影响过程的分析。本书的创新点在于将农户总收入分为四类分项收入，并在考虑数字普惠金融总指标对农户增收的影响效应外，增加六项分项指标对农户收入的影响效应分析。本书重点研究数字普惠金融对农村居民的增收效应，一是研究数字普惠金融总指标对农户的增收效应；二是分别研究六项分项指标对农户的增收效应；三是将农户收入分为四类分项收入，再研究数字普惠金融总指标对其分项收入的影响，之后采用空间计量模型做进一步分析。

第二节　数字普惠金融对农户收入的
影响效应实证

一　模型构建与数据说明

（一）理论机制

随着数字时代的到来，各类大数据分析与云计算功能得到了飞速发展。将数字技术融入普惠金融，使得普惠金融的使用深度进一步加深，所提供的金融服务范围扩大，所惠及的弱势群体增多，有效缓解了农村居民面临的金融排斥问题。同时，数字普惠金融的发展向农村居民提供了低成本、低门槛的保险、信贷支持，促进农村居民创新创业，使得其收入渠道增多。因此，基于上述分析提出假说1。

H1：数字普惠金融的发展能够增加农村居民收入。

我国不同地区的经济发展程度虽有不同，但随着数字化程度的加深，数字普惠金融突破了地域限制，使得之前被传统金融机构排除在外的偏远地区以及贫困地区的农村居民也能享受到普惠金融带来的便利。数字普惠金融能够促进机会均等，有助于实现社会包容性增长和资源合理配置，缩减城乡收入差距。因此，基于上述分析提出假说2。

H2：数字普惠金融对我国东、中、西部地区的农村居民均存在正向的增收效应。

随着互联网的发展，电商平台蓬勃兴起，跨地域交易增多。数字普惠金融一方面利用大数据处理技术，减少了市场信息不对称程度，降低了农村电商交易的交易成本，为居民提供了更为便捷的支付服务；另一方面降低了信贷的门槛，使得更多的农村居民能够参与到电商销售中，缓解了农产品积压滞销问题。此外，由于地理、天气因素，同一地域的农作物类别大致相同，因此数字普惠金融的发展不仅为当地农村居民带来收入，同时也能带动周边地区经济向好发展。基于上述分析提出假说3。

H3：数字普惠金融的增收效应具有空间溢出性。

（二）模型构建

为研究数字普惠金融对农村居民收入的影响效应，构建如下计量模型：

$$DI_{it} = \alpha_0 + \alpha_1 DIFI_{it} + \alpha_2 Open_{it} + \alpha_3 Edu_{it} + \alpha_4 Urban_{it} +$$
$$\alpha_6 Govern_{it} + \alpha_7 Traffic_{it} + \psi_i + \varepsilon_{it} \qquad (9.1)$$

其中，i 代表省域，t 代表年份。DI_{it} 表示农村居民人均可支配收入，是本书的被解释变量，由人均工资性收入（WI_{it}）、人均经营性收入（OI_{it}）、人均财产性收入（PI_{it}）、人均转移性收入（TI_{it}）四个部分构成；$DIFI_{it}$ 表示数字普惠金融指数，是本书的核心解释变量，并选取其构成中六个具有代表性的分项变量进行详细分析，包括覆盖广度（DCB_{it}）、使用深度（DUD_{it}）、数字化程度（DSS_{it}）、支付（$Payment_{it}$）、保险（$Insurance_{it}$）和信贷（$Credit_{it}$）；$Open_{it}$ 表示对外开放水平，用各地区进出口总额占 GDP 的比重表示；Edu_{it} 表示教育水平，用各地区就业人员平均受教育年限表示；$Urban_{it}$ 表示城镇化水平，用各地区城镇人口占常住人口的比重表示；$Govern_{it}$ 表示政府支持水平，用地方财政农林水事务支出占 GDP 的比重表示；$Traffic_{it}$ 表示交通发达程度，用每万人等级公路里程数表示。ψ_i 表示个体固定效应，ε_{it} 表示随机误差项。

（三）数据说明

本书选取 2011 年至 2018 年我国除西藏和港澳台地区以外的 30 个省级行政单位相关数据，数据来源于《中国统计年鉴》、《中国农村统计年鉴》、国家统计局、《北京大学数字普惠金融指数报告》。当同一指标数据在不同数据库中出现差异时，以国家统计局的数据为准。为了统一量纲、消除异方差带来的影响，本书对所有变量取自然对数，同时为了消除物价上涨的影响，本书用以2011年为基期的GDP平减指数对所有价格性变量进行平减。表9—1报告了各个变量的描述性统计结果。

表9—1　　　　　　　　　　　变量描述性统计

变量	观测数	均值	标准差	最小值	最大值
DI_{it}	240	9.206	0.367	8.271	10.177
WI_{it}	240	8.243	0.623	6.690	9.808
OI_{it}	240	8.211	0.387	6.776	8.917
PI_{it}	240	5.439	0.731	3.691	7.425
TI_{it}	240	7.293	0.609	5.891	8.857
$DIFI_{it}$	240	5.073	0.670	2.909	5.934
DCB_{it}	240	4.904	0.832	0.673	5.869
DUD_{it}	240	5.058	0.644	1.911	5.992
DSS_{it}	240	5.392	0.734	2.026	6.117
$Payment_{it}$	240	4.864	0.919	-4.605	5.939
$Insurance$	240	5.762	1.010	-1.386	6.745
$Credit_{it}$	240	4.645	0.639	0.148	5.493
$Open_{it}$	240	-1.768	0.942	-4.087	0.437
Edu_{it}	240	2.294	0.098	2.091	2.607
$Urban_{it}$	240	-0.582	0.204	-1.051	-0.110
$Govern_{it}$	240	-3.692	0.600	-4.850	-2.328
$Traffic_{it}$	240	3.342	0.569	1.639	4.770

从全国层面看，中国农业全要素生产率、农业技术进步和农业技术效率从2011年到2018年不断上涨，说明中国农业生产效率逐年提高，生产技术取得进步，要素配置更加高效，有助于增加农业产出，促进农业部门发展。分地区看，中国东、中、西部农业全要素生产率水平值、农业技术进步水平值和农业技术效率水平值从2011年到2018年也呈上升状态，且中、西部地区的农业全要素生产率水平值和农业技术效率水平值要高于东部地区，可能是因为中、西部地区多为农业大省，农业要素投入充足且有关农业生产方面的经验更加丰富，要素配置更加有效，

相对而言，中、西部地区农业发展水平更高；而中、西部地区的农业技术进步水平值低于东部地区，可能的原因是东部地区经济实力较强，在采购先进农业机械和引进先进农业技术方面，有足够的资金基础，有助于提高农业技术水平。

二　数字普惠金融与农村居民收入的区域差异实证分析

（一）数字普惠金融增收效应

表 9—2 报告了数字普惠金融总指数及其分项指标对农村居民人均可支配收入的回归结果。从模型（1）可以看出，数字普惠金融的发展对农村居民具有正向的增收效应，印证了假说 1。同时从控制变量来看，对外开放程度对农户增收呈现不显著的负向影响，这可能是农村居民对国内国际信息分析有误、接收失真、理解存在偏差等原因，从而导致进出口额总量的增加时，人口收入反而减少，但作用不明显。受教育平均年限和城镇化水平对农户收入的增加在 1% 的显著性水平下呈现显著的正向效应，意味着随着农户受教育程度加深以及地区城镇化进度加快，农户的收入水平也会增加。这可能是因为教育水平的提高使得农户能够了解到更多增加收入的渠道，城镇化水平的提高使得农户能够更加便捷地接触到更多的金融资源，从而导致其收入增加。政府支农支出和交通便利程度都对农户增收呈现不显著的正向影响，这可能是因为政府财政支出增加，相关金融产业得到扶持，减低了农户获得资金支持的成本，从而使其收入增加。另一方面，交通便利程度的提高使得农户能够更为方便地寻求金融行业的资金融资，提高了农户对银行业融资的选择偏好度，从而增加其收入，但作用不明显。

表 9—2　　　　数字普惠金融指数及其分项指标对农户人均
可支配收入回归结果

变量	模型（1）数字普惠金融	模型（2）覆盖广度	模型（3）使用深度	模型（4）数字化程度	模型（5）支付	模型（6）保险	模型（7）信贷
$DIFI_{it}$	0.139 ***						
	(0.010)						

变量	模型（1）数字普惠金融	模型（2）覆盖广度	模型（3）使用深度	模型（4）数字化程度	模型（5）支付	模型（6）保险	模型（7）信贷
DCB_{it}		0.086 ***					
		(0.016)					
DUD_{it}			0.103 ***				
			(0.012)				
DSS_{it}				0.090 ***			
				(0.010)			
$Payment_{it}$					0.050 *		
					(0.028)		
$Insurance_{it}$						0.046 ***	
						(0.014)	
$Credit_{it}$							0.056 ***
							(0.016)
$Open_{it}$	−0.019	−0.019	−0.006	−0.011	−0.007	−0.028	0.005
	(0.031)	(0.038)	(0.034)	(0.030)	(0.035)	(0.040)	(0.038)
Edu_{it}	1.116 ***	1.485 ***	1.385 ***	1.049 ***	1.614 ***	1.471 ***	1.736 ***
	(0.289)	(0.360)	(0.360)	(0.284)	(0.423)	(0.373)	(0.434)
$Urban_{it}$	1.374 ***	1.547 ***	1.680 ***	1.786 ***	1.913 ***	1.778 ***	1.987 ***
	(0.196)	(0.256)	(0.215)	(0.165)	(0.276)	(0.236)	(0.236)
$Govern_{it}$	0.05	0.086 *	0.080 *	0.087 **	0.095 *	0.117 **	0.114 **
	(0.036)	(0.047)	(0.040)	(0.039)	(0.053)	(0.047)	(0.052)
$Traffic_{it}$	0.12	0.147	0.185	0.215 *	0.221 *	0.289 **	0.225
	(0.099)	(0.128)	(0.110)	(0.114)	(0.129)	(0.137)	(0.147)
常数项	6.489 ***	6.070 ***	6.149 ***	6.936 ***	5.972 ***	6.016 ***	5.796 ***
	(0.774)	(0.943)	(0.958)	(0.668)	(1.034)	(0.985)	(1.122)
个体	是	是	是	是	是	是	是
观测数	240	240	240	240	240	240	240
adj. R^2	0.943	0.925	0.924	0.943	0.916	0.92	0.904

　　从模型（2）—模型（4）可以看出，在1%的显著性水平下，覆盖

广度、使用深度和数字化程度这三个分级指标都对农户收入呈现显著的正向影响。这可能是随着数字普惠金融普及率的提高，导致了以下几方面的变化，一是覆盖人群的增多，互联网支付账号及其绑定的银行账户数增多，农村居民也能够享受到电子支付带来的便捷；二是使用频率的提高，各项金融服务业务数量增多，人均交易笔数和人均交易金额增加，实际使用互联网金融服务的情况总体向好，农村居民也能够选择适合自身的金融业务；三是数字化程度的提高，使用金融服务的便利性提升、成本降低，获得金融产品的门槛降低，使得农村居民更愿意参与使用相关金融产品，从而使得其收入增加。这表明账户覆盖率、使用深度和数字支持服务程度的提高增强了支付的便利性，对于农户收入的增加起到了明显的促进作用。

从模型（5）—模型（7）可以看出，支付业务在10%的显著性水平下对农户人均可支配收入呈现显著的正向影响，表明支付业务增加时，体现出农村居民收入增加。随着互联网的发展，电子平台线上消费方式以及线下电子支付应运而生，支付的便利性提高，使得个人支付的次数和金额提高，有利于农户收入的增长。而保险业务和信贷业务均在1%的水平下对农户人均可支配收入呈现显著的正向影响。说明保险业务以及信贷业务的增加有利于农村居民收入的增长。随着数字普惠金融的发展，各类保险产品层出不穷，人均保险笔数和金额都有所增加，农户进行农业种养植等一系列增值项目时能够得到的保障提升，不必承担过多的风险，如气候因素、政策因素导致的减产等，因此能够使得其收入增加。另一方面，随着数字普惠金融的发展，金融可得性提升，个人消费信贷以及小微经营者信贷业务增加，因此农村居民可支配收入也会增加，说明数字普惠金融可以通过促进消费、增强风险抵抗能力以及增加融资渠道以增加农村居民的收入。

表9—3　　数字普惠金融指数对各地区农户人均可支配收入的回归结果

变量	东部地区	中部地区	西部地区
$DIFI_{it}$	0.113 ***	0.113 ***	0.110 ***
	(0.021)	(0.012)	(0.011)

续表

变量	东部地区	中部地区	西部地区
$Open_{it}$	-0.271 ***	-0.096 **	0.055 *
	(0.036)	(0.036)	(0.026)
Edu_{it}	1.825 ***	-0.273	0.641 **
	(0.336)	(0.215)	(0.260)
$Urban_{it}$	0.674	1.919 ***	1.730 ***
	(0.382)	(0.175)	(0.210)
$Govern_{it}$	0.048	0.033	0.111 **
	(0.064)	(0.041)	(0.044)
$Traffic_{it}$	0.195	0.19	0.133
	(0.125)	(0.231)	(0.158)
常数项	4.299 ***	9.696 ***	8.182 ***
	(0.735)	(1.091)	(0.992)
个体	是	是	是
观测数	88	64	88
adj. R^2	0.952	0.965	0.965

由于我国东、中、西部经济发展水平存在差异，在不同地区发展数字普惠金融对农户的增收作用可能不同，为了考察数字普惠金融促进农村居民增收的效应是否存在异质性，故将我国30个省级行政单位分为东部、中部和西部三个地区。表9—3报告了数字普惠金融指数对可支配收入分地区的回归结果。由表9—3可以看出，数字普惠金融在1%的显著性水平下对东部、中部、西部地区的农村居民都具有显著的增收效应，实证验证了数字普惠金融可以促进农户收入的增长，印证了假说2。分地区来看，数字普惠金融对东部地区以及中部地区的增收效应相同，系数均为0.113，而对西部地区的影响略小。这可能有以下原因：一是我国东部和中部的经济发展水平略强于西部，从而拥有更多的就业岗位、更优质的投资标的，而西部地区由于缺少就业机会和投资机会，即使发展数字普惠金融，筹集到的资金多数也只能用于消费，难以作为启动资金以带动收入的增长，不具有可

持续性；二是经济落后的地区相应的基础建设不足，存在宽带、基站、电子设备等硬性条件的限制，即使发展数字普惠金融，惠及度也不及经济水平高的地区；三是经济落后地区农村居民的金融素养更低，对数字普惠金融的理解不全、接受程度不高，缺乏理解和使用数字普惠金融所必需的知识。因此，经济水平高的地区数字普惠金融的惠及度更高，更能促进当地农村居民收入的增长。

（二）数字普惠金融对不同类型收入的影响效应

表9—4报告了数字普惠金融指数对农村居民四类分项收入的回归结果。

表9—4　　　　　数字普惠金融对四类分项收入的回归结果

变量	模型（8）工资性收入	模型（9）经营性收入	模型（10）财产性收入	模型（11）转移性收入
$DIFI_{it}$	0.070 **	0.116 ***	-0.179 **	0.491 ***
	(0.026)	(0.017)	(0.071)	(0.075)
$Open_{it}$	-0.125 *	-0.082 **	0.203	0.324 ***
	(0.062)	(0.035)	(0.127)	(0.066)
Edu_{it}	1.630 **	0.459	0.988	2.414 **
	(0.595)	(0.407)	(1.274)	(1.075)
$Urban_{it}$	1.453 ***	0.717 **	2.784 ***	2.276 ***
	(0.337)	(0.286)	(0.844)	(0.802)
$Govern_{it}$	0.186 **	-0.068	0.256	0.013
	(0.068)	(0.053)	(0.172)	(0.175)
$Traffic_{it}$	0.148	-0.006	1.134 **	0.574
	(0.157)	(0.138)	(0.493)	(0.452)
常数项	4.964 ***	6.610 ***	3.216	-0.705
	(1.560)	(1.333)	(2.983)	(3.446)
个体	是	是	是	是
观测数	240	240	240	240
adj. R^2	0.798	0.815	0.376	0.806

以下分四个部分进行详细说明：

1. 工资性收入。农村居民工资性收入主要由其从事主要职业、第二职业等所获工资构成。数字普惠金融对农户工资性收入在5%的显著性水平下的影响为正，这可能是因为数字普惠金融可以鼓励创业，能给更多有创业想法的人以资金支持，使更多的企业得以产生，用人需求增加，从而增多了农户的就业机会，同时提高了工资水平，增加了农户的工资性收入。但其影响系数仅为0.07，意味着数字普惠金融对工资性收入的提升作用不强，可能是由于现阶段所发展的数字普惠金融能为农户提供的就业岗位有限，因此难以惠及更多农村居民。

2. 经营性收入。农村居民经营性收入主要由个体户自营店面、买卖农产品等构成。数字普惠金融对农户经营性收入在1%的显著性水平下的影响为正，可能有以下原因：一是随着数字化程度的提高，各类金融业务能够更加便捷地进行，农户能更加方便地贷款，从而修缮、扩建自营店铺，增加的现金流也可用于扩大经营规模，增加销售收入。二是数字普惠金融的普及带来支付、结算的便利性使得电子商务在农村地区广泛渗透，农户除了在传统的餐饮、零售等实体场所进行交易之外，同时还可以在电子平台上进行农副产品的售卖，拓宽了销售渠道，以增加其经营性收入。

3. 财产性收入。农村居民财产性收入主要来源于理财产品投资、财产运营、财产使用权出让等。数字普惠金融对农户财产性收入在5%的显著性水平下呈现显著的负向影响。可能有以下原因：一是因为农村地区缺少投资渠道以及信贷资源，使得非法集资问题严峻，而数字技术的发展使得非法组织的欺诈手段更为隐蔽，表现形式更加多样，加剧了这一问题。二是2011—2018年P2P网贷的投资热度不断攀升，交易数量暴增，但与此同时，在缺乏政策监管的情况下，累计问题平台数量占P2P整体平台数量高达30%，即使在细化监管政策后也出现了违约现象，2018年更是频繁爆雷，失联机构层出不穷，跑路事件频发，干扰了正常的金融秩序。其中就不乏利用电子商务、专卖代理等新经营方式为幌子吸收资金的网贷机构，他们通过网络平台、社交平台等线上模式传播虚假的信息，编造模糊的产品概念，承诺高额回报，诱骗群众。农村居民的金融素养普遍较低，容易被传单、媒体、推介会等宣传模式所吸引，当对集资企业缺乏足够了解并且没有能够解读信息的专业分析者时，难以甄别其盈利方式是否合法合规，可能会被不法分子宣扬的利率高、回报快等"噱头"所迷惑，因此在不清楚投资风险的情况下投入自己的资金，上当受骗，造成经济损失，使得财产性收入下降。

4. 转移性收入。农村居民转移性收入主要来源于其离退休金、失业救济金、辞退金、住房公积金、家庭间的赠送、赡养等。数字普惠金融对农户转移性收入在1%的显著性水平下的影响为正，这可能是因为数字普惠金融鼓励创业，个体户、私营企业增多，就业岗位增多，待业农户选择外出打工，使得就业率提高，个体保障增加，从而增加农户转移性收入。

三　数字普惠金融与农村居民收入的空间实证分析

经上文实证分析发现数字普惠金融可以通过电子商务等互联网模式促进农户收入的增加，因此为验证假设3，检验数字普惠金融对农户收入的影响是否存在空间效应，本书建立空间计量模型以做进一步分析。

（一）空间计量模型设定

本书采用空间自回归模型（SAR）来进一步考察数字普惠金融对农户收入的影响，其基本形式如下：

$$DI_{it} = \rho WDI_{it} + \alpha_0 DIFI_{it} + \alpha_1 Open_{it} + \alpha_2 Edu_{it} + \alpha_3 Urban_{it} +$$
$$\alpha_4 Govern_{it} + \alpha_5 Traffic_{it} + \psi_i + \varepsilon_{it} \qquad (9.2)$$

在（9.2）式中，WDI 为空间权重矩阵，ρ 为空间自回归系数，α 为自变量的估计系数，其他各变量含义与上文相同。

（二）实证检验

本书采用以下三种空间权重矩阵：一是地理距离权重矩阵（W1），由各地区之间的地理距离构建，两地行政中心距离越近，空间权重系数越大，空间相关性越强；二是经济距离权重矩阵（W2），由各地区之间的经济水平差距构建，本书使用各省份2011年至2018年人均GDP年平均值代表各地经济水平；三是地理与经济距离嵌套权重矩阵（W3），矩阵公式为：W3 = φW1 + （1 - φ）W2，φ介于0到1之间，此矩阵将W1和W2进行嵌套，综合考虑了各地区地理距离与经济距离的双重空间影响。为简化分析，本书 φ 取值为 0.5。[1]

本书使用 Moran'I 指数对农村居民收入的空间相关性进行检验。[2]
其计算公式如下：

$$Moran'I = \frac{\sum_{i=1}^{n} \sum_{j}^{n} W_{ij}(Y_i - \overline{Y})(Y_j - \overline{Y})}{S^2 \sum_{i=1}^{n} \sum_{j}^{n} W_{ij}} \tag{9.3}$$

其中 Y_i、Y_j 表示 i、j 地区的农户收入，$\overline{Y}$、S^2 表示样本均值和方差。
由其公式计算得到了 2011—2018 年各省份农村人均可支配收入基于地
理距离矩阵、经济距离矩阵以及地理与经济距离嵌套矩阵的 Moran'I 指
数，如表9—5 所示。

表9—5 农村居民可支配收入的 Moran'I 指数[3]

		2011	2012	2013	2014	2015	2016	2017	2018
W1	Moran'I	0.182	0.182	0.190	0.190	0.187	0.183	0.181	0.180
	Z	6.162	6.171	6.436	6.432	6.351	6.253	6.190	6.168
	P-value	0.000	0.000	0.000	0.000	0.000	0.000	0.000	0.000
W2	Moran'I	0.393	0.395	0.386	0.387	0.391	0.392	0.393	0.393
	Z	5.533	5.558	5.475	5.488	5.535	5.559	5.574	5.588
	P-value	0.000	0.000	0.000	0.000	0.000	0.000	0.000	0.000
W3	Moran'I	0.262	0.263	0.268	0.268	0.269	0.267	0.266	0.265
	Z	5.294	5.309	5.428	5.440	5.451	5.427	5.417	5.407
	P-value	0.000	0.000	0.000	0.000	0.000	0.000	0.000	0.000

由表9—5 可以看出，2011—2018 年各项农村居民可支配收入的
Moran'I 指数均为正，这说明在不同的地理、经济权重下，邻近区域农
户收入的增长具有正向的空间自相关性，即农户收入在不同的空间矩阵
中呈现正相关，具有较强的空间依赖性及集聚效应，区域之间距离越

---

① 张征宇、朱平芳：《地方环境支出的实证研究》，《经济研究》2010 年第 5 期。
② Moran P A P, 1950, "Notes on Continuous Stochastic Phenomena", Biometrika, No. 37.
③ Z 为标准化处理之后的 Moran'I 指数的 Z 值，P-Value 为与 Z 值相对应的概率值。

近，互相影响越为明显。因此本书选用空间自相关（SAR）模型对三个空间矩阵以及数字普惠金融指数进行参数估计，表9—6报告了基准回归结果。由表9—6可以看出，三个空间权重矩阵的空间自相关系数 ρ 均显著为正，表明本地区农户收入水平的提高能够促进邻近地区的农户收入的提高，即存在正向空间溢出效应。此外，从三个不同维度来看，发展数字普惠金融对各地区农村居民收入的增加都具有显著性的正向影响。

表9—6　　　　　　　　　　SAR 模型基准回归结果

变量	W1	W2	W3
$DIFI_{it}$	0.023 ***	0.020 ***	0.020 ***
	(0.006)	(0.007)	(0.007)
$Open_{it}$	0.017	0.017	0.018
	(0.012)	(0.015)	(0.014)
Edu_{it}	− 0.123	− 0.093	− 0.142
	(0.093)	(0.109)	(0.101)
$Urban_{it}$	0.499 ***	0.455 ***	0.473 ***
	(0.118)	(0.161)	(0.133)
$Govern_{it}$	− 0.019	− 0.035 *	− 0.029
	(0.018)	(0.020)	(0.020)
$Traffic_{it}$	0.055	0.058	0.063
	(0.046)	(0.059)	(0.053)
ρ	0.813 ***	0.816 ***	0.817 ***
	(0.039)	(0.045)	(0.039)
观测数	240	240	240
adj. R^2	0.971	0.970	0.972

注：***、** 和 * 分别表示在1%、5%和10%的显著性水平上显著，括号内为估计系数的稳健标准误。

为深入探究发展数字普惠金融对农户的增收效应，本书对 SAR 模型效应系数进行分解，表9—7报告了 SAR 模型的直接效应、间接效应和总效应。由表9—7可知，在1%的显著性水平下，数字普惠金融对地区农户增收的直接效应、间接效应和总效应均呈现正向影响。从直接效应来看，本地区数字普惠金融的发展能够增加本地区农户的收入。从间接效应来看，本地区数字普惠金融发展程度加深不仅会提升本地区农户的收入水平，也会促进邻近地区农户收入的增长，即数字普惠金融促进农户收入的增长存在区域溢出效应和辐射效应，印证了假说3。这可能是因为随着数字普惠金融的发展，有能力获得资金而成立的新企业增多，就业岗位增加，本地区农户的收入会增加，同时，邻近地区处在待业中的农户受就业前景的吸引也会选择外出务工，从而带动周围地区农村居民收入的增加。上文数字普惠金融对农村居民转移性收入的回归结果也能从侧面佐证这一结论。

表9—7　　　　　　SAR 模型的直接效应、间接效应和总效应

变量	直接效应			间接效应			总效应		
	W1	W2	W3	W1	W2	W3	W1	W2	W3
$DIFI_{it}$	0.026 ***	0.025 ***	0.023 ***	0.098 ***	0.088 ***	0.087 ***	0.124 ***	0.113 ***	0.110 ***
	(0.007)	(0.008)	(0.007)	(0.030)	(0.029)	(0.028)	(0.034)	(0.035)	(0.034)
$Open_{it}$	0.019	0.02	0.02	0.078	0.084	0.085	0.097	0.103	0.105
	(0.013)	(0.019)	(0.016)	(0.067)	(0.097)	(0.084)	(0.079)	(0.115)	(0.099)
Edu_{it}	−0.132	−0.101	−0.156	−0.532	−0.367	−0.606	−0.664	−0.468	−0.762
	(0.103)	(0.129)	(0.114)	(0.490)	(0.548)	(0.520)	(0.585)	(0.668)	(0.625)
$Urban_{it}$	0.565 ***	0.541 ***	0.547 ***	2.104 ***	1.896 ***	2.024 ***	2.669 ***	2.436 ***	2.571 ***
	(0.116)	(0.168)	(0.136)	(0.423)	(0.510)	(0.484)	(0.472)	(0.621)	(0.567)
$Govern_{it}$	−0.022	−0.042 *	−0.033	−0.091	−0.16	−0.134	−0.113	−0.202	−0.167
	(0.020)	(0.025)	(0.023)	(0.095)	(0.120)	(0.111)	(0.114)	(0.142)	(0.133)
$Traffic_{it}$	0.065	0.074	0.077	0.257	0.299	0.305	0.322	0.373	0.382
	(0.051)	(0.073)	(0.062)	(0.221)	(0.322)	(0.264)	(0.270)	(0.390)	(0.323)

注：*** 、** 和 * 分别表示在1%、5%和10%的显著性水平上显著，括号内为估计系数的稳健标准误。

第三节　研究结论

本书使用2011 年至2018 年我国30 个省、市、区相关数据，实证

检验了农村普惠金融生态环境对农村居民的增收效应,可得出以下结论:第一,农村数字普惠金融的发展能够使得农户总体收入增长,印证了假说1,其中对工资性收入、经营性收入和转移性收入的增长均为正向影响,而对财产性收入影响效应为负;第二,数字普惠金融对我国东、中、西部地区各地农村居民都存在正向的增收效应,印证了假说2,并且相较于我国西部地区,数字普惠金融更有利于我国东部以及中部农村居民收入的增长;第三,我国不同地区农村居民人均可支配收入与数字普惠金融发展存在显著的空间正相关性,从直接效应来看,两者呈现出"高—高"集聚和"低—低"集聚的空间集聚效应;从间接效应来看,发展数字普惠金融除了能促进本地区的农户收入增长之外,还能够带动周边地区农户收入的增加,存在正向溢出效应,有利于实现共同富裕,印证了假说3。

基于上述结论,提出以下政策建议:

第一,加快发展数字普惠金融,促进农村居民收入增长。一是完善农村地区数字普惠金融基础设施建设,打破客观硬性条件的限制,使得金融可得性增强,促进农户收入增长。二是提高数字普惠金融覆盖广度和使用深度,降低农户获得金融服务的门槛,拓展农村居民的投资渠道以及信贷资源。

第二,优化农村金融生态环境,促进农村地区经济发展。一是落实脱贫扶贫项目,加强数字化程度,发展数字化技术与其他行业的产业融合,增加农村居民投资机会与就业机会,帮助农户增产增收。二是加强区域协同合作,提高城镇化水平,发挥空间溢出效应的作用,促进农村经济发展。

第三,加强政府监管引导作用,防止农户经济损失。一是加强金融市场的准入机制,构建有效的数字普惠金融监管体系,减少农村非法集资案件的发生。二是通过正确的专业讲解、分析引导,提高农户金融素养,使得农户了解金融产品与自己所面临的风险,防范网络诈骗。

第十章

数字普惠金融服务乡村振兴的
影响机理及实证检验

随着新一轮信息革命与技术革命的兴起，依托于大数据、云计算、人工智能的数字普惠金融已成为推动中国经济包容性增长的新动能。[①]数字普惠金融作为传统金融与新一代信息通信技术、互联网技术融合形成的新模式、新业态，[②] 为发展乡村经济、助力乡村振兴提供了新思路。中国政府高度重视数字普惠金融，根据国务院《推进普惠金融发展规划（2016—2020 年）》，到 2020 年，要建立与全面建成小康社会相适应的普惠金融服务和保障体系。然而，尽管当前中国金融供给总量充足，但金融市场的逐利性、排斥性，使得中国乡村地区居民在金融资源的配置上还远低于城镇居民。中国乡村地区金融人才贫乏，金融资源难获取，成本高、效率低等问题成为金融服务乡村振兴道路上亟待解决的问题。

城乡二元金融结构引致的金融资源配置的结构性失衡成为制约农村发展的突出问题。[③][④]《中国"三农"互联网金融发展报告（2017）》数据显示，2016 年中国"三农"金融缺口高达 3.05 万亿元，40% 以上有金融需求的农户仍难以获取资金。传统设置小额信贷公司、"两权"抵押试点等普惠型金融举措，因缺乏商业可持续性，往往效果一般。而数

---

①　庞艳宾：《数字普惠金融助力乡村振兴》，《人民论坛》2020 年第 1 期。

② 黄益平、黄卓：《中国的数字金融发展：现在与未来》，《经济学（季刊）》2018 年第 4 期。

③ 史明坤、邱兆祥：《优化中国金融结构的建议》，《宏观经济管理》2012 年第 6 期。

④ 宗杰、矫江：《中国农村金融供求失衡原因及对策探讨》，《理论探讨》2014 年第 4 期。

字普惠金融因其特殊的技术属性、较弱的金融排斥、较低的运行成本等优势为解决乡村地区金融资源配置问题提供了契机。随着数字普惠金融的大力推进，中国农村金融供给能力将不断提升。这会对乡村振兴产生何种影响？作用机理如何？作为一种新业态、新的金融模式，其在服务乡村振兴的进程中又存在哪些问题？系统研究上述问题，并提出针对性的政策建议，对于中国深入推进数字普惠金融，建立乡村振兴长效机制，具有重要的理论价值和实践意义。

第一节　数字普惠金融服务乡村振兴的文献综述

关于数字普惠金融与乡村发展影响的研究，主要包括两个方面。

一　数字普惠金融助力乡村振兴分析

数字普惠金融的发展可以有效提高乡村发展水平，助力乡村振兴。由于金融本身的逐利性，乡村地区难以获得足够的金融服务，而通过金融供给侧改革，提高金融服务的可得性，能够带动消费，提高风险抵御能力，促进当地的经济水平，促进包容性发展。[1] Khaki 和 Sangmi 也得出提高金融的包容性，可以有效提高经济水平减少贫困。[2] Ozili 认为数字金融对金融普惠性和实现包容性增长具有积极影响。[3] 数字普惠金融虽可以促进经济的包容性增长，但也存在数据安全、代理问题等风险和挑战，如果得到解决，可以使数字金融更好地为个人、企业和政府服务。Li、易行健等认为数字普惠金融的发展有助于居民消费，且这一促

---

　① Honohan P., 2004, *Financial Development, Growth and Poverty: How Close Are the Links?*, Palgrave Macmillan UK Press.

　② Khaki A R, Sangmi M U D, 2017, "Does Access to Finance Alleviate Poverty? A Case Study of SGSY Beneficiaries in Kashmir Valley", *International Journal of Social Economics*, Vol. 44, No. 8.

　③ Ozili P. K, 2018, "Impact of Digital Finance On Financial Inclusion and Stability", *Borsa Istanbul Review*, Vol. 18, No. 4.

进效应在农村地区以及中低收入阶层家庭更为明显。[1][2] 任碧云和李柳颖、张勋、关佳等研究发现，数字普惠金融是实现中国农村经济包容性增长的有效途径，并且农村低收入群体得益更为显著。[3][4][5] 杨林则提出"普惠金融＋绿色金融＋科技金融"模式的协同效应可以有效助力乡村振兴。[6]

二　数字普惠金融对乡村振兴具有门槛效应

数字普惠金融发展与乡村振兴之间无显著线性关系。这主要是因为乡村地区人力资本低，空心化严重，中老年群体居多，数字普惠金融的发展需要经历一个学习、接受的过程，短期并不能明显助力乡村发展，当迈过初期门槛后，金融服务乡村发展的正向作用才得以体现。[7] Beck、Malady 等则认为那些收入和财富更高的城市家庭更有可能使用银行服务及其数字平台，而乡村的贫困、低收入和文盲的人对数字金融还需要有个不断接受的过程。[8][9] 这样在一定程度上可能延缓乡村经济的发展。龚沁宜通过 PSDR 模型研究发现，当经济发展水平未跨越门槛值

---

① Li J., Wu Y., Xiao J. J., 2020, "The Impact of Digital Finance On Household Consumption: Evidence From China", *Economic Modelling*, No. 86.

② 易行健、周利：《数字普惠金融发展是否显著影响了居民消费——来自中国家庭的微观证据》，《金融研究》2018 年第 11 期。

③ 任碧云、李柳颖：《数字普惠金融是否促进农村包容性增长——基于京津冀 2114 位农村居民调查数据的研究》，《现代财经（天津财经大学学报）》2019 年第 4 期。

④ 张勋、万广华、张佳佳、何宗樾：《数字经济、普惠金融与包容性增长》，《经济研究》2019 年第 8 期。

⑤ 关佳：《金融精准扶贫的数字普惠面向：核心动力与实现路径》，《现代经济探讨》2020 年第 10 期。

⑥ 杨林、邹江：《绿色金融助推乡村振兴的内在机理与逻辑框架》，《西南金融》2019 年第 5 期。

⑦ Beck T, Brown M, 2011, "Use of Banking Services in Emerging Markets—Household-Level Evidence", *Cepr Discussion Papers*, No. 89.

⑧ Beck Thorsten, Maimbo, Samuel Munzele, 2012, *Financial sector development in Africa: opportunities and challenges*, World Bank Publications Press.

⑨ Malady, 2016, "Consumer Protection Issues for Digital Financial Services in Emerging Markets", *SSRN Electronic Journal*, Vol. 31, No. 2.

时，数字普惠金融对于农村贫困表现为显著的减缓作用。[1]　葛和平的研究发现经济发展同数字普惠金融发展之间存在"U"形关系。[2]　尹志超等在家庭层面的研究表明，数字普惠金融对家庭人均收入的异质性具有较强的解释力度，并且更有利于提高低收入家庭的收入水平。[3]

综上所述，国内外学者虽然就数字普惠金融对乡村经济的影响以及农村现代化进程中的金融需求与供给方面做了大量的分析，但大多仅从各自的单一视角进行研究，较少有从数字普惠金融发展的角度对其进行研究，更是鲜有将经济增长、社会福利、生活质量等整合起来，综合考量数字普惠金融服务乡村振兴的影响机理和评价。鉴于此，本书以2011—2017年省级面板数据，构建了"两高、三度、三风、三治、三维"的乡村振兴评价体系，对数字普惠金融服务乡村振兴进行实证分析，以期为中国打赢脱贫攻坚战、实现乡村振兴提供政策启示。

第二节　理论分析与影响机理

20世纪80年代前，受凯恩斯"政府干预主义"、纳克斯"贫困恶性循环理论"影响，在乡村发展与资本需求方面农业信贷补贴理论（Subsidized Credit Paradigm）一度盛行。该理论认为处于社会边缘的贫困人群生产能力低下，收入和储蓄水平一直在底层徘徊，农村普遍面临资金供给不足问题。为提高农业生产，缓解贫困，建立政府补贴专项资金和非营利性的普惠型金融机构对于农民、农村、农业的发展极为必要。托玛斯·赫尔曼等在《金融约束：一个新的分析框架》中提出金融约束理论分析框架，认为农村需要一个有效率的金融市场。与金融约束论相呼应的是1978年哈耶克（Hayek）的局部知识分析范式（Local

---

① 龚沁宜、成学真：《数字普惠金融、农村贫困与经济增长》，《甘肃社会科学》2018年第6期。

② 葛和平、朱卉雯：《中国数字普惠金融的省域差异及影响因素研究》，《新金融》2018年第2期。

③ 尹志超、彭嫦燕、里昂安吉拉：《中国家庭普惠金融的发展及影响》，《管理世界》2019年第2期。

Knowledge Paradigm），该范式指出农村经济发展过程中内生的互助性农村商业银行、合作性金融机构等是农村金融市场的主力。因此，各级政府部门有必要通过制定相应政策，规范现有农村金融机构、投入技术性金融服务设施及实施普惠性的专项补贴，激发农村金融市场的活力，进而形成一个有序、竞争的普惠型金融市场，服务中国乡村振兴战略。

一 理论分析

中国乡村发展资金需求量大。从金融服务农村经济发展的内在关系来看（图10—1）。S_1、D_1 为以往农村发展过程中的资金供求曲线，C_1 为借款成本。随着生产力不断发展、第二产业逐步兴起，乡村地区对资金的需求曲线变为 D_2，需求量扩增到 Q_2，但乡村农业、小微企业生产的分散性、不确定性和低收益性，加之各微观主体资金单次需求量少，交易次数频繁，又缺乏足额的担保和抵押品，使得各大正规金融机构不愿服务农村，金融服务供给仍然保持在以往的 S_1，为满足需求必然导致借款成本上升到 C_2。然而农村规模不经济的特性决定了其所能承受的借款成本仅为 C_1，为促使乡村资金供给曲线由 S_1 移动至 S_2，提高乡村地区资金可获得性，降低借款成本，破除资金缺乏对乡村振兴的抑制，政策支持数字普惠性金融发展无疑是一个有效的途径。

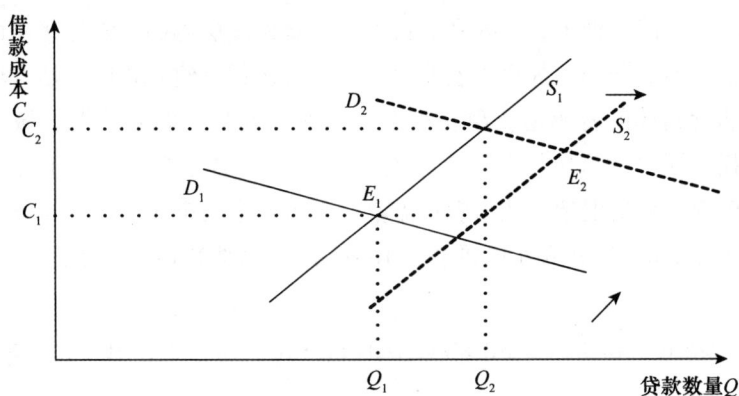

图10—1　金融服务农村经济发展的内在关系

从数字普惠金融服务乡村振兴的影响来看，具有先抑制后促进的"U"形影响。

在数字普惠金融发展初期，并不能有效促进乡村振兴。新技术的产生、接受、熟悉与应用需要一定的过程，尤其是在经济能力和信息约束条件下，农户通常以风险最小化为原则接受新技术。[①] 因此在数字普惠金融推广初期，由于其本身的新技术属性，可能导致有效供给和有效需求的错位，推广和接受难度较大。同时，无论是个人对新技术的自主学习，还是单位组织的被动学习，对数字普惠金融这类新事物的学习过程将消耗一定的资源并产生学习成本。[②] 这种新的金融概念对农户而言，因缺乏相应的知识基础，往往需要花费更多的时间与精力，这将对原本投入到农业生产中的资源产生"挤出效应"，因此这在一定程度上会制约其对乡村振兴的有效服务。

二　影响机理

当数字普惠金融发展迈过一定拐点后，将促进乡村振兴。主要体现在两个方面（图10—2）。

一是直接效应，随着大数据、云计算、人工智能等互联网技术在金融领域的不断深入应用，一定程度上能够减轻传统金融对于金融硬件设施的依赖程度，提高金融服务的可触及性，缓解因金融排斥所造成的权利贫困。[③] 数字普惠金融的发展可以及时地为农户提供理财、应急贷款、农业保险、教育基金等金融服务。一方面，普惠金融所提供的理财产品可将农户"零散化资金"整合起来，增加额外收益、缩小城乡贫富差距、提高贫困人群的获得感。另一方面，应急贷款、医疗、农业保险等有效提高了农户抗风险能力，保证农业收入，避免因病致贫、因灾返贫。此外，教育基金的投放不仅可以有力保障乡村儿童的优质教育，

---

① 汪三贵、刘晓展：《信息不完备条件下贫困农民接受新技术行为分析》，《农业经济问题》1996年第12期。

② 刘洪伟、李纪珍、王彦：《技术学习成本及其影响因素分析》，《科研管理》2007年第5期。

③ 王永仓、温涛：《数字金融的经济增长效应及异质性研究》，《现代经济探讨》2020年第11期。

提高其素质文化修养和劳动技能，从而可以文化脱贫。这也有助于促进乡风文明。同时，数字普惠金融也可以为初创企业、小微企业提供更为便捷的商业贷款，缓解其发展过程中的流动性约束，[①] 促进乡村产业兴旺，并依靠其成长为农村人口提供就业技能培训，带动更多人就业，以"扶智赋能"稳脉搏、造新血、促增收。

图 10—2 数字普惠金融对乡村振兴的影响机理

二是间接效应，数字普惠金融发展在实现金融基础较好的地区经济增长后，通过经济发展的渗漏效应，以先富帮后富的形式，通过部分群体或地区的先一步发展带动贫困地区的发展，从而服务乡村振兴战略。一方面，随着城市使用电子支付成为趋势，其带来的溢出效应，可以带动农村居民对数字金融的使用，进而提高购买力和消费水平，改善收入分配方式。另一方面，金融供给量的增加，有助于推动一、二、三产业融合发展，优化当地经济增长结构。通过精细化农业生产、多样化农产品加工、特色化乡村旅游等农业产业链的开展完善，提高产业综合效益和竞争力，促进地方经济的包容性增长。再者，产业发展可以拓宽农民就业渠道、转变土地利用方式、增强农村经济实力和自我发展能力，促进农村、农业和农民的全面发展。

---

① 任晓怡：《数字普惠金融发展能否缓解企业融资约束》，《现代经济探讨》2020 年第10 期。

第三节　模型设定与变量说明

一　模型构建

考虑到经济数据在空间位置相关时会呈现出一定的自相关性质。为探究数字普惠金融对邻近地区乡村振兴产生的影响，本书运用空间计量经济模型对可能存在的直接效应和间接效应作进一步的检验判断，以更好诠释各区域之间由于经济来往的日益加深带来的空间依赖性。据此我们建立如下空间计量模型：

$$Rei_{it} = \rho \sum_{j=1}^{n} W_{ij} Rei_{it} + \beta_0 + \beta_1 Difi_{it} + \beta_2 Difi_{it}^2 + \beta_3 Fisd_{it} +$$

$$\beta_4 Is_{it} + \beta_5 Afe_{it} + \beta_6 Tec_{it} + \varepsilon_{it}, \varepsilon_{it} = \lambda \sum_{j=1}^{n} W_{ij} \varepsilon_{it} + \mu_{it}$$

$$(10.1)$$

其中，Rei 为被解释变量，表示乡村振兴指数；$Difi_{it}$ 为核心解释变量，表示数字普惠金融指数，$Difi_{it}^2$ 为其平方项；$Fisd_{it}$、Is_{it}、Afe_{it}、Tec_{it} 为控制变量，分别表示财政分权、产业结构、政府支农力度、信息化水平；ρ、λ 分别为空间滞后系数和空间误差系数；β_0、ε_{it} 分别为常数项和随机干扰项，W_{ij} 是空间权重矩阵。鉴于普通的"0－1"空间邻接矩阵隔断了不同地区的经济发展水平的空间关联性，本书选择经济距离建立权重矩阵。

$$W_{ig} = \begin{cases} \dfrac{1}{|g_i - g_j|}, i \neq j \\ 0, i = j \end{cases} \qquad (10.2)$$

其中 g_i 表示 i 地区 2011—2017 年的人均 GDP，若两地区人均 GDP 差距越小，该指标值越大，表示经济距离下越"接近"。

二　变量选取

（一）被解释变量

乡村振兴评价指数。本书以国家《乡村振兴战略（2018—2022

年)》中的 5 类 22 项乡村振兴指标为基础，借鉴张挺、廖文梅等的研究，按照科学性原则进行指标选取。[1][2] 最终确定产业兴旺、生态宜居、乡风文明、治理有效和生活富裕 5 类二级指标，30 项三级指标，构建了"两高、三度、三风、三治、三维"的乡村振兴评价体系（见表 10—1）。

①产业兴旺。乡村产业发展程度是实现乡村经济振兴的基础，该指标以农业效率高、农业投资高进行衡量。②生态宜居。生态宜居是乡村生态振兴的重要组成部分，是留住农村青壮劳动力、促进乡村可持续发展的基本前提。该指标主要衡量清洁生产度、生活宜居度、医疗保障度。③乡风文明。乡风文明建设是传承优秀传统文化的基础，是实现乡村振兴的软实力。该指标从家庭、社会、民俗三种乡风衡量。④治理有效。乡村治理体系和治理能力是保障乡村振兴平稳推进的重要标准，该指标从治理基础、治理投入、治理成果三方面衡量。⑤生活富裕。扭转乡村贫困面貌、增强农民收入获得感、实现生活富裕是乡村振兴最关键的内容。从收入、品质、差距三个维度衡量。本书采用熵值法来确定各项指标权重。该方法根源于热力学，具有高于投影寻踪模型（MPPC）和层次分析法（AHP）的可信度，适宜于对多元指标体系的综合评价，指标变异程度越大，该指标提供的信息越多，其权重相应越高。

表 10—1　　　　　　　　　乡村振兴评价指标体系[3]

主指标	一级指标	二级指标	三级指标
乡村振兴	产业兴旺（两高）	农业效率高	人均 GDP
			人均粮食产量
			农业劳动生产率

① 张挺、李闽榕、徐艳梅：《乡村振兴评价指标体系构建与实证研究》，《管理世界》2018 年第 8 期。

② 廖文梅、童婷、胡春晓：《脱贫攻坚与乡村振兴的协同性分析：以江西为例》，《农林经济管理学报》2019 年第 2 期。

③ 数据来源为公开出版的统计资料，包括 2012—2018 年《中国统计年鉴》《中国农村统计年鉴》《中国农村贫困监测报告》以及 Wind 数据库等。

续表

主指标	一级指标	二级指标	三级指标
乡村振兴	产业兴旺（两高）	农业投资高	农业机械总动力
			农村农户固定资产投资额
			小型新型农村金融机构数
	生态宜居（三度）	清洁生产度	能源消费结构
		生活宜居度	人均公园绿地面积
			公路通车里程
			公共卫生厕所数
		医疗保障度	乡村医生和卫生员数
			社区卫生服务站
	乡风文明（三风）	家庭之风	平均受教育年限
			农村教育文化娱乐支出
		社会之风	地方财政文化体育与传媒支出
			人均拥有的公共图书馆藏书
			农村有线广播电视数占比
		民俗之风	艺术表演团体机构数
	治理有效（三治）	治理基础	自治组织单位数
		治理投入	保险深度
			污染治理投资总额
		治理成果	共同富裕程度
			农村居民五保户人数
			农村居民最低生活保障人数
		农民收入	农村人均可支配收入
			存款储蓄余额
		生活品质	农村常住居民恩格尔系数
			农村居民消费水平
		城乡差距	城乡居民收入比
			城市化水平

（二）核心解释变量

数字普惠金融指数。本书使用北大互联网金融研究中心编制的"北京大学数字普惠金融指数（2011—2018）"。[①] 该指标包括覆盖广度（账户覆盖率）、使用深度（支付业务、信贷业务等）和数字化程度（移动化、实惠化、信用化、便利化）等 3 个一级维度，11 个二级维度，33 个三级指标，兼具权威性和科学性。由于该指数较本书选取的其他指标数值过大，不在同一量纲上，因此，使用该指数占 100 的百分比值为原始数据。同时我们引入平方项，以验证数字普惠金融与乡村振兴之间是否存在"U"型关系。

（三）控制变量

①财政分权（Fisd）。财政分权改革使得各地区在教育、医疗、扶贫、基础设施等方面的财政政策制度拥有了更多自主权，不仅能够充分发挥财政政策缓解贫困的作用，还能激发公众参与社会治理，提高政府治理的精准度。本书借鉴李斌的做法，采用地方人均财政支出占中央人均财政支出的比重来衡量。[②]

②产业结构状况（Is）。农村收入水平与地区产业结构有着密切关系，一方面劳动密集型产业可以带动就业，但过度工业化也可能导致乡村地区劳动力匮乏，虽提高了整体经济水平，却不利于乡村发展。[③] 本书选取第二产业占 GDP 的比重衡量该指标。

③政府支农力度（Afe），道路、电力和通信等农村公共投资建设的基础设施是农村发展和消除贫困的直接动力源。[④] 而乡村基础设施建设、社会保障程度、产业兴旺程度、人民生活富裕等都离不开政府的大力支持与建设，因此财政支农力度预期将对乡村振兴产生正向影响。本书选取各地财政的农林支出水平作为衡量指标。

---

① 郭峰等：《测度中国数字普惠金融发展：指数编制与空间特征》，北京大学数字金融研究中心工作论文，2019 年。

② 李斌、祁源、李倩：《财政分权、FDI 与绿色全要素生产率——基于面板数据动态 GMM 方法的实证检验》，《国际贸易问题》2016 年第 7 期。

③ 张萃：《中国经济增长与贫困减少——基于产业构成视角的分析》，《数量经济技术经济研究》2011 年第 5 期。

④ 林伯强：《中国的政府公共支出与减贫政策》，《经济研究》2005 年第 1 期。

④信息化水平（*Tec*）。互联网、大数据等现代信息技术，突破传统条件地域限制，为欠发达地区乡村企业的货运调度、生产销售提供了更便捷的方式，这有助于乡村地区就业，提高农户收入水平，促进乡村经济发展。[①] 本书使用的是各省企业的网站注册数来衡量。

三　数据来源及描述性统计

本书选取 2011—2017 年中国 30 个省市的面板数据作为样本数据（西藏及港澳台地区数据缺失）。数据来源于 2012—2018 年《中国统计年鉴》，我们对主要变量的数据特征做了描述性统计（见表 10—2）。

表 10—2　　　　　　　　　　主要指标的描述性统计

变量	样本量	平均值	标准差	最小值	最大值
Rei	210	24.129	11.877	7.464	56.391
Difi	210	17.206	7.774	1.833	33.665
Difi^2	210	356.194	254.526	3.36	1133.332
Fisd	210	6.842	2.812	3.693	14.876
Is	210	45.384	8.399	19.014	59
Afe	210	47.148	22.092	9.178	102.313
Tec	210	3.489	6.535	0.089	43.586

为了直观地观察数字普惠金融与乡村振兴指数之间的关系，我们绘制出数字普惠金融与乡村振兴指数之间的散点图和简单的拟合直线，见图 10—3。从图中我们可以看出，各地区数字普惠金融与乡村振兴指数之间具有明显的"U"形关系。

---

① 谢绚丽、沈艳、张皓星、郭峰：《数字金融能促进创业吗？——来自中国的证据》，《经济学（季刊）》2018 年第 4 期。

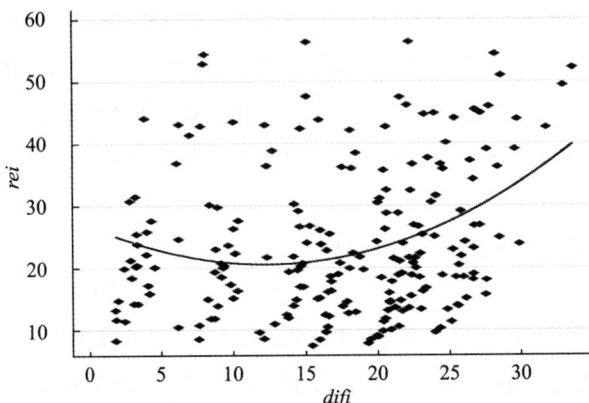

图 10—3　数字普惠金融与乡村振兴指数散点图

第四节　实证结果分析

一　空间自相关检验

在进行空间计量检验前，需要验证所研究的对象是否存在空间依赖性。本书使用 Moran's I 指数进行验证，同时为了更好揭示乡村振兴的空间集聚状态，本书还对其进行局部自相关检验。

$$Moran's\ I = \frac{\sum_{i=1}^{n} \sum_{j=1}^{n} W_{ij}(X_i - \overline{X})(X_j - \overline{X})}{S^2 \sum_{i=1}^{n} \sum_{j=1}^{n} W_{ij}} \qquad (10.3)$$

式中 $S^2 = \dfrac{\sum_{i=1}^{n} (X_i - \overline{X})^2}{n}$，$X_i$ 为地区 i 的样本观测值，n 为地区总数，W_{ij} 为空间权重矩阵。

基于经济距离矩阵，计算出各省乡村振兴的全局 Moran's I 值。表 10—3 给出了 2011—2017 年各省外商直接投资金额占全国比的全局 Moran's I 值，估计结果显著为正，可以看出二者之间存在着明显的空间正相关性，且有集聚特征。

表 10—3　　　　　　　2011—2017 年乡村振兴全局 Moran's I 值

年份	Moran's I	P 值
2011	0.294 ***	0.000
2012	0.276 ***	0.001
2013	0.278 ***	0.000
2014	0.314 ***	0.000
2015	0.186 **	0.015
2016	0.274 ***	0.001
2017	0.267 ***	0.001

二　基准结果分析

表 10—4 模型（1）—模型（5）分别报告了混合 OLS、固定效应（FE）模型、FGLS、空间滞后模型（SAR）以及空间误差模型（SEM），估计结果如表 10—4 所示。根据模型（2）中的 Hausman 检验，p 值为 0.00，拒绝原假设，固定效应模型更好。FGLS 模型能在一定程度上解决可能存在的异方差和序列相关性，优于固定效应模型。从回归结果看，模型（1）—模型（3）均显示了数字普惠金融对乡村振兴具体显著的先抑制后促进的"U"型作用。考虑到经济数据在空间位置相关时会呈现出一定的自相关性质。为探究数字普惠金融水平对邻近地区的乡村振兴产生的影响，我们建立了 SEM 及 SAR 模型。表 10—4 显示 LM-Lag 统计量与 LM-Error 统计量都在 1% 的显著性水平下显著，稳健 LM-Lag 统计量通过了 10% 的显著性检验而稳健 LM-Error 统计量不显著，且根据赤池信息准则（AIC）和贝叶斯信息准则（SIC），SAR 模型的值更小，这说明空间面板模型采用 SAR 模型进行估计较为合适。因此在 SAR 模型估计结果的基础上讨论实证研究的发现。

表 10—4　　　　　　数字普惠金融对乡村振兴影响的基准回归结果

	(1)	(2)	(3)	(4)	(5)
	(OLS)	(FE)	(FGLS)	(SAR)	(SEM)
Difi	− 0.944 ***	− 0.460 ***	− 0.535 ***	− 0.287 ***	− 0.387 ***
	（− 3.20）	（− 4.16）	（− 4.77）	（− 2.82）	（− 2.71）

续表

	(1)	(2)	(3)	(4)	(5)
	(OLS)	(FE)	(FGLS)	(SAR)	(SEM)
$Difi^2$	0.0273 ***	0.0127 ***	0.0162 ***	0.00804 **	0.0110 **
	(2.91)	(3.50)	(4.18)	(2.47)	(2.47)
Is	− 0.384 ***	− 0.0278	0.143 **	− 0.0245	− 0.0501
	(− 3.89)	(− 0.25)	(2.35)	(− 0.26)	(− 0.52)
$Fisd$	0.902 ***	0.825	− 0.172	0.878 *	0.929 *
	(3.17)	(1.42)	(− 1.31)	(1.77)	(1.79)
Afe	0.0195 ***	0.00517	0.0163 ***	0.0038	0.0032
	(5.48)	(1.28)	(12.59)	(1.09)	(0.88)
Tec	0.832 ***	0.203 ***	0.825 ***	0.167 ***	0.194 ***
	(8.30)	(4.40)	(7.57)	(4.14)	(4.32)
_cons	33.63 ***	20.28 ***	6.770		
	(4.30)	(3.19)	(1.63)		
Hausman		56.76 ***		− 0.56	
LM − Lag				15.134 ***	
R − LM − Lag				3.118 *	
LM − Error					12.166 ***
R − LM − Error					0.150
AIC				988.8983	991.1874
BIC				1015.675	1017.964
Spatial				0.377 ***	0.374 ***
Rho (lambda)				(4.71)	(4.41)

在模型空间滞后模型（SAR）中，数字普惠金融对乡村振兴的一次项影响系数为 − 0.287，且通过了 1% 的显著性检验，二次项影响系数为 0.00804，通过了 5% 的显著性检验。表明数字普惠金融发展与乡村振兴之间存在显著的"U"形关系。这可能因为在数字普惠金融建设初期，需要大量的资金成本，且乡村地区用户知识水平低、接受新事物能力较弱，对数字普惠金融的接受、熟悉、使用均需一定的学习成本、时间成本。这对原本投入到农业生产中的资源有一定的"挤出效应"，因此初期数字普惠金融的

发展对乡村振兴产生抑制作用，一旦发展成熟，数字普惠金融对乡村振兴的促进作用将不断显现。根据各模型回归方程中二次项和一次项的系数，计算得出当数字普惠金融指数拐点在 16.51—18.11 之间。这表明数字普惠金融指数小于 16.51 时，其对乡村振兴的影响有一定的抑制作用；当数字普惠金融指数跨过门槛值后，其对乡村振兴的促进作用逐渐明显。

根据 2018 年北京大学编制的数字普惠金融指数的数据，当前中国数字普惠金融指数的均值为 27.3，其中东部均值为 29.4、中部为 26.5、西部为 25.7，均已跨过拐点，对中国乡村振兴有着显著促进作用，这也说明近几年中国处在数字普惠金融和乡村振兴发展的攻坚阶段，数字普惠金融发展取得初步成效，但由于中国地理面积大、贫富不均、数字化发展程度不一，尤其是在实现乡村振兴这样的攻坚期，继续构建和完善数字普惠金融体系迫在眉睫，仍然需要加强数字化建设，让数字普惠金融助力实体经济发展，实现持续有效推进乡村经济振兴。就控制变量而言，财政分权、信息化水平等表现为显著正向影响。说明通过地方政府自主决策，提高政府支农力度，提高人民的参与感、获得感与安全感能显著促进乡村振兴；随着信息技术的进步，互联网对于推动乡村振兴、推进整个地区的综合发展具有重要作用。

表 10—5 给出了基于 SAR 模型的空间效应分解。直接效应是指数字普惠金融对本区域的乡村振兴效应，间接效应是指本地数字普惠金融对邻近省份的乡村振兴效应，总效应则是二者之和。从数字普惠金融的影响来看，直接效应占据了总效用的 64.10%，其极值点为 17.96，间接效应仅占 35.90%，极值点为 17.94，总效应极值点为 18.02。这表明数字普惠金融发展虽有明显溢出效应，但主要是对本地区乡村振兴产生影响；此外，本地数字普惠金融的发展更容易跨过邻近地区的作用拐点，即其溢出效应将率先促进邻近地区的乡村振兴。

表 10—5 基于 SAR 模型的空间效应分解

变量	直接效应	间接效应	总效应
Difi	− 0.291 ***	− 0.164 **	− 0.454 ***
	（− 2.74）	（− 2.33）	（− 2.88）

续表

变量	直接效应	间接效应	总效应
$Difi^2$	0.0081 **	0.00457 **	0.0126 **
	(2.39)	(1.99)	(2.41)
Is	0.959 *	0.573	1.532 *
	(1.96)	(1.54)	(1.87)
$Fisd$	−0.0326	−0.0195	−0.0520
	(−0.35)	(−0.34)	(−0.35)
Afe	0.00377	0.00213	0.00591
	(1.13)	(1.01)	(1.12)
Tec	0.174 ***	0.102 **	0.275 ***
	(8.30)	(4.40)	(7.57)

三 内生性处理

使用空间滞后模型，可能存在遗漏变量的内生性问题，从而导致数字普惠金融对乡村振兴的影响估计值存在偏误。一方面，可能存在同时影响数字普惠金融和乡村振兴的不可观测因素。另一方面，乡村振兴水平越高的地区其数字普惠金融水平往往也越高，即可能存在双向因果关系问题。为有效缓解模型中的内生性问题，借鉴既有研究的做法，构建一个"Bartik instrument"（数字普惠金融指数的滞后一阶 $DIFI_{i,t-1}$ 与其一阶差分 $\Delta DIFI_{t,t-1}$ 的乘积），由于 $\Delta DIFI_{t,t-1}$ 消除了数字普惠金融的线性趋势，因此 $DIFI_{i,t-1} \times \Delta DIFI_{t,t-1}$ 在一定程度上不会受当期乡村振兴指数的影响，满足外生性要求，而数字普惠金融发展在时间上具有延续性，滞后一期的 DIFI 与本省当期数字普惠金融具有一定相关性，说明该工具变量设定是合理的。此外，本书使用基于普通面板模型的两阶段 GMM 与 Kukenova 和 Monteiro 提出的空间系统 GMM 方法对动态空间面板模型进行估计。

表10—6模型（1）—模型（3）分别为加入上述工具变量的两阶段 OLS 估计、系统 GMM 估计及动态空间面板模型。估计结果表明，在解决了可能存在的内生性问题后，数字普惠金融对中国乡村振兴的"U"形影响依旧显著存在，说明估计结果是可靠的。此外，本书进行

过度识别、不可识别和弱工具变量检验，均拒绝原假设，说明工具变量的选择是合理的。

表10—6　　　　　　　数字普惠金融与乡村振兴：内生性处理结果

	（1）	（2）	（3）
	（2SLS）	（GMM）	（DGMM）
$L.rei$		0.720***	0.314***
		(67.62)	(17.28)
$W \times rei$			-0.010***
$Difi$	-0.986**	-0.433***	-0.594***
	(-2.52)	(-6.65)	(-8.41)
$Difi^2$	0.023***	0.006***	0.007***
	(2.86)	(2.97)	(3.74)
控制变量	是	是	是
$AR(1)$		-2.40**	
$AR(2)$		-0.55	
过度识别检验	恰好识别	28.51	26.027
		(1.00)	(0.46)
不可识别检验	36.639***		
弱工具变量检验	23.27***		

四　稳健性检验

为进一步验证估计结果的稳健性，我们采取两项措施：一是空间权重矩阵更换为地理距离矩阵及地理相邻矩阵进行稳健性检验。二是剔除样本异常值的影响。具体而言，对数字普惠金融及乡村振兴指数在前后1%分位上进行缩尾处理，然后对剩余样本重新进行估计。结果汇报在表10—7中，结果表明无论是更换空间权重矩阵，还是在剔除异常样本点的影响后，数字普惠金融对乡村振兴指数的"U"形影响依旧稳健存在，这也证明了估计结果并非由空间矩阵或异常值产生的伪因果。

表 10—7 稳健性检验

变量	更换权重矩阵		缩尾处理
	地理距离矩阵	0-1 矩阵	Winsorize
$Difi$	-0.227**	-0.217**	-0.302***
	(-2.31)	(-2.29)	(-2.95)
$Difi^2$	0.0067**	0.0059*	0.0086***
	(2.14)	(1.93)	(2.58)
控制变量	是	是	是
Spatial	0.500***	0.472***	0.370***
rho	(6.30)	(7.23)	(4.62)

第五节 研究结论

本书研究数字普惠金融发展与乡村振兴的关系。对数字普惠金融服务乡村振兴的影响进行了理论分析和机制分析；构建了"两高、三度、三风、三治、三维"的乡村振兴评价体系，运用熵权法测算了 2011—2017 年中国各地区的乡村振兴指数；实证分析了数字普惠金融对乡村振兴的影响。研究发现：（1）数字普惠金融发展对乡村振兴的影响呈现先抑制后促进的"U"形关系，作用拐点在 16.51—18.11 之间，现阶段中国数字普惠金融水平整体已越过临界点，主要发挥对乡村振兴的促进作用。（2）数字普惠金融对乡村振兴的影响具有显著的空间溢出效应，且溢出效应将率先促进邻近地区的乡村振兴。（3）财政分权、信息化水平等可以有效提高乡村治理能力，助力乡村振兴。

第十一章

中国数字普惠金融发展的
政策建议

　　数字普惠金融是依托计算机的信息处理、大数据分析、数据通信以及云计算等技术为支撑，能够有效、便捷、全方位地为社会所有不同收入的阶层提供金融服务。数字普惠金融作为普惠金融创新发展的新阶段。资本"嫌贫爱富"的本性使得大量优质金融资源集中于城镇、大型企业以及富裕人群。尤其是在城乡之间、城市之间"金融二元化"现象凸显的情形下，中国金融服务表现出存在着不平衡性、多层次性以及多头变动趋势。2021年中央一号文件提出发展数字普惠金融的战略，数字普惠金融已成为当前普惠金融发展的主流。中国应从全局与局部相结合入手，通过制定与完善相关数字普惠金融法律法规，逐步形成数字普惠金融创新机制，推动中国数字普惠金融健康发展，从而让中国所有不同收入阶层均能共享金融消费服务的雨露甘霖。基于中国数字普惠金融发展的实践，本章以提升数字普惠金融服务能力和水准为突破口，将数字普惠金融服务国民经济高质量发展作为总体战略目标，从金融体系、金融监管、金融运行机制、金融机构体系、金融工具等方面提出中国数字普惠金融发展的政策建议。

第一节　构建可持续数字普惠金融体系

一　加强数字普惠金融工作组织领导

　　在国务院的领导下，银保监会、人民银行及省级金融办共同牵头，民政部、财政部、农业部、林业局、证监会等单位协同配合，建立数字普惠金融发展工作协调机制，加强人员配备保障，促进《推进普惠金融发展规划（2016—2020年）》的实施和数字普惠金融相关政策的落实。

各省金融办作为省政府常设办公室负责协调金融机构工作，能够确保数字普惠金融组织领导工作的开展。各省金融办负责总规划协调，应在每个年度对规划执行情况进行调研、监管、总结。与其他省市、其他国家乃至全球数字普惠金融的国际组织，开展形式多样的数字普惠金融发展的经验交流，以及双边或多边的数字普惠金融项目合作，提升地方数字普惠金融国际化水平。各省金融办对市政府督办，开展现场检查和业务辅导，压实工作责任，明晰各级责任，借力政府督查、组织部门力量，建立完备的数字普惠金融保障机制。

银保监会推进数字普惠金融评估体系，实施金融风险的动态监测与跟踪指导，加强对非法集资的防范、监测和预警管理，并把数字普惠金融工作作为责任考核和政绩考核的一个重要方面。

人民银行负责智力支持。执行国家相关金融法律法规、方针政策以及数字普惠金融相关政策的指导、解读及实施；执行央行存款准备金、利率、汇率等货币信贷政策；对中国金融市场进行监管，系统性金融风险的防范；加强中国金融统计和信贷征信工作，逐步完善中国征信系统。通过构建数字普惠金融体系，做好顶层设计、立梁架柱、铺路架桥，引导金融机构，凝心聚力，建好数字普惠金融基础设施工程。

另外，各级人民政府加强组织领导，充分发挥行政机关与金融机构的合力，将数字普惠金融内嵌于县、乡、村三级便民服务体系。完善协调机制，结合当地实情，在风险可控、依法合规的条件下，依托金融机构现有助农取款点，升级、改造、党群服务中心等多种形式建设数字普惠金融服务站，发挥乡镇在数字普惠金融发展中的作用，可在乡镇范围内分类推进数字普惠金融发展试点，试点成功后，再全面推进。大力推进扶贫减贫信贷、移动金融、大学生助学贷款等数字普惠金融专项工程。以党建统领，将党建工作与数字普惠金融相融合，将数字普惠金融发展水平纳入优秀基层党组织的考核指标体系。通过充分发挥基层党建的力量，助力数字普惠金融发展。

二　加快社会征信系统建设进程

作为贷款人具备充足的授信额度、足值的担保抵押资产，是商业银行决定给予贷款的基本要求。目前中国金融供给很难满足大量信用缺乏、担保抵押不足的普惠金融需求。其原因有：一是不规范的财务信息，二是不透明的财务报表，三是不完备的社会征信系统。然而资产端的债务人的道德水平、经营能力、投资取向、财务情况、信用状况等信息是商业银行所需要的。因此，征信系统建设是至关重要的。构建征信系统建设需要做好征信法律法规制定、加快企业和个人信用记录数据库的建设、引进和发展专业化的社会征信机构、实现信息共享、加强征信市场的监管以及设立制度信用服务行业标准等方面的工作。征信系统既包括国有的大型金融机构，也将民间金融机构包括农商行、农合行、村镇银行、农联行、贷款公司、农村资金互助社、小额贷款公司等机构的信贷信息纳入到"全国征信系统"。这样既有助于普惠金融机构查询贷款客户信息，控制贷款风险，也有助于对债务人的行为进行约束，增强信用意识。同时，考虑借款人和担保人按贷款额度的一定比例拿出一部分保证金进行担保，建立风险保证金制度，这样既可以对贷款者进行"约束"，也可以对借款者加以"保护"。

市场经济是法治经济，法治经济需要有序的规则框架，在目前征信业管理无法可依的局面下，应不断完善征信法规制度建设。以立法形式明确各方在征信体系建设中的权利、义务和责任，从而为央行履行征信管理，为征信信用数据的收集、加工与利用提供法律依据与支持。

三　搭建数字普惠金融法律法规框架

目前，中国数字普惠金融发展的最大痛点就是数字普惠金融法律制度具有滞后性。中国有待加快数字普惠金融的制度建设，尤其是数字普惠金融相关法律制度和相应配套政策，有利于形成合理、灵活、商业可持续的数字普惠金融市场体制。按照国务院印发的《推进普惠金融发展规划（2016—2020 年）》，有计划、分步骤地制定和完善数字普惠金融相关法律法规，形成"小额信贷法、农业保险法、邮政储蓄法、证券法、农民专业合作社法"等组成的系统性的数字普惠金融法律法规框架，进一步明确数字普惠金融服务供给、需求主体的权利义务。

数字普惠金融是不同行业的联合，因此应针对其行业交叉的特点制定专门的法律，弥补监管空白和灰色地带。在制定法律时可以联合央行、证监会、银保监会以及其他金融自律性组织进行商讨，明确各主体负责的板块和相应的责任，实现权责清晰、有条不紊。

同时，各级政府应制定民间借贷行为的相关法律制度，出台小额贷款公司管理以及网络借贷管理办法，进而明确从事扶贫小额信贷业务的组织或机构的定位。加快出台融资担保公司管理条例，建立健全机动车、房产、承包土地使用权的登记制度，有助于防范和化解金融风险，创造良好的法律支持和信用环境。同时，政府有关部门积极引导、营造更为公平的竞争环境和信用环境，包括在风险可控的前提下，将村镇银行纳入央行的统一支付结算体系。

各级政府不仅从法律上重视数字普惠金融服务，还要制定出一系列数字普惠金融配套政策，引导全国股份制商业银行扩大数字普惠金融业务，保证商业银行的信贷业务份额，鼓励商业银行创新金融产品。政府通过担保和保险分散风险，并在财政、税收和存款准备金政策上给予普惠金融机构一定优惠。

推进数字普惠金融发展，制定并完善数字普惠金融法律法规。呼吁完善2002年全国人大通过的《中华人民共和国农村土地承包法》、2005年农业部通过的《农村土地承包经营权流转管理办法》以及遵守2014年11月国务院印发的《关于引导农村土地经营权有序流转发展农业适度规模经营的意见》，规范农村土地流转经营行为、发展农业适度规模经营、加大新型农业扶持力度，解决科技型农民、低收入创业者等弱势群体因抵押物不足而难以取得信贷资金的问题，推动数字普惠金融健康发展。

四　协调发展多种数字普惠金融模式

中国应积极构建多种数字普惠金融服务模式，实现多种模式的互补协调发展，有利于多层次的数字普惠金融体系的形成。数字普惠金融的服务对象应侧重于中国欠发达地区的低收入阶层，推广数字普惠金融服务主要是将贫困人群、中低收入者和小微实体纳入到该金融体系。目前，中国针对中高端市场的金融体系相对完善，但对农村地区，特别是欠发达地区低收入群体的金融供给不足。欠发达地区低收入群体的金融需求是否得到满足是决定中国普惠性金融体系成功与否的关键。因此，加强数字普惠金融理论研究，探索欠发达地区低收入群体的多种金融模式，实现优势互补，才能满足省际、市域、县域建设数字普惠金融体系的基本需求。

中国数字普惠金融服务需求的多样性，决定了中国有必要发展多种数字普惠金融模式。商业性小额信贷注重盈利和规避风险，只适合选择优质客户才能实现其发展的可持续性。政策性小额信贷以非营利性为目标，通过扶贫减贫的资金补贴中国欠发达地区贫困群体，这种信贷需求对外部资金供给和政策支持依赖性过强，不具有可持续性。因此，构建多种数字普惠金融模式，实现优势互补、协调发展，才能满足不同阶层、不同收入群体的金融需求。目前中国城乡经济发展迅速，县域范围内的个体户和小微实体呈"井喷式"增长，对资金的需求存在差异化。因此，要积极鼓励如国有商业银行和全国股份制商业银行等加入到数字普惠金融建设中。

大型商业性和政策性金融机构应改造传统商业模式，在农村围绕农业现代化、新型城镇化、生态文明建设，加大对农业开发、基础设施建设、产业化龙头企业和产业融合发展的数字普惠金融支持。

股份制商业银行和农村信用社要加大业务创新力度，均衡机构网点布局，通过增加和优化数字普惠金融产品和服务，针对中小微企业、农户等数字普惠金融客户特点和融资需求，改进信贷服务方式，在抵质押手段、业务流程、还款方式、营销渠道等方面加大创新力度，更加注重消费金融、零售金融、定制金融产品的开发与创新，打造差别化、专属的产品和服务体系，提升数字普惠金融整体水平。

五　担负发展县域数字普惠金融责任

发展县域数字普惠金融就是通过金融资源的有效运用，服务于"三农"，不仅可以在县域范围内提升客户的信用观念、优化信用环境、实现客户信息对称，更重要的是弥补县域全面建成小康社会的重要短板，进而推进中国全面建成小康社会。

　　发展县域数字普惠金融,是欠发达地区打赢脱贫攻坚战的重要举措。通过发展县域数字普惠金融,使农村地区科技型农民、低收入创业人员等弱势群体获得公平合理的金融资源支持,增强科技型农民、低收入创业人员等社会弱势群体的"科技致富、创业致富"功能,发挥欠发达地区脱贫奔小康的积极作用,实现农村贫困人口摆脱贫困的普惠金融规划目标。县域主要涉农金融机构应有充分发展数字普惠金融、服务普罗大众的政治觉悟,区县政府应充分认识到县域数字普惠金融在推动其自身发展中的作用,通过金融办牵头,结合县域金融发展实情制定配套实施方案,明确发展数字普惠金融的目标任务以及推进思路,创新数字普惠金融服务。金融监管部门和各类金融机构积极研讨、动态实践促进数字普惠金融发展的新路径,保持开放合作,协助区县政府不断完善有关鼓励引进金融机构、增设金融机构分支机构、促进数字普惠金融发展的配套政策和奖励办法,以及向上级政府及相关主管部门反映数字普惠金融发展面临的困难以及具体的改进措施。提升县级政府所属金融监督管理机构的地位,充实金融专业人才,尤其是了解数字普惠金融重要性的专业人才,改善县级政府对县域数字普惠金融运作的监督管理,促进县域数字普惠金融发展。

第二节　完善数字普惠金融监管体系

一　构建数字普惠金融监管体系

　　2017 年 7 月国务院金融发展委员会在北京成立,完善了中国金融监管体系,加强了金融监管能力。目前中国已构建了"一委一行二会"新金融监管框架,创建数字普惠金融行业协会,强化网贷行业的监管,防范和化解系统性、区域性金融风险。但是目前,中国网贷行业公开数据不全面、资料不完整,加上中国数字普惠金融尚处于起步阶段,应遵循"适度监管"的原则。各级金融监管部门应加强金融科技的研究和应用,提升网贷平台科技应用水平。同时,应注意规避"一抓就死,一放就乱"的弊端。另外运用大数据、云计算、区块链等技术手段,建立远程监管平台和数字普惠金融行业经营风险分析系统,出现问题及时发布预警信号。

根据数字普惠金融发展的特质，本书可以从资金回流机制、监管主体、差别监管、风险控制和监管激励等五个方面构建数字普惠金融监管体系。

（一）资金回流机制。对于中国欠发达地区（农村地区和西部地区），通过逐渐形成欠发达地区资金回流的政策性导向激励机制和欠发达地区金融机构风险保障补偿机制，积极创造条件建立欠发达地区资金回流机制，有效引导资金从发达地区回流到欠发达地区，提升欠发达地区对资金的有效需求，增加欠发达地区金融有效供给，最大限度地减少欠发达地区资金的外流现象，从而保证欠发达地区经济的可持续发展。市县政府与普惠金融机构一道为欠发达地区构建信用评级体系，建立客户征信系统，同时加强数字普惠金融服务人员的风险识别和风险防范能力，并与保险公司等金融机构携手合作，分散经营风险，有助于提升自身的风险承受能力以及提高经营效率，才有可能实现数字普惠金融的可持续化发展。

（二）监管主体。数字普惠金融作为传统金融和新技术的融合产物，其中既有关于实体金融发展的内容，也有虚拟网络市场发展内容。因此，数字普惠金融监管更为复杂，其监管内容包含线上与线下两部分，而"线上＋线下"一体化发展将成为数字普惠金融创新监管的重要趋势。目前中国亟须建立一个包括政府部门、行业自律、内部控制等多层次的数字普惠金融监管体系。政府监管主要以"一行三会"共同监管；行业自律主要是通过设立数字普惠金融行业协会，通过行业协会定期组织人员培训，提高数字普惠金融行业人员的整体素质，制定合理的数字普惠金融行业的标准补充和支持政府监督部门的监管；普惠金融机构自身的内部控制也相当必要，机构应优化内部控制水平和内部管理机制，保证数字普惠金融机构健康发展。

（三）差别监管。中国经济发展不平衡，就数字普惠金融发展水平来看，东部要大于中部，中部大于西部。因此，针对地区差别以及地区不同的普惠金融机构类型实行差别化监管，开展数字普惠金融特色业务，根据普惠金融机构自身的风险防范需求制定风险等级以及根据各省、市、县的差异制定不同的监管费用征收标准和各项监管指标制定方案。

（四）风险控制。普惠金融机构在风险防范意识、技术操作水平和法制观念等方面均要提高自身工作人员的综合素质。明确数字普惠金融监管的具体内容、机制、程序以及具体途径，逐步提升金融机构监管部门的监管科技能力，全面提升对数字普惠金融风险的感知力和判断力。加强系统性风险的防范和跟踪监测管理，建立数字普惠金融信息共享与联动协作机制，及时沟通交流维护金融供给者和金融需求者的各种信息资源。同时，普惠金融机构有差别地对金融需求群体的贷款风险进行监管，提升数字普惠金融风险的预警力，从而降低普惠金融机构的呆坏账贷款率。值得注意的是，由于数字普惠金融服务的主要是欠发达地区（农村地区和苏北地区）的低收入群体，这些群体普遍接受教育的程度不高，信用意识淡薄。因此，普惠金融机构要进行大量调研、充分掌握这个群体的经营情况及信用状况。要进一步加强有关数字普惠金融的信息披露，建立信息主动披露与全程公开机制，保障信息披露的透明度、可信度与时效性，让农村金融消费者更好地了解相关产品的风险，规避潜在的安全风险隐患。

（五）监管激励。市县级政府对数字普惠金融体系实施监管，运用监管激励手段促进数字普惠金融发展。如借鉴1977年美国颁布的《社区再投资法案》对中国信贷政策有效性、大学生贷款的启示，强化县域金融机构向"三农"贷款，使得县域金融实现"取之于民，用之于民"。

二　提高数字普惠金融的覆盖率

随着大数据、云计算等网络技术的应用，"互联网＋金融"在交互融合的过程中，推动着中国数字普惠金融发展的进程。目前中国数字普惠金融发展不平衡，法制化建设滞后使得数字普惠金融政策执行力不强，进而导致数字普惠金融政策执行绩效水平较低。其中，金融监管政策会导致数字普惠金融的覆盖率下降，这是一个不可避免的问题，中国如何提高数字普惠金融的覆盖率？

（一）树立金融公平的监管理念。中国把数字普惠金融监管价值追求锁定在金融安全和金融效率两个方面。因为中国数字普惠金融体系不健全，以金融安全为抓手是为了防范金融风险，为数字普惠金融体系提供一个安全的金融环境。数字普惠金融让每个金融需求均享有平等的金融服务的权利，公平地参与竞争，是一种机会的公平。这种机会公平不仅包括每个人获得金融服务的机会均等，也包括设立金融机构的机会均等。因此，从数字普惠金融的"普惠性"出发，在兼顾金融安全与金融效率之际，树立金融公平的监管理念，尤其要重视对金融公平的追求，即数字普惠金融政策要强调县域内低收入群体的覆盖率。可以从总体上指导在制定监管政策时，充分考虑到县域内低收入群体的金融需求，尽量提高对县域内低收入群体的覆盖程度。

（二）建立多层次的包容性市场准入制度。基于数字普惠金融理念，中国应促进金融机构的公平竞争，金融监管部门"兼容并包"，监管具有适度性和差异化。制定多层次的市场准入监管政策，渐次放开数字普惠金融市场准入。数字普惠金融市场的开放程度要和经济发展状况、监管当局的监管能力相适应。在适度审慎监管的前提下，对数字普惠金融供给主体可有条件降低市场准入门槛，完善金融市场准入门槛；对不同性质的普惠金融机构设置不同的准入门槛。根据东、中、西部之间经济发展程度的不同，在注册资金和设施等方面，降低对西部的要求。同时，对于投资人的资质、资金来源以及信誉进行严格审查。对于互益性普惠金融组织，在政策上将筹建与开业阶段的准入监管权下放给银监局县级办事处，提高监管效率。建立多层次包容性的市场准入制度，能丰富普惠金融机构的种类和数量，一方面会鼓励金融机构之间的公平竞争，提高金融市场效率；另一方面也会提高对县域内低收入群体的覆盖率，这是因为中国普惠金融机构的增多，将会增加金融产品的供给量，为扩展普惠金融机构的利润空间，会把目标转向县域内有潜力的低收入群体，以此提高数字普惠金融对县域内这类低收入群体的覆盖率。同时，普惠金融机构也实现了"薄利多销"。

（三）通过金融创新降低运营成本。当前，互联网金融正处于"取缔、整改及合规"调整期，其必将引起金融交易模式的变革。2016年是大数据开启之年，普惠金融机构要转变传统的交易方式，迎接"大数据"时代。互联网、电商平台和高科技等都是实现数字普惠金融"普惠性"、降低普惠金融机构运营成本的工具。中国借助"金融科技"推动高新技术，使数字普惠金融市场层次多样化、产品丰富化。在有效防范风险的条件下，促使传统银行与互联网企业和电信运营商等进行"强强合作"，创新信贷模式、丰富产品种类和数量。凭借金融科技和电信运营商的优势，提高数字普惠金融的融资和支付结算的效率。逐步完善社会所有不同收入群体的支付结算体系。

（四）提高数字普惠金融领域的信息透明度。城镇化率的提高可以为金融供需信息的传递创造基础条件，中国应进一步提高城镇化率，从而确保金融市场供求信息传递的流畅。进而可以提高数字普惠金融体系的信息透明度，不仅可以降低交易成本和运营成本，还可以为加强社会监督提供可行性。客户信用评级制度和客户征信制度能够客观地反映一个经济主体在经济活动中的信誉度。建立健全机构资信评级机制，对普惠金融机构进行定期的、客观的资信评级，并把相关信息公之于众，使市场约束功能最大化，促进金融机构完善经营管理，避免道德风险的产生。而弱势群体征信系统的形成，一方面能提高普惠金融机构信贷质量，降低违约率；另一方面也能减少成本支出，尤其是人事费用支出，从而在不降低对弱势群体覆盖率的前提下，提高普惠金融机构的盈利能力。

鼓励电商平台企业在县域、乡镇、集镇设立服务中心，扩大对周边小微企业、农户的覆盖范围，实现农业生产、加工、销售、物流、数字普惠金融与电子商务的有机结合，提升农村数字经济与数字普惠金融的协同效应。积极推动农业产业链、供应链的数字化升级，加大区块链技术的嵌入力度，创新和拓宽农村数字普惠金融的发展模式及应用场景，推动农村医疗、生活缴费、教育、出行等与数字普惠金融的结合，提升其数字化发展水平。

三　形成交易数据共享机制

利率是网贷平台资金供给者与资金需求者关注的重要指标，也是网贷平台是否能够生存乃至发展的关键所在。网贷平台的利率水平应由网络借贷融资市场的资金供求关系决定，而不是网贷平台自行规定，通过大数据、云计算等技术来进行信用评价体系建设，分为若干个信用等级。同时，金融监管部门与时俱进地规定融资利率的上限，增强利率波动的弹性。作为网贷平台自身应通过有效的内部经营管理来降低网贷平台的经营成本，有助于提高网贷平台的收益水平。

在中国人民银行以及银保监会等相关金融监管部门的引导下，中国互联网金融协会于 2016 年 9 月 9 日开通了互联网金融行业个人借贷信用风险监测的共享平台，该平台通过提供行业统计数据、深挖共享平台接入的明细交易数据，研究网贷风险传导机制。一方面金融科技应用既可以帮助资金供给者做出是否投资决策，也有利于网贷平台进行尽职调研，对资金需求者进行全面评估，从而更好地掌握资金需求者的动态，一方面借助于金融科技的快速发展可以实现资金供给者与资金需求者信息对称，防范逆向选择与道德风险发生的小概率事件，净化网贷平台运营环境和完善社会征信体系。同时，随着各地省级地方金融监管局陆续挂牌成立，中国互联网金融协会及地方互联网金融协会携手共进，按照国家互联网金融风险专项整治工作领导小组办公室的工作部署，加强监测平台建设，协调地方金融监管部门，分地分类监测同一区域内及不同区域之间的网贷风险。

不断改善农村地区的金融生态环境。一方面，央行应牵头搭建交易数据信息共享平台，鼓励金融机构和第三方金融服务平台实施信息共享。另一方面，鼓励各地的农业银行、农商行等涉农金融机构建立服务标准统一、功能齐全的助农数字金融服务平台，加大与电商平台、保险机构、第三方信贷平台的合作，完善交易数据信息采集及共享机制。同时要求各金融机构加大信息保护和风险防范机制建设，防止交易数据泄露的发生。

第三节　建立数字普惠金融市场运行机制

一　加快数字普惠金融基础设施建设

新冠肺炎疫情背景下，数字普惠金融获得了较多的发展机会。据中国银行业协会统计，疫情期间银行机构线上业务的服务替代率平均水平高达 96%。和谐的数字普惠金融生态环境，是保持金融稳定、促进经济与金融协调发展、建成和谐中国的重要内容之一，也是衡量资金吸纳能力的重要指标。和谐的数字普惠金融生态环境建设是一个渐进的、长期的过程，必须统筹顶层设计与基层探索、城市发展与乡村普及、大企业与中小企业的融资均衡。为此，中国应从以下方面入手。

一是在基层增设金融分支机构。加快金融机构与数字技术的融合，通过改进移动支付手段来弥补传统网点的不足，鼓励引导传统金融机构在基层增设小微支行，推动基层数字普惠金融组织的设立，尤其是西部的县域范围内因经济总量不高而不具备较大的金融体量，金融机构（如商业银行）增设分支机构往往都是亏损，因此没有动力去增设分支机构，需要市县政府通过财政补贴、市场准入优惠等激励，推进村镇银行的稳步发展，真正实现打通"金融的最后一公里"。市县级政府还应积极引进外部金融机构以及引导商业银行设立分支机构。

二是加强农村基础设施与信用体系建设，各级政府应大力推进农村移动通信、光纤宽带、数字电视等互联网基础设施建设，加强信用乡镇、信用村和信用农户建设，加大对农村小额贷款公司、村镇银行和资金互助社等的支持，根据其资质降低准入门槛，加入央行征信体系和监管体系，保证其拥有相对宽松的发展空间，缓解城乡"数字鸿沟"。此外，建立城市—农村产权交易系统，通过评估农村土地经营权、农房使用权、排污权等农村产权，为城市—农村产权流转抵押提供便利。

三是切实提升中小企业的金融可得性。针对中小企业，要打破金融市场的准入障碍，为数字化转型提供便利，在不断提高中小企业资金增量的同时注重盘活资金存量，提高中小企业金融服务的可得性，对符合政策指向的中小企业而言，要简化贷款审批、理财产品购买等金融服务流程，节约金融交易成本。

二　创新数字普惠金融服务平台

首先，可以建立"应收款公共结算平台"。2021 年 12 月 16 日，在中国普惠金融国际论坛上，上海新金融研究院副院长、上海交通大学中国金融研究院副院长刘晓春提出企业长时间的资金紧张，主要是资产负债管理能力不足和社会信用纪律缺失，现阶段真正困扰企业，特别是中小企业的是普遍存在的超大规模、超长账期的应收款。数字普惠金融下一阶段的一个重点，应该是帮助企业解决应收款困境，他建议在人大推进制定《准时付款法》的同时，可以考虑建立"应收款公共结算平台"，把企业之间私下进行的应收款结算变为在公共数字平台上的透明化结算。第一，企业在签订交易合同时，交易合同上平台，将包括支付结算条款在内的所有合同条款记入智能合约。第二，所有银行系统与平台连接。第三，当应收款到支付日，智能合约自动结算，从付款方银行账户将资金划转收款方银行账户。支付日到期前，平台人工智能通知付款方准备付款资金。

其次，可以建立金融投诉的平台。相关部门需要建立金融投诉的平台，用作消费者维权的渠道，进而保护互联网金融弱势群体，同时，相关政府结构还要对网络监管人员、金融服务人员、消费者进行职业道德培训、维权知识培训等工作，来确保消费者的利益。

最后，聚合多元服务生态。发展普惠金融需要攻克的一大核心难题是解决规模不经济、商业不可持续问题，根据多地改革试验经验，聚合多元服务生态应当搭建既接地气又商业可持续的运营体系，让微弱经济体了解、敢用、会用从前没有用过的金融产品和服务。如山东临沂在"聚合农业 + 金融服务"方面取得了显著成果。发源自临沂市临沭县的金丰公社目前在全国开办了约 500 家县级金丰公社，托管土地 3000 万亩。针对农业主要痛点提供全程托管、农业金融保险、农资套餐、农产品销售的服务内容，尤其是在农户、合作社等经营主体不流转土地经营权的条件下，在双方达成契约的情况下，帮助他们完成农业生产中的耕、种、管、收、售等全部作业环节，打造了上游聚资源、中游建网络、下游做服务的现代农业产业链闭环。

三　完善金融平台风险防控机制

首先，构建多元化征信系统，建设信用信息数据平台。相关政府部门需要建立完善的用户信息收集系统，依法将个人信息进行整合，包括公安部门、工商税务局等，来构建一个多元化信息融合的渠道。2009年，浙江丽水开始推进农村信用体系建设。2010 年，率先建立了农户信用信息数据库，为农户和城市居民建立了电子化信用档案，并对全市所有金融机构网点开通了查询服务。2015 年起，中国人民银行丽水市中心支行领衔启动了该系统的改造升级，整合金融、工商登记、户籍、法院、不动产等信息，开发多功能信用信息服务平台，建立了信息更新和保护的长效机制。在此基础上，近年来丽水市农户信用贷款规模和比例明显增加，不良贷款率明显下降。

其次，建立风险防控监测系统。例如浙江宁波于 2018 年 7 月正式上线了"天罗地网"金融风险防控监测系统。"天罗"形成金融风险实时线上监测体系；"地网"形成金融风险排查与日常监管相结合的线下监测体系。目前已汇集数据超过 14 亿条，处置金融风险事件 2.39 万条。

最后，完善数字普惠金融信用担保机制。信用担保在金融发展中具有经济杠杆功能，可以降低资金供给者和资金需求者之间的信息不对称程度。担保机构的风险补偿机制有利于保证资金持续运行，有利于金融机构的风险转移。但是中国信用担保起步较晚，信用担保法律制度建设不到位而缺乏必要的法律保障。因此，需要进一步补充、修改、完善《担保法》，建立信用担保机构，可以为数字普惠金融提供信用保证，既可以缓解担保难、贷款贵的问题，也可以有效地分担商业银行的贷款风险。

目前，中国信用担保机构规模较小，资本量不大、运作不规范、信贷担保覆盖率不高，导致其风险化解能力和代偿能力不强。加上社会征信系统不完善，使得担保公司不能适应普惠金融发展的现实需要。其中，中国信用担保机制的缺失是个大痛点。

可以借鉴发达国家关于信用担保方面的做法，如日本政府制定的《信用保证协会法》，建立信用保证协会。信用保证协会充当资金需求者的保证人，为资金需求者提供保证，即债务承担连带责任，为资金需求者提供了信用升级。中国可以建立"政府扶持、多方参与、市场运作"的普惠金融信用担保机制，政府可以按照当地银行机构的存款总量收取"普惠金融基金"，投入各种信用担保机构，专项用于补贴信用担保机构积极开展担保业务，满足普惠金融发展的需要。构建政策性担保、互助性担保、商业性担保"三位一体"的能有效控制、分散和化解风险的多元化担保体系。同时，推进商业银行与民间金融机构共同出资建立担保基金，担保基金与金融机构合作，开展比例担保，以督促商业金融机构为盈利多发放商业贷款，并通过市场手段建立风险补偿的定价机制。大力发展专业化信贷担保机构，采取市场化运作方式，建立健全贷款抵押担保机制。

鼓励信用担保机构的发展，建立信用担保风险分散机制。发展"担保＋投资、商业担保、金融"等多种商业模式，有助于数字普惠金融贷款的投放量增加和数字普惠金融贷款的覆盖面扩大。建立联保制度、互助担保，建立多元担保机制、风险预警机制和担保监督机制。政府相关部门加强业务监督指导，明确行业准入条件、担保人员的专业培训、内控制度和信息披露制度，加强对担保机构日常业务运行的监管，引导信用担保机构规范运作；根据普惠金融需求的多样化，研究实行多种形式的抵押、质押办法解决抵押、担保难的问题。

第四节　构建包容性金融机构体系

一　强化各类金融机构职能定位

加快商业性金融机构改革。大型商业金融机构要充分发挥自身网络优势、资产优势、信誉优势，做好存取款、汇款等基础金融服务，采用ATM等现代金融服务辅助手段，营造良好的网点服务环境，不断提高基础金融服务的效率和质量，从而提升数字普惠金融服务水平。同时，给予分支机构在贷款额度、贷款利率、贷款审批等方面更多的自主权，完善资金有序回流机制，拓宽资金返还渠道，实现良性循环，进而满足数字普惠金融发展的需求。

各级政府因地制宜，引导中国邮政储蓄银行稳步增加小额涉农贷款业务量，逐步扩大涉农业务范围。鼓励城市商业银行和民营银行扎根县域，增设分支机构服务乡镇，为"三农"及乡镇企业提供便利的金融服务。加快省联社职能转换，提高"农商行、农合行、农信社"服务小微企业和"三农"的金融服务能力。在县域范围内加快设立村镇银行步伐，逐步形成"横向布局苏北地区，纵向立足农村地区"的均衡发展格局。

强化政策性金融对"三农"的服务定位，加大对"三农"基础设施建设的融资力度，扩大政策性金融的业务领域，建立政策性金融以批发资金转贷形式与商业性金融互为支撑的作用机制。市场化程度高、竞争性强的融资项目以商业性金融为主，政策性金融为辅；而市场化程度低、竞争性弱的融资项目以政策性金融为主，商业性金融为辅。

二 规范发展新型数字普惠金融机构

目前传统金融机构如国有商业银行在金融市场的渗透率和覆盖面难以满足数字普惠金融发展的需求。相对于国有商业银行而言，民营银行是由民间资本控股、规范的公司治理结构，按市场化机制运作的股份制商业银行。民营银行在设立门槛、股权变更、机构撤销等方面有更细致的规定，从而避免国有银政企不分、股东股权虚置等疑难问题，进而在发展数字普惠金融方面具有信息对称优势和市场效率优势，推动金融服务的差异化，有助于提高民营银行的市场竞争力。如四川新网银行，是坚持"移动互联、普惠补位"的差异化定位，以及"数字普惠、开放连接"的特色化经营的一家数字科技普惠民营银行，具体来说包括三个方面：一是业务办理入口在线化，二是业务审批流程智能化，三是业务运营全流程数字化。

中国应放宽金融机构准入政策，允许新设机构进入金融市场，如开展农民合作社内部资金互助试点、发展一批以政府出资为主的融资担保机构或基金，推进建立重点支持小微企业和"三农"的省级再担保机构。引导各类资本到金融机构网点覆盖率低、金融服务不到位、金融竞争不充分的欠发达地区投资，增设分支机构。为保证小额贷款公司、村镇银行等新型金融机构规范、健康发展，需要完善相关配套政策以及监管手段和监管机制，保证监管的独立性和有效性。同时，这些新型金融机构坚持可持续性商业发展，不断完善内控机制和提高风险控制水平，提供高效、实惠、优质的金融服务。例如：成都农贷通平台，是成都市政府运用现代信息技术，整合农村产权、农业政策、农村金融等各类资源，搭建起的集农业政策咨询、产权流转服务、融资供需对接、金融风险分担、信用信息共享等多功能于一体、线上线下结合的农村"政保银企"综合性金融服务平台。

引导、规范民间金融快速发展，允许民间金融活动合规化经营，使其从"地下金融"走向"地上金融"，成为数字普惠金融体系中的一个组成部分，进而纳入金融机构体系和金融监管体系。同时，为民间金融机构的迅速成长提供宽松的政策、制度和社会环境。立法机构加快制定和完善《放贷人条例》以及《民间融资法》等民间金融管理法规体系，使得民间金融阳光化，赋予民间金融相应的法律地位，给民间借贷以合法的法律空间，以满足多层次的数字普惠金融需求。另外，建立民间借贷监管机制，成立行业协会加强对民间金融组织的监管，明确贷款用途，规定贷款领域，降低贷款风险。

三　扩大数字普惠金融直接融资

数字普惠金融发展轻间接融资的需求，而偏重直接融资的支持，是资本市场融资发展的一个趋势。在一定意义上来说，中国扩大直接融资渠道对于数字普惠金融发展而言更重要、更有效。

由于市场机制未能充分发挥作用，导致金融产品品种不够齐全，金融需求者对商业银行贷款的依存度依然很高，各种金融风险被商业银行承担，造成资本市场资源配置扭曲。与之同时，各级政府对资本市场严格管制、倾斜支持的政策以及准入"高门槛"的设置，导致金融压抑。因此，应积极培育和发展资本市场，一是扩大直接融资比例，减轻银行压力，降低金融风险，发挥市场机制的作用，使资本高效率集中。二是降低资本市场的进入壁垒，消除资本市场的身份歧视。三是发展省级证券交易中心，调整资本市场结构，促进原生金融产品市场和衍生金融产品市场协调发展。积极设立地方开放基金、产业投资基金及中外合资股权投资基金等，试点省内部分商业银行以不超过一定比例的资产有条件地参与到各类基金，这样可以拓宽资金的来源渠道。四是创建一批有特色的普惠金融服务平台，打造数字普惠金融龙头企业，如较高评级的P2P 网贷公司开鑫贷、易贷 365 等。

第五节　优化数字普惠金融助力乡村振兴

一　完善数字普惠金融体制机制

中国不同区域在经济发展阶段、政策保障程度、金融机构规模及效率上均存在一定差异。因此，对于不同区域要根据其自身发展情况，因地制宜、因时制宜地制定差别化数字普惠金融政策。对于经济基础较差、贫困程度较深、脱贫难度较大的贫困地区，首先要继续完善乡村地区通信网络、金融机构等基础设施的建设，努力宣传推广数字普惠金融，使其学会利用新平台去获取资金，解决农业资金缺乏问题。其次可以适当加大地方财政的转移支付力度，利用普惠金融政策吸引当地外出打工的"城归人员"返乡创业，带动农户就业。同时，鼓励支持一部分农户"走出去"将先进的生产方式、管理模式"带回来"，通过多种途径让贫困人群"致富"。对于发展情况较好的地区，在坚持原有优异金融政策的同时，适当将数字普惠金融向创新创业倾斜，引导农户优化农业产业结构，积极创新，既要积极发展绿色环保的生态农业，也要努力去打造集绿色农作物消费、农家休闲体验、生态旅游度假、儿童科普教育于一体的新型农业增收模式，从而激活乡村振兴的内生动力。深入推进数字普惠金融发展，政府部门做好统筹和引导工作，推动各地金融机构进行金融服务创新，除在农村地区设置物理网点外还要逐步推广手机银行、ATM 等数字金融服务，简化数字金融产品操作流程，设置普惠金融服务站点，优化农村金融生态环境，将偏远农村地区覆盖到数字金融的服务网络之下，拓展和挖掘"长尾市场"，主动对农村贫困地区的"长尾客户"提供金融服务，提高农村地区居民和中小微企业的金融可得性，为农业发展提供良好的融资环境，引导先进的农业技术和农业机械设备流入农村，用数字普惠金融激活农业生产动力。

深化数字金融基础设施生态系统建设，加深数字化程度，简化信息流动，建立健全农村小额贷款信息平台和信用评价体系，降低农户、农村企业、融资平台之间因信息不对称所引发的信用风险。完善金融资源配置，优化资金投入结构，在数字普惠金融服务乡村的过程中，着力提升其对农业技术效率的贡献。

二　助力并增强乡村文化软实力

随着乡村振兴政策推进，农村经济发展得到了重大提升，但发展过程中依旧存在着地区发展不平衡、文化软实力跟不上、人民日益增长的精神文化需求难以满足等多种矛盾。实现乡村振兴最终要回归到"人"的建设上，因此，一方面各地政府要加强乡村地区的精神文明建设，既要充分发掘当地卓越的乡土文明，增加农村文化资金投入，鼓励本地艺术创作者积极创作宣传乡土文化的优秀作品，还有必要加大吸收、培育优秀外来文化力度，以保证地区整体文化水平不落后，通过文化振兴巩固农村发展根基。另一方面，不同地区要合理有序进行乡风文明建设，针对江苏、浙江、上海等东部发达沿海城市在传承的基础上，更要注重乡村文化的创新融合，做好乡村文化软实力建设的整体布局，当好文化振兴的风向标；针对甘肃、四川、贵州等相对落后的西部地区则要在重点、关键文化领域做好文化振兴的局部布局，将传承好优秀文化作为第一要务，并积极学习东部乡村文化软指标建设。

继续推进农村互联网基础设施建设，各地政府根据当地经济发展实情将基建资金适度倾向偏远农村地区，积极与通信企业展开合作，鼓励通信公司在农村地区增设基站，定期维护设备，实现广播电视网、电信网和互联网在农村的全覆盖，提升农村居民的互联网参与率。利用互联网传播农业新知识、新技术，降低农业信息传递成本，促进农业技术外溢；另一方面依靠互联网等现代信息技术完善农产品产销服务链，建立产销信息平台，将产销信息快速传达到农产品供需双方，进一步挖掘市场深度，提高农业发展效率，为农村地区夯实减贫基础，促进农业稳定发展。

三　建立乡村振兴长效数字普惠机制

完善规划管理、提高公共治理能力是乡村振兴的重要工作。一方面，各级政府要综合考虑土地利用效率、产业发展水平、文化氛围培育、居住环境保障、农村住房规划等方面设计一个"全方位、多层次、有重点、走得远"的乡村治理方案，同时要强化征信系统建设，实施动态的脱贫监测工作，建立资金跟踪及返贫数据库，将脱贫工作的"动态性"与"长期性"结合起来。另一方面，要发挥好包括微支付、微信贷、微保险、微投资等各方面的数字普惠金融体系在面对新冠肺炎疫情等重大突发事件时，对农户、小微企业等弱势群体的资金保障作用，建立应对突发事件专门账户，做到一有迹象即解锁资金，将死亡、破产的风险从小家庭、小企业转移到大机构，以达到风险分散的作用，借助数字普惠金融的"快""普""惠"提高应急反应能力、公共治理能力，服务乡村振兴。

农村农民数字普惠金融基础知识不足，抵御金融风险的能力较差，对数字技术的应用难度较大。进一步提高农户数字普惠金融素养和自我保护意识，各地金融机构、高校要积极配合政府部门为农村地区居民提供多样化的数字普惠金融知识普及渠道，定期下乡开展数字普惠金融知识培训，围绕农村生活和农产品交易向居民普及买卖交易、理财、保险、投融资等金融知识，提高其识别金融服务和理财产品潜在风险的能力，为数字普惠金融提振农业全要素生产率保驾护航。

第六节　创新数字普惠金融工具

一　创新发展数字普惠金融信贷产品

基于数字普惠金融需求的多样化，以及加强监管、防范风险的必要，中国各类普惠金融机构应不断开拓新的业务领域，创新金融产品，细分贷款品种，提供助学、养老、大病统筹等医疗、建房等固定资产建设、特色农业、生态农业、观光旅游业等多样化的金融产品。

金融机构从自身运营机制出发，创新设计出能够满足数字普惠金融需求的多样化金融产品，在贷款额度、贷款期限、担保方式、信用条件及贷款利率等方面的差异化进行科学设计，研发出多样化的信贷产品满足中国社会经济发展的需要；提供支付结算服务、投资理财服务、养老金委托理财等金融服务，进而提高中间业务的服务水平和拓展金融服务的品种和范围。

针对科技型农民、低收入创业人员等社会弱势群体的特点，金融机构应创新金融业务和产品，提供便利、快捷、安全的不同类型的金融业务和产品。充分把握好数字普惠金融发展的机遇，通过银行卡存贷一体化、手机银行、网上银行等业务，使科技型农民、低收入创业人员等弱势群体享受公平、合理的金融服务。

在营销渠道上，支持银行借助大数据、云计算等现代技术手段，推动手机银行、网络银行，鼓励可刷卡支付和取现；鼓励金融机构开展小额便民取现服务站和服务点，金融机构要善于把控商业的可持续性，进而开展数字普惠金融业务。因此，金融机构应加大中间业务的发展力度，通过向客户提供各种理财产品不断增加中间业务的业务比重。同时，要不断探索适合低收入群体需求的金融产品，在扩展业务的同时充分重视风险的存在，积极探索各种有效的贷款抵押方式，还可以进行不同类型的信贷产品组合，以此提供综合信贷服务，实现金融服务的一体化。

二　发展多元化的数字普惠金融保险

中国应大力发展数字普惠金融保险，降低数字普惠金融贷款的信贷风险，有利于调动金融服务的积极性、主动性和创造性；有利于丰富金融业务和产品；有利于保障数字普惠金融贷款需求，进而完善金融市场的风险分散与转移机制。

普惠金融保险机构可以通过"一网通办"方式，深化大数据普惠金融应用，不断推动数据开放共享共用，逐步扩大数字普惠金融保险规模，对防范抵御风险，维护金融市场稳定具有积极作用。中国可以为保险业与银行等金融机构的合作"牵线搭桥"，进一步提高保险合作的层次和深度。建立多元化的普惠金融保险机构，进一步丰富保险品种，提高保险服务质量，发挥保险对防范和化解数字普惠金融信贷风险的积极作用。

健全再保险市场体系，建立政策性再保险机制，通过采取财政补贴、税收优惠等保障措施，或者地方政府采取一定的手段强制各类商业性保险公司为数字普惠金融保险提供再保险支持，建立切实有效的大额灾害风险分散机制。

国务院政府推进农村保险体系建设，提高农业保险覆盖面，创新农村保险产品，如畜产品保险、"菜篮子"品种保险以及农作物保险。积极探索适合中国的政策性农业保险经营机制和发展模式，鼓励保险机构在农村地区开展农村和农业保险业务，开发适应农业和农民需要的如农房、渔业、设施农业以及农机具等保险产品和服务，建立农村政策保险、农业保险和再保险体系，建立农村小额贷款与农村小额保险业务的互动合作机制或者设立小微实体信用保险基金，将小额信贷的风险限制在可控的范围内。鼓励市、区县级政府建设低收入群体的救助、保险机制，尤其是建立乡镇贫困家庭医疗救助制度，加大保险品种创新力度，扩大医疗救助试点范围。

三　加大金融科技服务数字普惠金融力度

普惠金融机构通过"金融科技"不仅开展储蓄、贷款、汇兑、支付等金融服务，且积极研发、主动提供保险、证券、理财、租赁、信托、黄金交易、期货等综合性数字普惠金融服务，还可以进行"负债业务、资产业务、中间业务"的金融服务创新，主要表现在两个方面：

（一）提升金融科技运用水准

普惠金融机构运用大数据、云计算等现代科技手段，打造"金融科技"服务平台，为中国所有区域群体，尤其是农村金融需求群体，提供信息、资金以及金融工具等一站式金融服务。支持商业银行成立"金融科技"专营部门，有计划分步骤发展电子支付方式，逐渐形成电子支付渠道与固定网点相辅相成的业务渠道体系，并发展电子银行和自助设备渐次代替固定网点，从而提高中国特殊群体金融服务的可获得性。

（二）金融科技促进普惠金融发展

引导网络支付机构通过发展电子商务，为中国所有阶层，尤其是农村低收入群体提供优质的小额支付服务，从而提升网络支付效率。数字普惠金融发挥网络借贷平台融资优势，缓解中国小微企业、农户以及特殊群体融资难、融资贵的问题，满足各金融消费群体多层次的投资理财需求。此外，普惠金融机构还应提供金融咨询、商业信息等全方面的金融服务，满足投资、消费等资金需求，促进低收入群体增加收入，中小企业、小微实体健康成长。总而言之，根据数字普惠金融发展的现实需求进行金融产品创新，数字普惠金融的创新发展将会逐步从粗放的数量型创新向集约的质量型创新转变，从外部吸纳式创新向自我超越式创新转变，进而提升数字普惠金融服务的效率和质量。

参考文献

常振芳：《P2P 网贷创新与监管问题研究》，《经济问题》2017 年第 7 期。

陈宝珍、任金政：《数字金融与农户：普惠效果和影响机制》，《财贸研究》2020 年第 6 期。

陈婵姹、岳玉珠：《数字普惠金融影响经济增长的路径研究》，《福建行政学院学报》2018 年第 6 期。

陈鸣、邓荣荣：《农业 R&D 投入与农业全要素生产率——一个空间溢出视角的解释与证据》，《江西财经大学学报》2020 年第 2 期。

陈志刚、师文明：《金融发展、人力资本和城乡收入差距——基于中国分省面板数据的实证研究》，《中南民族大学学报》（人文社会科学版）2008 年第 2 期。

成学真、龚沁宜：《数字普惠金融如何影响实体经济的发展——基于系统 GMM 模型和中介效应检验的分析》，《湖南大学学报》（社会科学版）2020 年第 3 期。

迟巍、蔡许许：《城市居民财产性收入与贫富差距的实证分析》，《数量经济技术经济研究》2012 年第 2 期。

崔艳娟、孙刚：《金融发展是贫困减缓的原因吗？——来自中国的证据》，《金融研究》2012 年第 11 期。

董玉峰：《农村数字普惠金融模式探索与困境化解——基于北川县实践》，《农村金融研究》2018 年第 10 期。

董玉峰、赵晓明：《负责任的数字普惠金融：缘起、内涵与构建》，《南方金融》2018 年第 1 期。

杜强、潘怡：《普惠金融对中国地区经济发展的影响研究——基于省际面板数据的实证分析》，《经济问题探索》2016 年第 3 期。

杜晓山：《小额信贷的发展与普惠性金融体系框架》，《中国农村经济》
　　2006 年第 8 期。

樊文翔：《数字普惠金融提高了农户信贷获得吗?》，《华中农业大学学
　　报》（社会科学版）2021 年第 1 期。

樊增增：《中国家庭收入不平等及其影响因素——基于分位数回归模型
　　的实证》，《统计与决策》2020 年第 19 期。

葛和平、朱卉雯：《中国数字普惠金融的省域差异及影响因素研究》，
　　《新金融》2018 年第 2 期。

龚沁宜、成学真：《数字普惠金融、农村贫困与经济增长》，《甘肃社会
　　科学》2018 年第 6 期。

关佳：《金融精准扶贫的数字普惠面向：核心动力与实现路径》，《现代
　　经济探讨》2020 年第 10 期。

郭峰等：《测度中国数字普惠金融发展：指数编制与空间特征》，北京
　　大学数字金融研究中心工作论文，2019 年。

郭田勇、丁潇：《普惠金融的国际比较研究——基于银行服务的视角》，
　　《环球金融》2015 年第 2 期。

韩晓宇：《普惠金融的减贫效应——基于中国省级面板数据的实证分
　　析》，《金融评论》2017 年第 9 期。

郝云平、雷汉云：《数字普惠金融推动经济增长了吗? ——基于空间面
　　板的实证》，《当代金融研究》2018 年第 3 期。

赫国胜、张微微：《中国农业全要素生产率影响因素、影响效应分解及
　　区域化差异——基于省级动态面板数据的 GMM 估计》，《辽宁大学学
　　报》（哲学社会科学版）2016 年第 3 期。

胡滨：《数字普惠金融的价值》，《中国金融》2016 年第 22 期。

黄敬宝：《从根本上解决农村贫困问题——以人力资本投资打破我国农
　　村贫困的恶性循环怪圈》，《财经问题研究》2004 年第 5 期。

黄倩、李政、熊德平：《数字普惠金融的减贫效应及其传导机制》，《改
　　革》2019 年第 11 期。

黄益平、黄卓：《中国的数字金融发展：现在与未来》，《经济学（季
　　刊)》2018 年第 4 期。

黄益平：《数字普惠金融的机会与风险》，《新金融》2017 年第 8 期。

黄滢晓、汪慧玲：《金融资源配置扭曲与贫困关系研究》，《贵州社会科学》2007 年第 12 期。

贾蕊蕊、刘海燕、郭琨：《中国农村商业银行经营绩效及其外部影响因素分析》，《管理评论》2018 年第 11 期。

简新华：《中国财富和收入差距扩大的原因、利弊和对策》，《湘潭大学学报》（哲学社会科学版）2018 年第 6 期。

苏建军、徐璋勇：《金融发展、产业结构升级与经济增长——理论与经验研究》，《工业技术经济》2014 年第 3 期。

江帆、吴海涛：《分项收入不均等与城乡贫困的实证分析：以内蒙古为例》，《统计与决策》2019 年第 3 期。

姜其林、苏晋绥：《银行业金融机构数字普惠金融实践与思考——基于国内 35 家银行业金融机构的调查》，《北方金融》2018 年第 5 期。

蒋永穆：《中国农村金融改革 40 年：历史进程与基本经验》，《农村经济》2018 年第 12 期。

焦瑾璞、孙天琦、黄亭亭、汪天都：《数字货币与普惠金融发展——理论框架、国际实践与监管体系》，《金融监管研究》2015 年第 7 期。

井深、肖龙铎：《农村正规与非正规金融发展对农业全要素生产率的影响——基于中国省级面板数据的实证研究》，《江苏社会科学》2017 年第 4 期。

李斌、祁源、李倩：《财政分权、FDI 与绿色全要素生产率——基于面板数据动态 GMM 方法的实证检验》，《国际贸易问题》2016 年第 7 期。

李建军、韩珣：《普惠金融、收入分配和贫困减缓——推进效率和公平的政策框架选择》，《金融研究》2019 年第 3 期。

李建军、卢盼盼：《中国居民金融服务包容性测度与空间差异》，《经济地理》2016 年第 36 期。

李健、辛冲冲：《金融发展的城市全要素生产率增长效应研究——基于中国 260 个城市面板数据分析》，《当代经济管理》2020 年第 9 期。

李乐、周林毅：《数字普惠金融促进地区生产效率研究》，《山东理工大学学报》（社会科学版）2018 年第 4 期。

李牧辰、封思贤、谢星：《数字普惠金融对城乡收入差距的异质性影响研究》，《南京农业大学学报》（社会科学版）2020 年第 20 期。

李娜：《数字普惠金融、人力资本与城乡收入差距》，《金融与经济》 2021 年第 3 期。

李欠男、李谷成：《互联网发展对农业全要素生产率增长的影响》，《华 中农业大学学报》（社会科学版）2020 年第 4 期。

李霞：《宁夏农村金融生态环境：问题挑战与优化路径》，《宁夏社会科 学》2021 年第 6 期。

李晓钟、李俊雨：《数字经济发展对城乡收入差距的影响研究》，《农业 技术经济》2021 年第 10 期。

李优树、张敏：《数字普惠金融发展对系统性金融风险的影响研究》， 《中国特色社会主义研究》2020 年第 1 期。

李致远、许正松：《发达国家绿色金融实践及其对中国的启示》，《鄱阳 湖学刊》2016 年第 1 期。

梁双陆、刘培培：《数字普惠金融与城乡收入差距》，《首都经济贸易大 学学报》2019 年第 1 期。

廖文梅、童婷、胡春晓：《脱贫攻坚与乡村振兴的协同性分析：以江西 为例》，《农林经济管理学报》2019 年第 2 期。

廖愉平：《中国互联网金融发展及其风险监管研究》，《经济与管理》 2015 年第 3 期。

林伯强：《中国的政府公共支出与减贫政策》，《经济研究》2005 年第 1 期。

刘洪伟、李纪珍、王彦：《技术学习成本及其影响因素分析》，《科研管 理》2007 年第 5 期。

刘锦怡、刘纯阳：《数字普惠金融的农村减贫效应：效果与机制》，《财 经论丛》2020 年第 1 期。

刘锡良、文书洋：《中国存在过度金融化吗》，《社会科学研究》2018 年 第 3 期。

刘玉光、杨新铭、王博：《金融发展与中国城乡收入差距形成——基于 分省面板数据的实证检验》，《南开经济研究》2013 年第 5 期。

刘志阳、黄可鸿：《梯若尔金融规制理论和中国互联网金融监管思路》， 《经济社会体制比较》2015 年第 2 期。

卢亚娟、孟丹丹、王舒鸥：《金融普惠对中国家庭收入的影响研究——基于 CHFS 数据的分析》，《金融理论探索》2018 年第 2 期。

陆岷峰、葛和平：《普惠金融指标评价体系的构建及应用研究——以江苏普惠金融发展为例》，《济南大学学报》（社会科学版）2016 年第 5 期。

陆岷峰、吴建平：《关于创新发展普惠金融策略的思考》，《吉林金融研究》2016 年第 7 期。

吕家进：《发展数字普惠金融的实践与思考》，《清华金融评论》2016 年第 12 期。

马光荣、杨恩艳：《社会网络、非正规金融与创业》，《经济研究》2011 年第 3 期。

马骏：《论构建中国绿色金融体系》，《金融论坛》2015 年第 5 期。

马彧菲、杜朝运：《普惠金融指数的构建及国际考察》，《国际经贸探索》2016 年第 1 期。

聂强：《中国金融发展对贫富差距影响的实证研究》，《学术界》2010 年第 4 期。

宁光杰：《居民财产性收入差距：能力差异还是制度阻碍？——来自中国家庭金融调查的证据》，《经济研究》2014 年第 1 期。

潘锡泉：《数字普惠金融助力精准扶贫的创新机制》，《当代经济管理》2018 年第 10 期。

庞艳宾：《数字普惠金融助力乡村振兴》，《人民论坛》2020 年第 1 期。

彭继增、方仙美：《金融创新、消费需求与产业结构优化升级》，《求索》2016 年第 6 期。

邱兆祥、向晓建：《数字普惠金融发展中所面临的问题及对策研究》，《金融理论与实践》2018 年第 1 期。

任碧云、李柳颖：《数字普惠金融是否促进农村包容性增长——基于京津冀 2114 位农村居民调查数据的研究》，《现代财经（天津财经大学学报)》2019 年第 4 期。

任晓怡：《数字普惠金融发展能否缓解企业融资约束》，《现代经济探讨》2020 年第 10 期。

师荣蓉、徐璋勇、赵彦嘉：《金融减贫的门槛效应及其实证检验——基于中国西部省际面板数据的研究》，《中国软科学》2013 年第 3 期。

史明坤、邱兆祥：《优化中国金融结构的建议》，《宏观经济管理》2012
年第 6 期。

宋晓玲：《数字普惠金融缩小城乡收入差距的实证检验》，《财经科学》
2017 年第 6 期。

孙继国、韩开颜、胡金焱：《数字金融是否减缓了相对贫困？——基于
CHFS 数据的实证研究》，《财经论丛》2020 年第 12 期。

谭霖、邓伟平：《金融发展与全要素生产率互动：农业视角》，《南方金
融》2011 年第 8 期。

谭燕芝、李云仲、叶程芳：《省域数字普惠金融与乡村振兴评价及其耦
合协同分析》，《经济地理》2021 年第 12 期。

唐青生、陈爱华、袁天昂：《云南省贫困地区农村金融服务与网点覆盖
建设的财政金融扶持政策研究》，《经济问题探索》2010 年第 8 期。

唐文进、李爽、陶云清：《数字普惠金融发展与产业结构升级——来自
283 个城市的经验证据》，《广东财经大学学报》2019 年第 6 期。

万雅桢：《数字普惠金融发展中所面临的问题及对策研究》，《金融经
济》2018 年第 18 期。

汪三贵、刘晓展：《信息不完备条件下贫困农民接受新技术行为分析》，
《农业经济问题》1996 年第 12 期。

王慧：《履行央行职能，强化互联网金融科技监管》，《时代金融》2014
年第 4 期。

王姣、周颖：《数字普惠金融在农村发展的共享价值提升研究》，《农业
经济》2017 年第 11 期。

王婧、胡国晖：《中国普惠金融的发展评价及影响因素分析》，《金融论
坛》2013 年第 6 期。

王璐、杨汝岱、吴比：《中国农户农业生产全要素生产率研究》，《管理
世界》2020 年第 12 期。

兰王盛、邓舒仁：《数字普惠金融欺诈的表现形式及潜在规律研究——
基于典型案例的分析》，《浙江金融》2016 年第 12 期。

王婷：《增加财产性收入对居民收入差距的影响评析》，《当代经济研
究》2012 年第 7 期。

王薇、孙健：《金融支持脱贫攻坚的实证分析——基于普惠金融发展的视角》，《武汉金融》2018 年第 11 期。

王小鲁、樊纲：《中国收入差距的走势和影响因素分析》，《经济研究》2005 年第 10 期。

王晓：《国际组织对数字普惠金融监管的探索综述》，《上海金融》2016 年第 10 期。

王修华、赵亚雄：《数字金融发展是否存在马太效应？——贫困户与非贫困户的经验比较》，《金融研究》2020 年第 7 期。

王永仓、温涛：《数字金融的经济增长效应及异质性研究》，《现代经济探讨》2020 年第 11 期。

王中华、岳希明：《收入增长、收入差距与农村减贫》，《中国工业经济》2021 年第 9 期。

王紫薇、袁中华、钟鑫：《中国 P2P 网络小额信贷运营模式研究》，《新金融》2012 年第 2 期。

吴茂国、武振宇：《普惠金融对城乡收入差距影响的实证研究》，《青海民族大学学报》（社会科学版）2020 年第 4 期。

吴庆田、陈伟：《农村金融生态环境与金融效率相关性实证研究——基于典型相关分析与 Granger 因果检验》，《系统工程》2012 年第 3 期。

吴晓灵：《普惠金融的根基》，《中国金融》2015 年第 19 期。

肖懿珊：《数字普惠金融减贫效应实证研究》，《金融纵横》2020 年第 8 期。

谢地、苏博：《数字普惠金融助力乡村振兴发展：理论分析与实证检验》，《山东社会科学》2021 年第 4 期。

谢识予：《有限理性条件下的进化博弈理论》，《上海财经大学学报》2001 年第 5 期。

谢绚丽、沈艳、张皓星、郭峰：《数字金融能促进创业吗？——来自中国的证据》，《经济学（季刊）》2018 年第 4 期。

徐敏、姜勇：《中国产业结构升级能缩小城乡消费差距吗?》，《数量经济技术经济研究》2015 年第 3 期。

徐敏、张小林：《普惠制金融对城乡居民收入差距的影响》，《金融论坛》2014 年第 9 期。

徐强、张开云:《我国收入差距现状及社会保障的调节效应》,《福建论坛》(人文社会科学版) 2016 年第 7 期。

徐璋勇、朱睿:《金融发展对绿色全要素生产率的影响分析——来自中国西部地区的实证研究》,《山西大学学报》(哲学社会科学版) 2020 年第 1 期。

许荣、刘洋、文武健、徐昭:《互联网金融的潜在风险研究》,《金融监管研究》2014 年第 3 期。

严继先:《贫富差距与金融发展关系分析——恩施实证》,《金融经济》2016 年第 10 期。

阎永哲、陈泱、贺翔:《数字普惠金融与金融创新结合的前景构想——以宁波为例》,《宁波经济》2017 年第 3 期。

杨林、邹江:《绿色金融助推乡村振兴的内在机理与逻辑框架》,《西南金融》2019 年第 5 期。

杨胜刚、侯振兴:《金融对收入分配影响研究进展》,《经济学动态》2013 年第 4 期。

杨文华:《普惠金融视角下的农村金融发展与城乡收入差距关系研究》,《统计与决策》2016 年第 17 期。

姚金楼、王承萍、张宇:《"三农"领域发展数字普惠金融的调研与思考——基于供给侧结构性改革背景》,《金融纵横》2016 年第 6 期。

依布拉音·巴斯提:《金融发展是缩小贫富差距的必要之路——以新疆南疆三地州为例》,《中国外资》2012 年第 8 期。

易行健、周利:《数字普惠金融发展是否显著影响了居民消费——来自中国家庭的微观证据》,《金融研究》2018 年第 11 期。

尹海员、王盼盼:《中国互联网金融监管现状及体系构建》,《财经科学》2015 年第 9 期。

尹雷、沈毅:《农村金融发展对中国农业全要素生产率的影响:是技术进步还是技术效率——基于省级动态面板数据的 GMM 估计》,《财贸研究》2014 年第 2 期。

尹志超、彭嫦燕、里昂安吉拉:《中国家庭普惠金融的发展及影响》,《管理世界》2019 年第 2 期。

于瑾、杨泽锋:《P2P 金融借贷利率与逾期行为研究——基于 A 网贷平台数据追踪的实证检验》,《广西大学学报》(哲学社会科学版)2018年第 1 期。

于潇、王学龙、白雪秋:《金融发展对贫富分化抑制作用的研究》,《财经研究》2011 年第 37 期。

俞林、康灿华、王龙:《互联网金融监管博弈研究:以 P2P 网贷模式为例》,《南开经济研究》2015 年第 5 期。

曾之明:《论数字普惠金融发展对城乡居民收入差距影响》,《商学研究(双月刊)》2018 年第 5 期。

曾之明、余长龙、张琦、汪晨菊:《数字普惠金融支持农民工创业机制的实证研究》,《云南财经大学学报》2018 年第 12 期。

詹韵秋:《数字普惠金融对经济增长数量与质量的效应研究——基于省级面板数据的系统 GMM 估计》,《征信》2018 年第 8 期。

张爱英、孟维福:《普惠金融、农业全要素生产率和城乡收入差距》,《东岳论丛》2021 年第 9 期。

张兵、刘丹、郑斌:《农村金融发展缓解了农村居民内部收入差距吗?——基于中国省级数据的面板门槛回归模型分析》,《中国农村观察》2013 年第 3 期。

张成思、张步昙:《中国实业投资率下降之谜:经济金融化视角》,《经济研究》2016 年第 12 期。

张呈磊、郭忠金、李文秀:《数字普惠金融的创业效应与收入不平等:数字鸿沟还是数字红利?》,《南方经济》2021 年第 5 期。

张承惠、谢孟哲、田辉、王刚:《发展中国绿色金融的逻辑与框架》,《金融论坛》2016 年第 2 期。

张萃:《中国经济增长与贫困减少——基于产业构成视角的分析》,《数量经济技术经济研究》2011 年第 5 期。

张国俊、周春山、许化强:《中国金融排斥的省际差异及影响因素》,《地理研究》2014 年第 12 期。

张贺、白钦先:《数字普惠金融减小了城乡收入差距吗?——基于中国省级数据的面板门槛回归分析》,《经济问题探索》2018 年第 10 期。

张挺、李闽榕、徐艳梅:《乡村振兴评价指标体系构建与实证研究》,《管理世界》2018 年第 8 期。

张德贤：《普惠金融发展对我国城乡收入差距的影响研究》，首都经济贸易大学，2018 年。

张晓朴：《互联网金融监管原则：探索新金融监管范式》，《金融监管研究》2014 年第 2 期。

张勋、万广华、张佳佳、何宗樾：《数字经济、普惠金融与包容性增长》，《经济研究》2019 年第 8 期。

张征宇、朱平芳：《地方环境支出的实证研究》，《经济研究》2010 年第 5 期。

张子豪、谭燕芝：《数字普惠金融与中国城乡收入差距——基于空间计量模型的实证分析》，《金融理论与实践》2018 年第 6 期。

周利、廖婧琳、张浩：《数字普惠金融、信贷可得性与居民贫困减缓——来自中国家庭调查的微观证据》，《经济科学》2021 年第 1 期。

周晓蓉、杨博：《城镇居民财产性收入不平等研究》，《经济理论与经济管理》2012 年第 8 期。

朱家祥、沈艳、邹欣：《网络借贷：普惠？普骗？与监管科技》，《经济学（季刊）》2018 年第 4 期。

朱一鸣、王伟：《普惠金融如何实现精准扶贫？》，《财经研究》2017 年第 10 期。

宗杰、矫江：《中国农村金融供求失衡原因及对策探讨》，《理论探讨》2014 年第 4 期。

Abate G T, Rashid S, Borzaga C, et al. , 2016, "Rural Finance and Agricultural Technology Adoption in Ethiopia: Does the Institutional Design of LendingOrganizations Matter?", *World Development*, No. 84.

Alexander Bick, 2010, "Threshold Effects of Inflation on Economic Growth in Developing Countries", *Economics Letters*, Vol. 108, No. 2.

Anand S. Kodan (Kablana), Chhikara K S, 2013, "A Theoretical and Quantitative Analysis of Financial Inclusion and Economic Growth", *Management & Labour Studies*, No. 1 – 2.

Arellano M, Bover O, 2010, "Another Look at the Instrumental Variable Estimation of Error-Components Models", *CEP Discussion Papers*, Vol. 68, No. 1.

Arora R U, 2010, "Measuring financial access", Griffith University, *Discussion Paper in Economics*, No. 7.

Bartik, Timothy, 2006, "How Do the Effects of Local Growth on Employment Rates Vary with Initial Labor Market Conditions?", *Upjohn Institute Working Paper*, No. 9.

Beck T, Brown M, 2011, "Use of Banking Services in Emerging Markets—Household-Level Evidence", *Cepr Discussion Papers*, No. 89.

Beck T. Demirgue-Kunt, A. and Levine, R. , 2004, "Finance, Inequality, and Poverty: Cross-country Evidence", *National Bureau of Economic Research Working Paper*, No. 10979.

Beck Thorsten, Maimbo, Samuel Munzele, 2012, *Financial sector development in Africa: opportunities and challenges*, World Bank Publications Press.

Bruce E. Hansen, 1999, "Threshold Effects in Non-dynamic Panels: Estimation, Testing, and Inference", *Journal of Econometrics*, Vol. 93, No. 2.

Bruhn M, Love I, 2014, "The Real Impact of Improved Access to Finance: Evidence from Mexico", *The Journal of Finance*, Vol. 69, No. 3.

Cancer M, B. E. , 2004, "Hansen. Instrumental Variable Estimation of a Threshold Model", *Econometric Theory*, Vol. 20, No. 5.

Cao K H, Birchenall J A, 2013, "Agricultural Productivity, Structural Change, and Economic Growth in Post-reform China", *Journal of Development Economics*, No. 3.

Clarke, G. ; Xu, L. X. and Zou, H. F, 2006, "Finance and Income Inequality: Test of Alternative Theories", *World Bank Policy Research Working Paper*, No. 2984.

Deininger, K. , 2003, *Land Policies for Growth and Poverty Reduction*, World Bank and Oxford University Press.

Diniz E, Birochi R, Pozzebon M, 2012, "Triggers and Barriers to Financial Inclusion: The Use of ICT-Based Branchless Banking in An Amazon County", *Electronic Commerce Research Applications*, No. 5.

Dongyu Chen, Chaodong Han, 2012, "A Comparative Study of Online P2P Lending in the USA and China", *Journal of Internet Banking and Commerce*, Vol. 17, No. 2.

Dul S F, Evbuomwan G O, 2017, "An Evaluation of Agricultural Financing, Policies and Initiatives for Sustainable Development in Nigeria, In the 21st Century: 1990 – 2014", *Journal of Economics and Finance*, No. 3.

Evbuomwan, 2017, "Agricultural value chain financing and small scale farmers in Nigeria: the prerequisites", *Journal of Social Development*, No. 6.

Fungacova Z, Weill L. 2014, "Understanding Financial Inclusion in China", *BOFIT Discussion Papers*, No. 10.

Gong, Binlei, 2018, "Agricultural Reforms and Production in China: Changes in Provincial Production Function and Productivity in 1978 – 2015", *Journal of Development*, *Economics*, No132.

Greenwood J, Sanchez J M, Wang C, 2013, "Quantifying the Impact of Financial Development on Economic Development", *Review of Economic Dynamics*, Vol. 16, No. 1.

Gupte R, Venkataramani B, Gupta D, 2012, "Computation of Financial Inclusion Index for India", *Procedia-Social and Behavioral Sciences*, No. 37.

Gupte R, Venkataramani B, Gupta D, 2012, "Computation of Financial Inclusion Index for India", *Procedia-Social and Behavioral Sciences*, No. 37.

Honohan P. , 2004, *Financial development, growth and poverty: how close are the links?*, Palgrave Macmillan UK Press.

Ivatury G, Lyman T, Staschen S, 2006, "Use of Agents in Branchless Banking for the Poor: Rewards, Risks and Regulation", *Focus Note*, No. 10.

Ivatury G, Mas I, 2012, *The early experience with branchless banking*, Washington DC: CGAP. Press.

James R. Brown, Gustav Martinsson, Bruce C, Petersen, 2012, "Do Financing Constraints Matter for R& D?", *European Economic Review*, Vol. 56, No. 8.

Jeanneney, S. G. and Kpodar, K. , 2011, "Financial Development and

Poverty Reduction: Can There Be a Benefit without a Cost?", *The Journal of Development Studies*, Vol. 47, No. 1.

Jeremy Greenwood, Boyan Jovanovic, 1990, "Financial Development, Growth and The Distribution of Income", *Journal of Political Economy*, Vol. 98, No. 5.

Jorgensen D W, Griliches Z, 1967, "The Explanation of Productivity Change", *Review of Economic Studies*, No. 3.

Khaki A R, Sangmi M U D, 2017, "Does Access to Finance Alleviate Poverty? a Case Study of SGSY Beneficiaries in Kashmir Valley", *International Journal of Social Economics*, Vol. 44, No. 8.

Kremer S, Bick A, Nautz D, 2013, "Inflation and Growth: New Evidence from a Dynamic Panel Threshold Analysis", *Empirical Economics*, Vol. 44, No. 2.

Kukenova M, Monteiro J, 2009, *Spatial Dynamic Panel Model and System GMM: A Monte Carlo investigation*, Germany, University Library of Munich Press.

Leeladhar V, 2006, "Taking Banking Services to The Common Man-financial Inclusion", *Reserve Bank of India Bulletin*, Vol. 60, No. 1.

Li J., Wu Y., Xiao J. J., 2020, "The Impact of Digital Finance On Household Consumption: Evidence From China", *Economic Modelling*, No. 86.

L. Rachel Ngai, Christopher A, 2007, "Structural Change in a Multisector Model of Growth", *Pissarides*, Vol. 97, No. 1.

Mahjabeen R, 2008, "Microfinancing in Bangladesh: Impact on households, consumption and welfare", *Journal of Policy modeling*, Vol. 30, No. 6.

Malady, 2016, "Consumer Protection Issues for Digital Financial Services in Emerging Markets", *SSRN Electronic Journal*, Vol. 31, No. 2.

Maurer, N. and Haber, S, 2007, "Related Lending and Economic Performance: Evidence from Mexico", *Journal of Economic History*, Vol. 67, No. 3.

Michael Klafft, 2008, *Online Peer-to-peer Pending: A Lender Perspective*,

Proceedings of the International Conference on E-Learning, E-Business, Las Vegas CSREA Press.

Nicola Gennaioli, Andrei Shleifer, Robert Vishny, 2012, "Neglected risks, Financial Innovation, and Financial Fragility", *Journal of Financial Economics*, Vol. 104, No. 3.

Ozili P. K, 2018, "Impact of Digital Finance On Financial Inclusion and Stability", *Borsa Istanbul Review*, Vol. 18, No. 4.

Pradhan R P, Arvin M B, Norman N R, 2015, "The Dynamics of Information and Communications Technologies Infrastructure, Economic Growth, and Financial Development: Evidence from Asian Countries", *Technology in Society*, 2015, No. 42.

Priyadarshee A, Hossain F, Arun T, 2010, "Financial Inclusion and Social Protection: a Case for India Post", *Competition & Change*, Vol. 14, No. 3 - 4.

Ritzberger K, Weibull J W, 1996, "Evolutionary Selection in Nomal form Games", *Econometrica*, Vol. 63, No. 6.

Sarma M, 2008, *Index of Financial Inclusion*, New Delhi: Indian Council for Research on International Economics Relations Press.

Sarma M, Pais J, 2011, "Financial Inclusion and Development", *Journal of International Development*, Vol. 23, No. 5.

Sparreboom, P. and Duflos, E., 2012, "Financial Inclusion in the People's Republic Of China: Ananalysis of existing research and public data", China Papers on Inclusiveness, No. 7.

Wei S, Wang T, 1997, "The Siamese Twins: Do State-owned Banks Favor State-owned Entereprises in China?", *China Economic Review*, Vol. 8, No. 1.

World Bank, 2013, "Global Financial Development Report 2014: Financial Inclusion", World Bank Press.

后　记

　　从小额信贷到数字普惠金融，信息技术推动普惠金融的发展进程，同时也不断暴露出普惠金融在我国经济和社会发展中存在的隐患。为此，国内的专家学者针对普惠金融做了大量研究，研究侧重点也从"为什么"发展普惠金融转变为"如何""更好"地发展普惠金融。与此同时，我国普惠金融的建设重点也逐步从"最后一公里"转向"开头一公里"，不断提高普惠金融服务于我国经济发展的质量和效率。

　　随着国家对于扶贫和乡村振兴的要求和政策的陆续出台，普惠金融与社会责任之间的关联越来越强。如何在最大限度地发挥好普惠金融对乡村振兴的保障和促进作用的前提下，平衡好普惠金融的双重目标，成为当前和未来一段时间内的关键问题，值得广大学者进一步研究。为此，我萌发了编写一部关于我国数字普惠金融评价体系及其相关实证的著作的愿望，目的是为我国普惠金融的研究添砖加瓦、抛砖引玉。

　　光阴似箭，岁月如梭。在本书出版之际，首先要感谢南京大学吴福象教授的悉心指导和谆谆教诲。其次，本书是国家社科基金"数字普惠金融促进乡村产业振兴的模式创新与政策研究（20BJY114）"的阶段性成果。最后，要感谢学院领导及同事给予的大力支持和积极鼓励。本书难免存在不足之处，欢迎社会各界人士提出宝贵意见！